U0563780

本书受教育部人文社科项目“明代东北亚信息传播研究”（13YJC860026）资助 吉林大学基本科研业务费项目2019QY013资助

中国书籍学术之光文库

帝国边缘

——明代东北亚陆路传播史

牟邵义｜著

中国书籍出版社
China Book Press
光明日报出版社

图书在版编目（CIP）数据

帝国边缘：明代东北亚陆路传播史/牟邵义著.
—北京：中国书籍出版社：光明日报出版社，2020.11
ISBN 978-7-5068-8106-7

Ⅰ.①帝…　Ⅱ.①牟…　Ⅲ.①新闻事业史—东亚—17世纪　Ⅳ.①G219.310.9

中国版本图书馆CIP数据核字（2020）第220566号

帝国边缘——明代东北亚陆路传播史

牟邵义　著

责任编辑　王星舒　王　淼
责任印制　孙马飞　马　芝
封面设计　中联华文
出版发行　中国书籍出版社
地　　址　北京市丰台区三路居路97号（邮编：100073）
电　　话　（010）52257143（总编室）　（010）52257140（发行部）
电子邮箱　eo@chinabp.com.cn
经　　销　全国新华书店
印　　刷　三河市华东印刷有限公司
开　　本　710毫米×1000毫米　1/16
字　　数　228千字
印　　张　15.5
版　　次　2020年11月第1版　2020年11月第1次印刷
书　　号　ISBN 978-7-5068-8106-7
定　　价　95.00元

内容简介

中国古代新闻传播活动是中国古代社会发展的一个重要内容。在中国漫长的社会发展历史中扮演着重要的角色。在中国古代社会，新闻传播信息的传播是内政与外交活动中的显性影响要素。

本研究以中国古代大一统王朝中四域划分最为清晰的明代时期的东北亚地区陆路新闻信息传播为主要研究内容，通过对明代东北亚陆路传播史的梳理来分析中国古代传播活动与中国社会发展的关系。本研究基本上采用以时间为主线，以传播关系的变化为辅线，从明初东北亚地区传播帝国边疆清晰为开始，到明末中华文化在东北亚传播圈重组为结束，主要采取史料分析的研究方法，通过用传播学的观点反观中国古代新闻传播事实来揭示在中国古代社会新闻传播的重要作用，以之丰富中国新闻传播史、中国边疆传播史的研究内容。

明代在立国之初即积极在东北亚地区进行以信息传播为主要内容的软实力征服。同时，着手重建对东亚的信息传播秩序，调整传播政策与传播层次划分。帝国东部的传播边疆即是帝国实质上的地理边疆。此时段在东亚政治与文化层面上各种传播与交流是非常积极的，帝国的政治传播行为，自始至终都是在一个相对于中原内地复杂得多的政治环境进行。来自漠北蒙古的压力使明放弃了进一步东进的选择，成中国历史上第一个承认朝鲜半岛上存在着不能融合的独立政权的统一王朝。其情况与中华文明在东南衍生出来的另外一个以越南为中心的次生文明区域还存在着很大的不同，这与移民情况、地缘政治、宗教情况，仍至经济情况都有很大的关系。尽管东南亚地区的藩属国构成了明代“万国来朝”在数量上的主体，但是在宗主国明廷外交场合的对待规格上，东北亚地区的次生文明中心朝鲜所受待遇，一直远高于其他各个藩属国，这于《明实录》、《李朝实录》这样的官方正式文件纪录里屡见不鲜。对比经济与移民上的相关数据，某种程度上而言这一现象是有其特殊之处的。分析具体史料，明帝国对三个方向上的传播边疆采取的传播侧重是不相同的，至少在政治军事与民族关系更为紧张的北部地区，政治信息传播是受到了相当的重视，无论是帝国边疆地区发生的“军变告示平乱事件”，还是在藩属国发生的引发了整个朝鲜半岛由王氏政权易主成为李氏政权的“越江布告事件”等等，无不充分证明了这种积极的传播政策施为产生的效果。仅就明廷与李氏朝鲜的正式官方史书我们就可以得出这样的结论：通过积极高效的政治传播，明帝国完成了对整个东北亚地区陆路宗藩朝贡体系的复立，由此确定了东北亚的政治格局。

序言

东北亚作为一个地理概念，其范围指向由高山大海自然区划出的亚洲东北部的一片广大地区。狭义上的东北亚只包括亚洲东北部濒临太平洋的地区，即朝鲜半岛与日本列岛；广义上则涵盖了整个亚洲的东北部地区，包括今天的俄罗斯联邦东部地区、中华人民共和国东北和华北地区、日本国、大韩民国、朝鲜民主主义人民共和国以及蒙古国。与许多出现于20世纪的地理名词，如亚太地区①、东南亚地区②等不同，作为文化概念上的东北亚，其形成则远远早于以上提到这些现代国家的出现。

在西亚两河文明、东亚中华文明、南亚印度文明是人类文明的重要发祥

---

① 亚太地区是一个地理概念，是指东亚与东南亚等太平洋西岸的亚洲地区、大洋洲以及太平洋上的各岛屿。也就是说，亚太地区不包括太平洋东岸的南北美洲，而包括澳大利亚、文莱、柬埔寨、斐济、印度尼西亚、日本、基里巴斯、朝鲜、韩国、老挝、马来西亚、马绍尔群岛、密克罗尼西亚联邦、瑙鲁、新西兰、帕劳、巴布亚新几内亚、菲律宾、萨摩亚、新加坡、所罗门群岛、泰国、东帝汶、汤加、图瓦卢、瓦努阿图、越南、中国（含港澳台地区）、俄罗斯远东地。但这一地理区划更多是基于国际政治、经济关系的演进。特别是美国在二战后，对特别地区的战略关注而形成的。所以“亚太地区”的这一说法，大量出现在欧美地区的出版物中，有时联合国的报告中也会使用这一概念，这已经在实际应用中成为一个以政治、经济关系为主要定义依据的特定地区的称谓了。

② 东南亚（Southeast Asia）地区共有11个国家，即越南、老挝、柬埔寨、泰国、缅甸、马来西亚、新加坡、印度尼西亚、文莱、菲律宾、东帝汶（2002年5月20日，东帝汶民主共和国正式成立），面积约457万平方千米，人口约5.6亿。这一地区划分的出现完全是第二次世界大战之后的事情。

地的共识下，关于东亚文明的起源之地的多种说法，无论是单一起源论还是多中心起源说，对文明起源的核心地区的划分都是没有超出中华文化核心区域的范围。

文明是社会生产方式、国家组织、与意识形态等，在特定条件下的综合。文明起源的标准也成为考古学、历史学、人类学、文化研究、比较文明学等学科争论的一个焦点问题。其中，将系统的语言文字的形成、传播、应用作为为文明的标志，是传播学界的一个有相当影响的认识。这里，其他的文明要素，如城市、国家、青铜品等诸多因素是不能被忽视的。切尔德(V. G. Childe) 认为："除了国家之外，还有语言文字与城市、城镇的存在。"其中语言文字是"人类传播经验与积累知识的新工具，在文明形成中是必不可少的因素"。① 但这一认识的核心观点在于强调语言文字作为社会传播工具的重点，本身就塑造了文明最终呈现出来的形态。从这个理论出发，自汉唐起，借由汉字文化传播的成熟，中华文化已经完成了在亚洲大陆上的四个向度的传播的模式规范，并在之后的岁月里持续发挥深远影响，最终完成了对整个东亚文明形式的定形。

当然这一传播模式规范本身的传播和其他内容的信息传播一样，是受限于东亚特殊的地理条件的。亚洲高山大海的基本格局为文化的传播在北部、西部与东部标志出了清晰的边缘地区：北部的西伯利亚冻土带挡住了传播在地理空间上的流动、西部的青藏高原是汉字文化传播难以越过的障碍、东部日本列岛之外是对于古代传播而言无异于绝对尽头的太平洋。在西南，作为以东亚北部的黄河流域为核心区域的汉文化、中华文明进入东南亚的情况，相对于其在其他三个方向的扩展是略显复杂的。秦汉时期中国南方民族开始大规模迁入中南半岛为民族语言文字传播进入这一地区提供了保证。之后海上丝绸之路的开通更是从经济上极大地促进了东南亚地区文明国家的形成和发展，宋元至明初，东南亚文明国家大量涌现。但中华文化在东南亚的两个

---

① V. Gordon Childe. Civilization Cities and towns [J]. Antiquity, 1957, 121: 37.

亚区的传播不是匀质均速的。这同东南亚地区与亚洲另外一个体量巨大的文明体——印度文明——在地理上有着至为重要的关系。中南半岛又名马来半岛上（包括今天的越南、老挝、柬埔寨、缅甸等五个半岛国家）既有与中华文明核心区“车同轨、书同文、人同伦”的越南，也有以南传播佛教为文化核心的泰国。在南洋群岛上（包括今天的马来西亚、新加坡、印度尼西亚、文莱等五个海岛国家），情况就更为复杂。

基于以上情况，中华文化传播的路径、产生的影响、对文化核心输出的反馈与回流等传播的形式与内容对文明形成的影响体现得最为清晰的是在亚洲东北端。

文化信息的传播将中国与朝鲜半岛、日本列岛整合成为一个精神上的共同体，特别是在亚洲大陆东北端的半岛，也就是我们所说的中国华北、东北地区与朝鲜半岛文化信息传播对文明的塑造作用体现得更为突出。而相对于中华文明的腹心之地中原，东北亚地区的陆上边疆——中国东北地区、朝鲜半岛——可谓是其最重要的文明组成部分与文化输出之地，各种信息千百年间在东北亚地区陆路的传播非常活跃。

特别是明代，中华文明在经历了近百年的低谷时期后，成功地将进入中原地区的蒙元文化进行了吸收。随着政治压力的消失，中华文明重新在文化上恢复了对整个东亚地区的统领地位。在明朝将蒙古人逐回蒙古旧地的过程中，被压抑的汉文化强势回归。这在蒙元与明当时都没有直接明确行政管辖的东北亚地区表现得非常明显。

信息的传播是一个国家、一种文明软硬实力的互为表里的完整体现。在一个成熟的文明体系里，不考虑传播内容本身的文化影响力，仅分析其传播外部条件即可得出传播是文明所具有的各种力量的综合体现主这一结论。信息的传播需要邮传驿递系统，行走其上的是车船使吏。车船是物质文明发展程度的直接体现，驿站递铺是国家军事能力与行政管理能力的现实反映。当一份在中国古代传播史中最普通不过的邸报、文书、告示从都城经过中原，历山川越河海而抵达边地或者藩国之时，文明的力量借由传播的发扬光大尽显无遗。

经过之前近千年的物质文明积淀，明代信息传播事业仅就传播工具与传播手段而言，已经达到了一个相当高的发展水平，对后世影响巨大的几种古代传播媒介——无论是官方报纸还是民间传播形式——基本发展到了一个相对成熟的阶段，在明代的政治生活和社会生活里扮演了非常重要的角色。同时，明帝国较之其他中国古代封建王朝而言，疆域辽阔，民族构成复杂，外交关系空前活跃。这就给了新闻传播事业一个非常广阔的发挥场域。帝国内部作为新闻传播主要媒介的邸报、告示等在进行对外新闻信息传播时负担起的是维护国家形象与有效统治的任务，这与其在国内传播中的作用是有所不同的。

特别是在东北亚陆上边疆地区，明帝国对东北边疆的收复其中很大部分是积极调动国家宣传机器，配合军事压力进行“软实力”征服的成果。是信息的传播配合着明帝国强盛的国力，塑造出了东北亚大陆政治与文化格局的大体面目，其影响直至今日。

值得注意的是，明帝国的政治传播行为，自始至终都是一个相对于中原内地复杂得多的政治环境。来自漠北的蒙古的压力使明放弃了进一步东进的选择，成为中国历史上第一个承认朝鲜半岛上存在着不能融合的独立政权的统一王朝。这种复杂与中华文明在东南衍生出来的另外一个以越南为中心的次生文明区域还存在着很大的不同，这与移民情况、地缘政治、宗教情况，乃至经济情况都有很大的关系。尽管东南亚地区的藩属国构成了明代“万国来朝”在数量上的主体，但是在宗主国明廷在外交场合的对待规格上，东北亚地区的次生文明中心朝鲜所受待遇，一直远高于其他各个藩属国，这于《明实录》《李朝实录》这样的官方正式文件记录里屡见不鲜。对比经济与移民上的相关数据，某种程度上而言这一现象是有其特殊之处的。分析具体史料，明帝国对三个方向上的传播边疆采取的传播侧重是不相同的，至少在政治军事与民族关系更为紧张的北部地区，政治信息传播是受到了相当的重视，无论是帝国边疆地区发生的“军变告示平乱事件”，还是在藩属国发生的、引发了整个朝鲜半岛由王氏政权易主成为李氏政权的“越江布告事件”等，无不充分证明了这种积极的传播政策施为产生的效果。仅就明廷与李氏朝鲜的正式官方史书我们就可以得出这样的结论：通过积极高效的政治传播，明帝国完成了对整个东北亚地区陆路宗藩朝贡体系的复立，由此确定了东北亚的政治格局。

值得注意的是承认并建立起这样一种地区性的国际关系格局的认识渗透在明政府进行东北亚新闻信息传播时政策的制定与具体执行的每一个具体的时间段中。早期是传播边疆规划确定，中期的主题是传播路径伸展、传播内容扩大，而在在万历年间，东北亚政局经历了朝鲜战争的冲击，活跃在东北亚的各方政治力量——明、女真、朝鲜、日本——全部卷入进来，帝国原有的传播层级与传播安检制度被打乱，各方面的传播触角都尽可能地向其他势力渗透。明、朝鲜、日本、女真之间都产生了直接的或者通过第三方间接的新闻信息交互行为。结局除决定此后二百余年间东北亚中国、朝鲜、日本三国的国际关系格局外，中国历史演进中的重大事件——明清鼎革——也在其影响范围之内。

东北亚地区对于中国而言，一直都是战略敏感地带。东北亚地区在中国的地缘政治中占有重要地位，直接关系到中国的政治安全与经济利益。反观历史，今日之东北亚政治地图实形成于明代，并在终明一代完成了调整与定型。对明代东北亚传播史的反思与考量，有助于我们更好地认识今日之东北亚，即从另一个全新的角度去解读东北亚各国文化异同的形成史。时下在这中间，中国新闻传播事业扮演着怎么样的角色，如何能更好地发挥作用，明代对东北亚的传播历史也许能给今天的传播事业以启示。

目 录
CONTENTS

第一章

华夏边缘：明代东北亚地区陆路信息传播的整体分析

中国古代新闻传播的历史有文字可见的广泛存在于经典史籍中。春秋时期出现了大量对新闻传播思想的思考。汉代的大一统王朝时期社会经济有了长足的发展，传播需要的技术支持也得到了同步的发展。汉代明确了邮驿制度，每三十里设驿，在驿站配置负责官方文书与信息的传递工作。在中央以“大鸿胪”及其下属的“郡邸长丞”负责地方信息的接收与集纳。同时，在“御史”的工作职能里强调了对中央信息的制颁，其具体内容已经具有了古代官方内部新闻传播的大概范围。著名的汉高祖与百姓“约法三章”就生动地反映了古代的官方新闻信息是如何广而告之公之于众的。三国时期出现了关于邮驿制度的单行法令《邮驿令》作为曹魏在邮驿上的管理准则，标志着建立的邮驿管理制度法规的工作有了重大进步。《邮驿令》的内容不但包括军事布阵中的声光通信还包括对于官方新闻信息传播甚为重要的“遣使于四方”的传舍规定以及禁止与五侯交通的政治禁令等。《邮驿令》作为中国历史上第一个专门的邮驿法，对后世官方新闻信息的传播制度规范化有深远影响。中国正式的封建官报传播体系完善于唐代。进奏院状的传播方式成为中国古代密官报传播形式固定化的开始。“开元杂报”与“敦煌进奏院状”标志着古代新闻传播已经开始从官文书里分离开来，成了一种特定的传播方式。唐代细节丰富的士人传播与民间传播补完了官方传播对社会生活的覆盖，中国古代新闻传播此时有了重大发展。到宋代，邸报完全从官文书中分离出来，具有了相关的制度上的保证与物质上的支持，成为政府向整个社会发布官方新闻信息的正式载体。同时，社会经济情况发展出现了对商品经济倾向，整个社会的信息需求量远迈前代。在宋代不但出现了专门的官方报纸传播范式与传播机构，还出现了指向明确的定本制度与更为积极的传播形式宋代小报，小报突出的新闻要素体现在新闻传播史上是不能忽视的。

第一节　中国古代传播事业在明代达到成熟阶段

中国古代新闻事业发展至明代，已经在事实上成为帝国政治的重要组成部分：邸报由中央政府统一发布抄传布，有针对性地统合起全国庞大的官吏集团与知识分子阶层；塘报完善了其独立的采集、加工、传播渠道，成为专业化军事新闻信息的重要传播工具；以告示、檄文、揭贴等为代表的民间传播媒介表现活跃，是明代社会影响最大、普及最广的传播媒介。其应用于维护东北北边疆有效控制方面，表现为明朝统治者自立国伊始就积极调动国家宣传机器，配合“武统”北疆进行“软实力”征服。亦失哈九上北海，确定北部边疆，“巡抚宣谕”奴儿干，征服了奴儿干及海外苦夷诸民。《永宁寺碑记》《重建永宁寺碑记》在传播史上均具有标志性的意义。

为了整理东北中华故疆，明朝统治者在洪武时期即遣官吏前往辽东北部少数民族聚居区，宣传明朝的民族政策，安抚少数民族首领，设置卫所。在这里应用的是新闻信息这种方式而非武力征伐，可以说是较之前代的一大进步。这也从一个方面有力得证实了，中原新闻传播的力量可以保证在东北亚边疆地区可以进行积极有效的传播效果达成了。这种招抚活动在明朝永乐至正统年间达到了一个顶峰，这是可以从史料中的行政区域设置里就得到明确证实的。针对少数民族的“宣布敕谕”，作为特殊的定向信息传播，起到了简单的武力征服无法达成的效果。

如建文帝统治时期，燕地战乱，东北边境地区的主要军事力量投入到中原交战地区，导致东北地方，也就是燕旧地的社会出现极大波动。对元末战乱印象深刻的北地人民深为恐慌。加之元代的民族政策强调民族间的分化，这场所谓汉人的皇权之战，带给北地少数民族极大的心理恐慌。原属三万卫的女真族有很多逃往原居住地，对此朱棣多次派人前往招谕其回居辽东。永乐二年（1404）八月，永乐帝遣使敕谕谭州，解释开国之初设立三万卫的目的在于使军民都有所生养，老幼有所归附，并将三万卫民众出走原因进行了政治上的合理化，称其是对建文时期的繁重劳役压迫而不得不的行为，预先留出了不对流出民众进行追惩的政治保证，强调只要能回归三万卫旧地，即可以安生乐业："昔太祖皇帝设三万卫所，以安养军民，欲令老少各得其所，建文时差役困苦，尔等不得已留寓潭州，朕即位以来，一切宽恤天下，军民皆已安生，惟尔等尚未复业，特遣千户高塔海帖木儿等，赍敕往谕尔等即同父母妻子复回本处，仍旧居住，毋欠栖栖在外徒自苦也。"①

这种以新闻传播为主要手段进行的政治宣传攻势在永乐年间不是进行了一次而是多次，并且这一政策也为之后的北疆政策打下了一个基础。永乐朝之后的统治者依然延续了这种以新闻传播政策宣布为主的边疆民众招回政策的。宣德三年（1428）正月，明廷遣百户赵锁古奴携带政府的正式广告对杨木答兀等边疆少数民族头领进行宣布，这次宣布起到了很好的政治传播效果，少数民族关领在获得招谕之后，前往南京贡献马匹，得到了中央政府的嘉奖与赏赐："……同赍敕招谕杨木答兀等，而杨满皮与杨木答兀俱往古州，惟赵锁古奴同舍人速古等来贡马，答答忽等送之至京，故并赏之。"②

朝鲜方面《李朝实录》对这方面的活动非常关注的，特别是地缘政治紧张的时间段。对明中央政府的政治宣传上的一些细节记载是远远详细于明廷

① 明实录·太宗文皇帝实录 卷33·永乐二年·八月癸巳［M］．台北："中央研究院"历史语言研究所，1962：591.

② 明实录·宣宗章皇帝实录 卷35·宣德三年·正月壬子［M］．台北："中央研究院"历史语言研究所，1962：886.

自身的史书记载的。对于明政府的流民招回政策宣传在王氏朝鲜的角度是视作直接的人口争夺的。李氏朝鲜即使是在“事大至诚”的大的外交方向指导下也对此类的新闻信息宣传高度警惕，甚至可以说警觉程度不亚于与明代直接选择了战争对立的王氏朝鲜的，所以《李朝实录》里丰富的细节记录是可以在很大程度上弥补明廷中央这方面历史记录的简略之处的。此问题在后面的论述中会有专门的展开，这里我们只举数例对明朝的招抚活动的多记载。

如永乐二年（1404）辽东千户王可仁奉命招谕迁居到朝鲜北部的原属明朝子民的女真十一处人民回归中国旧地居住。同年，辽东百户金声再奉中央政府明确命令，向生活在高丽国境的原东北女真部落兀良哈等部进行归化的谕旨宣讲、政策传播。据《李朝实录》太宗四年四月甲戌条载，永乐二年（1404）四月，明成祖诏令王可仁持敕至朝鲜招谕参散①等十一处女真人，这十一处南起哈兰，北至溪关②，范围非常广大。这一方面证明了明政策进行少数民族归化宣传的重视程度，同时也在另一方面证实了明政策进行边疆民族传播的能力与实力。这种能力与实力在朝鲜是激起了极大的恐慌的。

在明初，明廷大体上确定了对东北地区的边疆政策里重视宣谕——也就是政治传播、民族政策宣传的原则，大力开始边疆传播活动。

洪武二十一年（1388）二月，辽东都司派李思敬等渡过鸭绿江，在王氏高丽自我认定的领土进行张榜布告，布告的内容是针对此时生活在有着领土争议的铁岭以北地区的原来归属在元朝时为中原政权下属的正式行政区的开原的各民族——汉族、女真族、蒙古族以及部分高丽族——民众，他们的户籍关系依旧为辽东所属：“户部奉圣旨，铁岭以北、以东、以西元属开原所管军民，汉人、女真、达达、高丽仍属辽东。”在李思敬等人活动于鸭绿江东，进行政治宣布的同时，王氏政府派出的出使明中央政府的高丽使臣偰长寿自南京回国后带回了洪武帝对明与朝鲜争议地区的明确意见，也就是铁岭的北部地区，在元时行政上已经为中央政府所有，现在依旧为辽东的属地，

① 今朝鲜北青。

② 哈兰今朝鲜咸兴，溪关今图们江北珲春河口。

并明确了“铁岭迤北，原属元朝，并令归之辽东。其余开元、沈阳、信州等处军民，听从复业”①。明廷对王氏朝鲜的政策传播与在争议地区对民众的直接宣讲，从两个层面明确了，在此时明中央政府并没有使用武力的打算，所用的手段仍为以传播方式来明确政治关系与领土划分。继通告铁岭以北归辽东以后，明廷在着手设置铁岭卫的过程中，又将此消息通告王氏高丽政府。

洪武二十一年（1388）二月，辽东都司派出百户王得明至高丽首都开京，向王氏高丽通告“立铁岭卫”②，这是一个正式的政治宣传行为，其代表的是明廷在东北争议地区开始实行行政统治的开始。面对此种形势，王氏高丽辛禑的政府已经不可能否认这一政治传播体现出的合理性与合法性，只得破坏与明廷的和平关系，发动了对明的战争。辛禑下令杀掉之前被扣留的辽东都司派来的进行政策传播的“持榜文者”，二十一名明廷使者被杀害，五人被扣押，“死者凡二十一人，只留李思敬等五人，令所在（官）羁管”③。同时，决定结集境内所有的武装力量，西上进攻明帝国。从整个政变发生的大的环境与历史背景看，一直与蒙元保持通婚的王氏政权，在蒙元中原政权覆灭以后只有与蒙元进行完整的关系切割或者选择与明进入战争状态，当然无论是蒙元在漠北的残余力量还是王氏高丽内部，都没有真正可以在正面战场上与明政府争夺中原的力量，这也是非常明显的事实，战争的目的在于辽东地区。辽东地区是面对北元压力的第一线，也是保证明政府对东北女真地区实行实际行政统治、对朝鲜半岛保证宗主国政治影响力的关键地区，如果失去辽东，从中原流向东北亚地区的物质与信息就告终结，中原政权就失去了在东北亚地区的有形的和无形的统治。所以王氏高丽的战争指向即明确为辽东属地。这一决定除了少数亲元派支持外，朝鲜国内的士人群体

---

① 金宗瑞. 高丽史节要·卷33·辛禑十四年·二月、三月［M］. 北京：朝藏汉籍古书出版社，2009：368.

② 金宗瑞. 高丽史节要·卷33·辛禑十四年·三月［M］. 北京：朝藏汉籍古书出版社，2009：367.

③ 金宗瑞. 高丽史节要·卷33·辛禑十四年·三月［M］. 北京：朝藏汉籍古书出版社，2009：369.

与中下层军民是持相当的反对意见的，而明辽东都司的反应也是相当的强硬。之前期待中的与蒙古势力联合西进的打算不能实现，国内的反对声势越发巨大，在巨大的国内外压力下，王氏高丽的最重要将领亲明派李成桂在统领主力于鸭绿江畔完成队伍集结之后，没有向西对明朝领土发动进攻，而是回师东向京发动兵变，推翻了亲元的王氏政权，改朝换代更立新政权，即为李氏政权。王氏朝鲜遂为李氏朝鲜所取代。此后，明与朝鲜两国的信息传播与交互活动在稳定的宗藩关系框架下得到了积极的发展。

朝鲜半岛上的李氏政权自建立伊始，就制定了“以小事大”“臣事大明”的外交政策，与明朝建立起稳定的、制度化的朝贡关系①。在宗藩朝贡关系体系中，明朝与朝鲜之间的信息交互在《李朝实录》里有大量的记录。这些记录几乎包括了当时最主要的几种新闻信息刊布载体，不但有官方分报的代表邸报、塘报、告示，还包括对于在明官方史料里所录甚为稀少的个人信息传播实物私揭等的记录。

加之朝鲜半岛在东北亚的特殊位置，事实上明帝国之中原核心区、帝国东北边疆地区、朝鲜半岛、甚至日本的部分信息都得以在其间交汇。其中，在东北亚各国互动关系最为纠结的万历年间，朝鲜对明廷发布的各种新闻信息的敏感程度达到顶峰，利用各种方式收集明廷政局动态消息。此时，东北女真部已经开始对明朝政府的内部管控开始了带有政治色彩的警惕，而日本因为倭寇犯边与明政府之间正常的官方信息渠道陷入停摆，因此，朝鲜方面的对于东北亚陆路传播形态的细节记录显得格外难得。明帝国在进行东北亚陆路对边境和藩属国进行信息传播的时候，很注重传播技巧与传播反馈中，因为自明建国之初，其确立的改变元代的强硬外交政策，力图以传播为主的

① 明建国时，在北方存在着蒙古巨大的军事压力，不可能对朝鲜半岛进行军事征讨。朝鲜得以避免被中原大一统王朝消化掉的命运，成为一个独立的政治实体。因此，明与朝鲜双方都在大部分时间里共同努力维持双边关系的良性发展。明朝政府为朝鲜设置了许多外交上的特别待遇，如自永乐年间，朝鲜入觐王子许着亲王世子服色，在正式典礼仪式上可以随班行礼等。参见姜龙范，刘子敏．明代中朝关系史［M］．黑龙江：朝鲜民族出版社，1999：76.

“软征服”手段确定帝国的东方边界的大的对东北亚地区的传播方针就以政策的形式确立下来，并在之后数百年的实际操作中，得到了坚持，并最终收到了很好的传播效果。

进入17世纪后东北亚政治关系变化开始错综复杂，1592年至1638年间，女真族政权后金崛起，改变了东北边疆地缘政治格局。这一阶段，后金政权、明与朝鲜三方的政治关系变化非常剧烈。后金通过军事战争打破了辽东地区的政治格局，逐步改变了后金与朝鲜的军事力量对比及双边政治关系，并通过军事战争把这种转变后的双边政治关系加以强化，最终将朝鲜由明朝的藩属国变为后金的藩属国，虽然朝鲜王国在被军事征服的过程中仍然坚持尊王攘夷的儒家义理观念，尊崇明朝，但最后在客观现实面前也不得不接受清朝的宗主国地位。

整个东北亚地区的新闻信息传播活动在激烈的政治格局变化中被强行中断，直至清政权入主中原建立起自己的统治。这一过程的影响是深远的，之后重新形成的东北亚传播格局与明代的状态有了很大不同。结局决定了此后二百余年东北亚中、朝、日三国的国际关系格局，甚至中国历史演进中的重大事件——中日甲午之战可以说也在其影响范围之内。

频繁的信息传播活动留在各种古代新闻传播载体中，被东北亚各方面收录于史料当中。把东北亚一段风云变化翔实记录下来，成为后人进行古代中国新闻传播史、中国古代外交史、民族关系与东北亚地缘政治发生发展史等方面学术研究的“富矿”。

第二节　传播史中的明代东北亚

对于传播史中的明代东北亚，中国新闻史研究一直是最积极、最活跃的学术研究领域之一。新闻史学界公认，对明代新闻传播史的研究自1927年戈公振先生的《中国报学史》开始有所涉及，此后直至20世纪80年代末，明代新闻史研究不断散见于古代新闻通史论著中，是关于中国古代新闻传播研究的一个重要领域。凡是关于中国新闻史的通史研究都有专门的内容对明代发达的官报体系进行描述，并对包括东北亚地区在内的明代帝国传播网进行了具有传播学意义的分析。此类著述颇为丰富，如李瞻主编的《中国新闻史》、赖光临的《新闻史》、曾虚白主编的《中国新闻史》、王洪祥主编的《中国新闻史》（古代部分）等，均以通史的形式，溯源春秋之烽烟、木铎，下止于鸦片战争后，以邸报、小报为代表的中国古代报纸为近代报纸所取代。① 在其中，对明代新闻史的涉及既有对有限的史料的钩稽也有对传播现象的分析，尽管对一些关键性的、需要定性的问题表述含混，如对不同名目的报纸性质上的划分就互有抵牾、莫衷一是，但总体而言，都是在这些通史中，明代新闻传播事业面目与其他历史阶段之不同大体清晰。

同一时间段，也有针对明代新闻传播的某一课题的专项研究成果，如台湾学者在20世纪70年代集中发表在台湾《中央日报》上的系列文章：苏同炳的《伪造邸报》《万历邸钞述评》《明代的邸报》，刘兆佑的《记万历邸钞》等；大陆学者姚福申的《有关邸报的几个问题》等。这些专项研究对厘清明代邸报的发展脉络，确定邸报的性质与传播特性，都有开端性的立论。但是早期的研究普遍存在着视野有限，不能揭示出明代新闻传播事业整体轮廓，在此大问题下，关于东北亚地区丰富的传播细节几乎被完全忽视了。这种情况延续到关于明代新闻传播史的第一本断代史专著——尹韵公的《中国明代新闻传播史》问世。通过对如现在存留的一手史料，如《万历邸抄》《东江疏揭塘报节录》等的严密梳理、细致分析，《中国明代新闻传播史》使得明代新闻传播的全貌第一次清晰呈现出来。一些关于明代新闻事业的学术争论也有了定论。如对于一直有所争议的关于邸报于朝报是否有所区别，还是仅仅为同报章的不同称谓，《中国明代新闻传播史》就从报章的传播、获得渠道的异同这一细节进行了区分："……邸报是外地官员们的称呼，而朝

---

① 方汉奇．中国新闻事业通史［M］．北京：中国人民大学出版社 1992：1－43.

报则是京城阅读的传抄章奏，没有经过邸的环节，而是直接从六科或者通政司那里或本部衙门那里获得的。"① 这一论证，终结了之前学术界存在的邸报、朝报在明代为性质不同的两种报纸的说法。② 在《中国明代新闻传播史》里，经过大量史料论证，尹韵公为塘报定性："塘报是明代基层组织逐级向上呈报军事消息的一种专业性较强的传播媒介，它以反映军事战况为主，兼及敌我动向、态势、意图以及与军事相关的外交情况等，它在某些地方和某些方面类似于宋代的边报。"③ 这一结论较之明史研究者认为"明代邸报又作邸抄、塘报。盖明朝各省（以都司为地方行政亦因之）均于京师设有公所，有提塘管理其事，于六科廊传抄诏令章奏，以知朝廷及地方之消息，没其旧称邸报、邸抄，因为提塘管理其事，故亦称塘报"④ 的说法，更为新闻史研究者普遍认同。其对明代邸报的社会作用的评价："（邸报）是明代社会最重要和最主要的传播工具，又是明代社会的历史进程的最忠实记录者，是明代社会历史的见证人，又是明代社会历史进程的直接参与者。"⑤ 成为之后明代新闻史中关于邸报研究的基调。之后的新闻史古代部分的通史研究明史部分基本上均以《中国明代新闻传播史》之结论为定论，如方汉奇的《中国新闻事业通史》、谷长岭的《中华文化通志・新闻志》、吴廷俊的《中国新闻传播史稿》、刘家林的《中国新闻通史》等。在《中国明代新闻传播史》中，对于明代帝国边疆传播的部分虽然没的以专门的文字开展论述，但改变了明代新闻史的专项研究停留在对明代新闻事业媒介的细节分析研究上，不能兼顾传播的跨文化属性与功能的问题⑥。

---

① 尹韵公．中国明代新闻传播史［M］．重庆：重庆出版社，1990：26－27.

② 黄卓明．中国古代报纸探源［M］．北京：人民日报出版社，1983：90－91.

③ 尹韵公．中国明代新闻传播史［M］．重庆：重庆出版社，1990：155.

④ 商传．中国通史・明史卷［M］．上海：上海人民出版社，1998：144.

⑤ 尹韵公．中国明代新闻传播史［M］．重庆：重庆出版社，1990：70.

⑥ 这方面的研究数量最多的是关于邸报的出版、发行、内容和邸报变种研究。国内学者研究成果中以尹韵公先生的系列文章《明代邸报与明代历史》《王夫之谈明代邸报》《略论〈万历邸钞〉》《急选报：明代雕版印刷报纸》等，方汉奇先生的《记新发现的明代邸报》等为代表．

尽管如此，明代东北亚地区的信息传播、新闻传播研究还是存在着相当的不足的。明代作为中国历史上疆域广阔、民族关系稳定的一个朝代，新闻传播事业所起到的维护政府实行有效的边疆控制、进行有力的对外宣传的施政工具的特殊作用，这是与疆域有限、外宣关系相对简明的宋代相当不同的。特别是明代的东北亚地区，既存在着边疆少数民族传播，也存在着对“外藩”诸国，如朝鲜、琉球、日本等国家的外交宣传，在明帝国存续的时间段内，在整个东北亚地区的帝国的新闻信息传播发挥着巨大的作用。但是在新闻史学界，除了《中国明代新闻传播史》有提纲挈领的论述外，提及明代新闻传播对边疆及国际关系影响的仅见于白润生的《中国少数民族新闻传播史》、甘险峰的《中国对外新闻传播史》和黑龙江日报社新闻志编辑室主编的《东北新闻史》等。

且对明代东北亚传播史在其他学科的研究，数量和质量上也鲜有可陈。中国古代地方史、边疆史、民族关系史和国际关系史的研究等都有对明帝国东北亚传播现象的涉及。单就中国与朝鲜半岛在明代的新闻信息交流问题，在边疆史和国际关系史领域就有很多研究。其中集中的国家与国家间在特定历史时期的关系构建上的研究成果最为突出，如黄连枝的《东亚的礼义世界——中国封建王朝与朝鲜半岛关系形态论》，全海宗的《中韩关系史论集》，姜龙范、刘子敏的《明代中朝关系史》，李光涛的《朝鲜壬辰倭祸研究》，白新良的《中朝关系史：明清时期》，黄定天的《东北亚国际关系史》等，这些著作均提及明王朝与朝鲜半岛频繁的官方与民间信息交互行为，把信息传播与交互形为在国家关系构成中的重要性给予了一定的重视。就历史文献中出现的关于传播行为的细节记录研究成果也较新闻史中的相对应部分充分得多，如刁书仁的《明前期明朝向朝鲜索征的“别贡”》，陈成国《论明代外交与相关礼制（续)》，陈伟明、何兰娟的《略论明代中央外交专职机构》，高艳林的《明代中朝使臣往来研究》，王裕明的《明代遣使朝鲜述论》，孙卫国的《试说明代的行人》，李未醉、赖文斌的《明代中国与琉球的友好往来》，李登峰的《明代行人司与行人考》，刘子敏、姜龙范的《明代建文朝同李氏朝鲜的友好交往》，张士尊的《明朝与朝鲜交通路线变化考》，王伟凯的《明行人司机构性质辨析》，王静的《 明朝会同馆论考》等，文章里都论及使者往来道路携带何种类型的新闻信息、中央政府通过管控外交渠道从而信息流动的。但这些研究都是从本专业的角度出发去解读、分析、归类东北亚新闻传播现象。或者简单地把东北亚传播在明代的种种表现直接归类为政治行为之一种，而没有在传播手段应用与传播内容的关联、传播过程的设置与传播效果的预期层面去提炼其传播上的意义。

综上所述，关于明帝国东北亚传播史的研究在取得了大量成果的同时也存在着以下几个问题。第一个问题是从大的方面概括并进行个性化研究的整体性研究缺失。迄今为止，没有一部专著针对明代东北亚地区的传播历史进行专题性整体研究。相关的学术研究虽可见于新闻史、地方史、文化交流史甚至政治制度史，但是这些研究没有将明帝国东北亚的种种传播史实视作一个整体进行分析，研究的范围和视野都局限于某一特定的方面，如文化交流史之文化传播载体研究——邸报发布范围、地方史之国家有效领土——传播的有效行政范围等。这就决定了明代东北亚新闻传播的作用一直不能为人们所正确认识。在中国的各个大一统的王朝中，汉与唐都是向外扩张的态势维持始终的，东汉分崩离析之后的三国乱世里，北方政权依旧在法统上强调对东北、西北、西南统治的合理性。而明代是中华帝国结束“进击的巨人”状态的开始，行政有效覆盖的收缩在更大程度上引发了次一层级文化圈对核心文化圈的信息回流，这一部分的研究应当是大有可为的。

第二个的问题是明代传播研究中没充分重视明代个案性研究，研究存在盲点。明代传播史的研究中对媒介的研究是最为活跃的，成果也相对丰富。前文所提及通史与专门史研究中基本上是以对明代最为活跃的几种传播媒介作为研究的主要甚至全部内容的，大部分研究是针对明之邸报、塘报等官方报纸性质和业务层面的特点进行讨论，对明代传播媒介如何在一个疆域庞大的帝国扮演起有效的社会统和工具的表现涉及较少，不可避免地让人将明代新闻传播事业视作巨大的政治统治机器的一个细小组成，忽视了明代新闻传播事业在明帝国的外交中所发挥的巨大作用。唐代有个性鲜明的士人传播时代，宋代有充满商品经济暗喻的小报现象，即使是在统治黑暗程度骇人听闻的元代，在严刑峻法之下，也有小本的传播。这些细节在最大程度上完整了一个时代的面目，让明代的传播以富于个性的表达鲜活于今人的研究之中。明代传播不是缺乏这样有血有肉的个性色彩，特别是在社会关系、经济结构、政治形势复杂的东北亚传播中。又如，可以以一次“越江布告”就撼动一个在朝鲜半岛上独立生活了数百年的王朝，直至引起改朝换代；又如，“未闻诏先举哀”事件，因为官方传播与非官方传播的速度差异，几乎使“事大至诚”的朝鲜从“不征之国”之首的位置上被直接打入不臣之国的名单。这些细节是如此独特却被研究者完全忽视，是一件令后来进行传播史研究的人感到遗憾的事情。

第三个存在的问题不是明代东北亚新闻信息传播研究史所独有的，是在整个关于中国古代传播、文化史领域广泛、长期存在的，那就是研究视角的僵化。对明代新闻传播的在东北亚地区表现的研究，大多是从一个固定的视角出发，即：明朝为“天朝上邦”，传播一定是单向的，信息从中原、从明朝中央政府流出，是文明与文化的输出。统观通史部分的传播方向性研究，给人的感觉是除了战争类新闻信息有个别交流互动，其他类型的新闻信息都是以教化启蒙为目的的输出。新闻信息与其负载的文化内容，是在文化的核心地区形成、集结、编辑并加之以一定的物质表现方式，借由邮传驿递，由中央而边疆，传而达之，终而结之。当然，我们不能否认这一结论是有其史料支持的，但是把这一结论无条件的推广到整个东北亚地区在明代的整体信息传播态势描述，则又过于僵化。明帝国是东北亚地区最大、最主要的文化输出国、信息输出国，但是明朝也需要信息回流来补完自己在东北亚地区的有效统治。回流输入中华文化核心文化圈的信息流在经过接收与接受之后，成为中华文化发展中的一个新的内容，这是非常重要的一个文化现象、传播现象，是不容简单略去的。

而解决上述问题的方法就在于从何种角度、以何种方式对明代东北亚新闻信息传播史这座“富矿”进行深入、系统、高效的开采与挖掘。也就是如何将文献分析法、历史分析法、个案分析法更好的应用到明代东北亚信息传播的研究当中。关于东北亚信息传播的一手史料是有待进一步的历史研究去发现的，在东北亚信息传播中，直接体现传播内容的如《万历邸抄》《天变邸抄》《急选报》那样珍贵的一手资料的确是相对缺乏的，目前只有《东江疏揭塘报节抄》① 等少量直接反映传播内容的文字资料。但是因为有大量如《明实录》《李朝实录》《满文老档》等史料的存在，只要付出功夫就可以从这些海量的文献材料中提炼出研究明代东北亚地区陆路传播态势所需要的史料。这些文献包括所有与主题相关的文献、专著、档案、文物等原始材料，与此同时，以往研究者的研究作为二手资料的使用也非常重要。而历史分析法需要加以强调是因为历史性研究需要对过去发生的新闻传播事件、新闻传播史实，提炼有新闻史研究的解释。研究尽可能维护原始文献对于历史研究的重要性，通过尽可能彻底地检视所有可取得的相关记录或材料，并予以翔实的记录，才能准确揭示和澄清社会制度、人物、事件等之间的关系。为了让明代东北亚的信息传播研究更有自己的性格特征我们就要突出使用个案分析法，选择一些对明代东北来新闻传播史具有重大影响的历史发展事件进行个案分析，如《李朝实录》中的明朝通报、万历中日战争时期战争新闻传播等，做具体分析，以便形成对整个明代东北亚新闻传播历史个性层面上的认识。以上三种方法并重，庶几有望使明代东北亚的新闻传播史研究在之前的基础上更进一步。

① 书名。共八卷。毛承斗所辑录，天启元年至崇祯二年（1621—1629）间，明末东江镇总兵毛文龙所发塘报、所上奏折。该书尽可能地忠于历史，于所辑塘报、揭帖、奏折，皆实录实书，最大限度地还原了历史原貌，是研究明末东北亚历史的重要书籍。

第三节 明代社会整体传播结构对东北亚传播的影响

中国古代的新闻事业在宋代早期就已经出现代表了当时最具有近代传播色彩的小报这一先进的传播载体，如果没有蒙古入侵打断其发展轨迹，那么其本身隐藏的经济要素也许可能得到社会经济更强大的支持，甚至可能出现新闻传播职业化、商业化。而蒙古侵宋战争对社会破坏极其巨大，战争中采用了野蛮的毁灭社会全部生存要件的方式，完全终结了社会经济继续发展的可能，包括小报在内的所有新闻传播形式也统统消失在社会大规模的崩溃之中。中国社会在经历了宋末席卷整个东亚的惨烈战乱后，并没有在接下来的元代将近百年的异民族统治时期得到精神与物质文明上的恢复，在落后的社会政治经济制度重压之下的社会是无力从自身生发出恢复的力量重新将社会结构恢复成宋代的形式。即使是在广大的领土上维持统治所必要的官报体系，元朝都无力重新建立。不是说元朝的统治者无意复立有效的官方传播体系，而是因为蒙古本身的文化较之当时中原核心汉文化圈的落后程度实在是达到了可怕的程度，原有的传播框架是蒙古统治阶层无法学习的，更何况是使用。蒙古统治阶层也试图建立自己的全国传播体系，但文化发展程度的差异过于巨大，断层式的落差导致了其努力完全失败。八思巴文的出现与传播的失败非常清楚地说明了在社会传播领域——无论是文化传播还是新闻信息传播——元代的传播制度都是失败的。

当蒙古统治者被逐出中原地区，落后文化的统治也随之土崩瓦解，在整个中国古代新闻传播史里没有留下任何一点具有进步要素的遗产。中国社会重新恢复了生命力，传播事业的发展也回到了从春秋时期就开始的正常轨道，并且有了进步。

元代的新闻传播史是一片空白，没有发展，只有倒退。明朝建立起来之后，至少在制度上保证了汉文化传播有了复生的力量与新生的可能。中国古代新闻事业发展至明代，已经在事实上成为帝国政治生活与社会构建的重要组成部分，在当时社会阶级基本划分完成，社会按大的职能在不同阶级中又进行了层级区分，相应的要求社会统合功能突出于一般文化传播形式的新闻信息传播工具，从形式到内容上负担起远超前代的社会整合与结构的任务。事实上，明代的整个新闻信息传播事业各个方面的构成，也的的确确做到了适应当时独特的社会阶级阶层架构。明代的中国社会结构可以简单地分成三个平行但体量与权重完全不相等的部分，中央政府构成了统治层的核心，皇族与政府官员是基本组成。中间层是由士人与乡绅构成，具有一定社会地位与经济力量。下层由农民与市民构成。也就是说从任何一个层面而言，阶层之间都借由经济关系保持着联系，借由科举等制度保持着流动。即使在明初存在着不能参加到阶级流动中的平民人群，在中期之后也出现了身份转化的可能。在有明一代社会阶层之间的流动从来没有僵死过。一个是科举制度的规范化与制度化，另外一个是明代的经济发展形势的良好，凡此二端又使得中间阶层的数量一直保持着一个上升的趋势。

我们先来看看科举在明代的发展变化。中国科举制度出现极早，打破了魏晋门阀制度引起的社会结构僵化，对于整个社会发展有着积极的意义。在明朝的时候这一社会制度得到了充分的发扬光大。在唐宋时虽有科举，但录取名额十分之少，一科往往只取几十人，是名副其实的精英选拔。明朝自洪武三年（1370）年起开科举，实行扩招，明洪武十七年（1384）规定每三年举行一次，从此至清末成为定制。科举分乡试、会试和殿试。参加乡试的，除了监生还有科举生员。取得生员资格的入学考试叫童试，童试包括县试、府试和院试三个阶段，也叫童子试、小考、小试。过了童试即可以参与秀才选拔考试。乡试作为省一级的统考，三年才有一次，逢子、午、卯、酉年举行，乡试录取者称为举人，举人中的第一名称为解元。举人可于次年进京参加中央举行的考试。举人名额，各省不等，向有定数，不能任意增减，大抵按一省人口、物产、财赋等确定。大省有百余名，中、小省七八十名或四五十名。会试是由中央政府组织的统一考试，逢辰、戌、丑、未年的三月举行，又称“春闱”。朝廷将从来自全国各省的乡试胜出者中挑选三百人，会试取中者称贡生或中式进士，其中的第一名称为会元。殿试最后由皇帝主持，内容主要是策问。成绩共有三甲，一甲只有三个人，叫进士及第，分别是状元、榜眼、探花；二甲若干人，叫赐进士出身，三甲若干人，叫赐同进士出身。明代的武举也是童、乡、会、殿四试。虽然最后出现在科举考试“金字塔”尖上的内有这三甲数十个人，但是从取得生员资格之日起，任何人都可以无视之前的社会身份直接进入“士”的行列，成为士绅阶层的一个成员，对社会事务有了相当的发言权，通过非血缘的关系，如师生、门生、同门、同年而获得了进入了当地的士绅关系网的权力。

另外一个是明代的经济发展。明代之初为了应对边疆地区的压力同时稳定社会结构，开创者将明代的社会经济形式设计成一个拥有庞大的底层农业，在其上生发出有众多短线物质流为特点的工商业。短线物质流的一特征是物质流动需要的时空过程里产生的信息量少，信息本身是完全依附上物质本身上的，没有，或者说是没来得及因为流动产生出新的形态上的变量来。物质流的生产端与接收端都没必要对其进行专门的传播。这种短线设计保证社会结构的固化，最大程度减少变量的出现，而新闻信息本身正是一个系统内部的各个要素流动产生的形态与位置变化的产物。所谓“士民工商”的社会阶层定位也是基于这种考虑成为政府不断强调的“金科玉律”。而这一设计，包括将农业人口牢固的拴死在土地上的初衷，除了在最初的数十年内是成功的，其他时间段内都被经济生产的发展冲击得不断变形最后彻底瓦解。

无论是科举还是经济发展都带来了中间的士绅层的体量不断扩大。而这一阶层正是对社会信息、进而言之是新闻信息需要最大的一部分人群。他们是社会中最活跃的一部分，其社会地位也就是社会阶层是处于一个变动的状态。“学而优则仕”描述的是从中间层上升的期待，而“富不过三代”描述的则是社会阶层的流动是两个向度的事实。所以，这一部分不断发展壮大中的社会力量不但自身需要大量的细节丰富的社会政治经济文化新闻信息，他们也负责着新闻信息的流转与二次发布。士绅既然作为社会一部分人群的政治与经济利益代表，就不可作为下层信息的终端不向上一层级进行汇报，更不可能不对上一层级发布出来的信息进行自主性虽然有限但不是完全缺失的二次发布的，这种发布行为是超出了其阶层自需与自觉的。明确规定于政府制度的每月初一、十五进行的由地方主持的针对民众——特别是农村民众的宣讲活动就已经不是政府授权行为而是政府要求的义务了。

信息需求量随着社会中间层的日渐庞大而不断增长，这种增长必然地推动了传播制度的不断发展而渐趋完善，形成了由中央经由政府到达中层士绅再由中层士绅向下一层级二次发布的下行通道和由中层士绅统合其阶层动态并收集下层信息，整合后向上一层级报告的上行通道。更在传播载体上进一步完善了其针对性：邸报由中央政府统一发布抄传布，在官员上高效地传阅并被私人或者小团体有组织地收集统合、结集收录。有针对性地统合起全国庞大的官吏集团与知识分子阶层；专业化色彩更为浓重的塘报，在明代完善了其独立的采集、加工、传播渠道，成为专业化军事新闻信息的重要传播工具；以告示、檄文、揭贴等为代表的民间传播媒介表现活跃，是明代社会影响最大、普及最广的传播媒介。当作为承上启下的士绅阶层接收到这些载体传达来的上层与本阶层的新闻信息之后，他们会对其进行分类、整理、留存与将其重新发布回原来的信息流通体系，当然他们对这些带有二次发布的信息本身是不做涉及意义改变的编辑的，所进行的二次发布行为是事实上的摘取与流程上的“走程序”。这在无形中自然而然地放大了信息负载的新闻量。《万历邸钞》里常见的地方逸闻奇事类的地方新闻就是出自“耆老”也就是地方士绅的收集汇报的。另外，在明朝中后期，像其他长时间政治大环境基本稳定的统一王朝一样，地方上关于土地流转的矛盾不断出现，矛盾的双方至少是一方即是前文我们所说的在新闻信息传播中转活动中表现积极的社会中间层士绅阶层。于是土地所有权的诉讼开始频繁出现在《万历邸钞》里。本书对此类新闻现象不做专门研究，此处即作为一个中间阶层丰富新闻信息传播的量化指数有所提及，事实上这一部分是明代新闻传播史上的一个很有时代特点的传播现象，充分表现了经济要素权重上升对中国古代新闻事业发展与西方古代新闻传播事业影响的异与同。

不过在东北亚地区的中国行政区内，中间阶层对新闻信息传播的影响与中原地区是有所不同的。首先政治传播，在这里我们特指由政府主导的政治传播是占有绝对主导的地位的。东北亚大陆地区的民族构成相对于东南与西北两个方向是单纯的。没有突出的不能整合的民族差异化的存在。一度在东北亚地区拥有强势地位的高句丽民族政权其民族主体是为起源于东北地区的秽貊人，秽貊人与中原在社会与文化方面就是一致性强于差异性的。高句丽政权因其发展中表现出来的侵略性与扩张性，从三国时期就受到中原政权与当地其他地方性政权，如扶余政权、新罗政权的协同打击，在唐代已经消亡，高句丽民族也已经完成了被其他民族吸收的过程，成为了东北多个少数民族的实际构成的同时大部分是为汉族吸收掉的。文化上也是这样，高句丽文化中突出的三足乌崇拜被中原文化吸收成为顺理成章的一部分，而不是如同西北的蒙古族民族图腾——狼①一样，其崇拜一直不能被汉民族与中原主流文化接受。因此在东北地区的新闻信息传播与文化交流沟通是不需要强调文化差异部分的整合的，从一开始就作为同质文化无冲突的进行。不仅在东北地区如是，在与朝鲜地区的信息交互行为中，汉字作为共同传播工具的使用产生了巨大的传播效果诉求一致化，反过来更加强调了两种进行交流的文化在本质上的共同性而非差异性。一个反面的证据是清朝入主中原后，《李朝实录》里对中原地区民众见到朝鲜使臣的衣冠依旧为明代制度时的种种反应，就是借中原汉民族之口，描述在面对清朝帝国时，朝鲜以“中华”自居的心理优势。《李朝实录》是官方正式文件与在政治中权重很重的历史文献，在描述中还是有所克制的。使臣西行之际的文字经录林林总总名目不同的《朝天录》与《燕行录》里这样的纪录从清初直到清中后期不绝于书，且细

① 蒙古民族在描述自己民族的开端时用了这样一句表达：“成吉思合罕的祖先是承受天命而生的孛儿帖赤那和妻子豁埃马兰勒一同过腾汲思海来至斡难河源头的不儿罕山前住下，生子名巴塔赤罕。”“孛儿帖赤那”意为“苍色狼”，“豁埃马兰勒”意为“惨白色鹿”。

节丰富。文化上的共同性让明代东北亚地区的新闻信息传播在大陆部分更多地负担起了政治宣传与社会整合的作为。前文我们提及明政府在进行边疆地区传播时着意重视维护东北北边疆有效控制方面，相对于使用国家战争机器武力对东北边疆地区进行攻伐，更倾向于积极调动国家宣传机器，配合“武统”北疆进行“软实力”征服。确定东北部边疆的行为是由派出使臣亦失哈九次出巡东北边疆，也就是著名的“九上北海”，在这一过程中“巡抚宣谕”奴儿干，征服了奴儿干及海外苦夷诸民。《永宁寺碑记》《重建永宁寺碑记》在传播史上的均具有标志性的意义。

其后，为了进一步整理东北中华故疆，明朝统治者在洪武时期即遣官吏前往辽东北部少数民族聚居区，宣传明朝的民族政策，安抚少数民族首领，设置卫所。这一政治行动里，我们不能忽视针对少数民族的“宣布敕谕”，作为特殊的定向信息传播，起到了简单的武力征服无法达成的效果。这种招抚活动在明朝永乐至正统年间达到了一个顶峰。如建文时期，因帝位的争夺，原来强力压制东北地区的燕王朱棣起兵南下，与当时的南京政权进行战争。但是燕王政权治下的地区进入战争状态，燕地南向与中原政权交界地区直接成为战区，燕地以东以北地区也出现了程度不同的混乱。三万卫地区的情况就很严重。这一地区是明洪武二十年（1387）设置，卫所初设于现今吉林珲春附近，其时名斡朵里，于洪武二十一年（1388）内迁至现今辽宁开原市北，时名开原城。三万卫这一卫所地居辽东地区的北端，是明时东北在战略上的要地，一直到明末政府因女真政权的强大，无力保持实际上的控制权才被废弃。燕地战乱之时，原属三万卫的女真族有很多向东向北逃往原居住地，特别是元朝政府原来在松花江下游和黑龙江设斡朵里、胡里改、桃温、脱斡怜、孛苦江五万户府的中的桃温、脱斡怜、孛苦江地区。朱棣与南京政权的战争最后以建文帝的自焚告终，作为胜利者的朱棣成为永乐帝，在其称帝南京之际即派遣官吏使臣前往原三万卫流出的女真部落进行招谕，传达布告令其返回居住于辽东之地。

永乐二年（1404）八月，永乐帝朱棣派遣使臣千户高塔海帖木儿等携带敕令前往谭州宣谕布告，回顾了太祖朱元璋时期设置三万卫的目的在于使民众与驻守边境的军户有所安居乐业之地，特别是民众可以不再逃亡流散。在谕令里，还为因战乱而逃亡出走谭州的民众找了一个建文时期各种差役过于繁重的借口，表达了不会对出亡行为进行任何形式的事后罪责，喻令里明确向谭州生活的三万卫故部表示："昔太祖皇帝设三万卫所，以安养军民，欲令老少各得其所，建文时差役困苦，尔等不得已留寓潭州，朕即位以来，一切宽恤天下，军民皆已安生，惟尔等尚未复业，特遣千户高塔海帖木儿等，赍敕往谕尔等即同父母妻子复回本处，仍旧居住，毋欠栖栖在外徒自苦也。"① 这种宣谕活动不是一次性的，为了强化宣传效果，明确宣传政策的长期稳定性，永乐之后的统治者多次进行。规模比较大的一次还有宣德三年（1428）正月，明政府派遣使臣百户赵锁古奴，向当时女真人的部落首领杨满皮与杨木答兀等进行宣谕民族政策，这次宣谕活动效果良好，携带敕谕的使臣完成了传谕任务，在回程时带回了杨满皮与杨木答兀部落贡献给中央政府的马匹，杨满皮与杨木答兀部落的贡使答答忽在京城贡献马匹之后受到了政府的奖赏。可见，这次宣谕活动是成功的。《明实录》中称："……同赍敕招谕杨木答兀等，而杨满皮与杨木答兀俱往古州，惟赵锁古奴同舍人速古等来贡马，答答忽等送之至京，故并赏之。"②

不仅见于明朝方面的历史文献记录，在朝鲜方面，朝鲜政府的正式史料《李朝实录》里对明朝的招抚活动也有很多记载。而且因为宣谕的地区是与朝鲜密切接壤的地区，甚至有时直接就是在朝鲜与明政府曾经存在过领土划分争议的地区，特别是宣谕中争取的人民，不少是直接流入了朝鲜国境内的，朝鲜方面对这部分人口是非常希望他们能够留居下来，补充朝鲜与明朝接壤地区的人口空缺的，所以在《李朝实录》里对明政府在东北地区针对女

① 明实录·太宗文皇帝实录 卷33·永乐二年·八月癸巳［M］．台北："中央研究院"历史语言研究所，1962：591.

② 明实录·宣宗章皇帝实录 卷35·宣德三年·正月壬子［M］．台北："中央研究院"历史语言研究所，1962：886.

真等民族流亡人口的宣传活动的记录无论是在数量上还是在细节上都是比之《明实录》丰富的。如永乐二年（1404），明政府命令当时的一个辽东千户王可仁携带政府的正式文告，进入朝鲜北部地区，对进入这一地区的原属于明政府治下的女真部族进行宣谕其返回原地区居住的谕旨，即纪录于《李朝实录》的“奉命招谕朝鲜北部女真十一处人民”。同年，还有着辽东百户金声奉命招谕朝鲜兀良哈等部的纪录，以上几条不见于《明实录》，但均可在《李朝实录》有文字记载。《李朝实录》不但对明政府在东北亚地区的宣传播活动记录数据上比《明实录》充分，还有一些针对这种传播活动的细节记载。前面提到的辽东千户王可仁招谕朝鲜北部女真十一处人民的那次宣谕活动，在《李朝实录》太宗四年四月甲戌条里，不但有明确的时间“永乐二年（1404）四月，明成祖诏令王可仁持敕至朝鲜招谕参散等十一处女真人”，而且明确了这十一处南起哈兰，北至溪关，范围非常广大这一具体内容。

这些记录明确表达了明帝国在进行东北亚陆路外交的时候，从开始就确立了一改元代的强硬外交政策，力图以宣达布告诏旨敕令，传播中央政府民族政策为主的“软征服”手段来确定明帝国的东北亚地区有形与无形边界。前文提到的“越江布告事件”里，洪武二十一年（1388）二月，辽东都司派李思敬等渡过鸭绿江张榜布告明白通告了东北地区的行政分界地点为铁岭，铁岭的北向、东向、西向的三个方向地区为明政府治下，生活在其间的军民，无论是汉族还是女真族、蒙古族、高丽族都在明政府辽东地方属民，谕令内容为：“户部奉圣旨，铁岭以北、以东、以西元属开原所管军民，汉人、女真、达达、高丽仍属辽东。”

同时高丽政权派去明政府的使臣偰长寿，结束对明朝的正式入觐，自南京回国后带回了洪武帝对明与朝鲜争议地区的明确意见，元朝在东北地区的领土为明政府全部继承，原来生活在铁岭以北的各个民族群众在国家归属上是没有争议的：“铁岭迤北，原属元朝，并令归之辽东。其余开元、沈阳、信州等处军民，听从复业。"① 显而易见的是明政府此时并没使用武力的打算，没有明与朝鲜之间用武装驻军的方式明确一条清晰的可以以测量单位标注的边境线，明政府在严肃表明立场的时候，采用了以传播方式来明确政治关系与领土划分，即在行政区划定地区进行针对军民及少数民族的布告行为。继通告铁岭以北为明明所有，行政归辽东以后，明廷在着手设置铁岭卫的过程中，又将此消息通告高丽。《高丽史节要》里记载了洪武二十一年（1388）辽东都司派出百户王得明至高丽首都开京，通告"立铁岭卫"②面对此种看似温和其实内里强硬的传播布告形式，高丽政府的反应是相当激烈的，高丽王辛禑下令杀掉之前被扣留的辽东都司持榜文者，传播政令布告的明政府使臣及其下属"死者凡二十一人，只留李思敬等五人，令所在（官）羁管"③，同时决定西上进攻明帝国。其后的历史就是，在巨大的国内外压力下，亲明派李成桂兵变，王氏朝鲜遂为李氏朝鲜所取代。新政权确立后，承认了"越江布告"中明政府划定的主权分界。这个由传播事件引发的朝代更迭让此后，明与朝鲜两国的信息传播与交互活动在稳定的宗藩关系框架下得到了积极的发展。与王氏高丽现比，李氏朝鲜没有沉重的历史包袱，无须在明朝与蒙元势力中体系出选择。而当时的蒙元经过明朝一系列的军事打击，对中原已经没大举进攻的真正力量了，李氏朝鲜面对的双边军事压力无论是对明还是对蒙都远远小于王氏高丽。所以，既没有历史负担也没有现实压力的朝鲜半岛上的李氏政权自建立伊始，就制定了"以小事大""臣事大明"的外交政策，与明朝建立起稳定的、制度化的朝贡关系。在这一关系中良性的新闻信息传播框架的共同构建努力就是一个重要内容。当然在这一传播框架的建立过程中，明政府所代表的汉文化核心圈是无可置疑地居于主导

---

① 金宗瑞．高丽史节要·卷33·辛禑十四年·二月、三月［M］．北京：朝藏汉籍古书出版社，2009：368.

② 金宗瑞．高丽史节要·卷37·辛禑十四年·三月［M］．北京：朝藏汉籍古书出版社，2009：367.

③ 金宗瑞．高丽史节要·卷33·辛禑十四年·三月［M］．北京：朝藏汉籍古书出版社，2009：369.

地位的，但东北亚边疆、朝鲜半岛上积极的信息回流对这一传播框架的完善也是意义重大的。

第四节　朝鲜半岛在东北亚传播中的独特地位

在宗藩朝贡关系体系中，明朝与朝鲜之间的信息交互在正式史料，如《明实录》《李朝实录》里，在私人著述、信件如《朝天录》等里有大量的记录，仅就记录下来的新闻信息体裁而言，就包括了当时主要的几种古代新闻信息刊布载体：邸报、塘报、告示、私揭，等等。

加之朝鲜半岛在东北亚的特殊位置，虽然如同其他半岛地区一样在大陆国家与岛屿国间扮演着信息走廊地角色，但朝鲜半岛与东南亚半岛国家在具体的信息传播中其本身所具有的特点和所起到的作用又有着极大的不同。半岛国家大多事实上是民族与宗教复杂的地区，东南亚半岛地区就是一个典型的例子，亚洲最主要的两种文明——印度文明与中华文明——都注入了这一半岛地区又进而向其他地区流动。宗教的情况就更为复杂。

朝鲜半岛则大为不同。民族上溯指向共同的祖源，文化上的共同体形成甚至早于地区政权的出现。我们不但从史料里可以得到非常明确的记录，而且这些记录近年来又得到了考古发掘成果的大力支持。之前被认为属于传说的部分被证实是信史。所以明帝国之中原核心区、帝国东北边疆地区、朝鲜半岛、甚至日本的部分信息都得以在其间交汇又没有因为理解差异而产生影响信息本质的变形。其中，在东北亚各国互动关系最为纠结的万历年间，朝鲜对明廷发布的各种新闻信息的敏感程度达到顶峰，利用各种方式收集明廷政局动态消息。此时，东北女真部已经开始对明朝政府的内部管控开始了带有政治色彩的警惕，而日本因为倭寇犯边与明政府之间正常的官方信息渠道陷入停摆，因此，朝鲜方面对于东北亚陆路传播形态的细节记录显得格外难得。

进入 17 世纪后东北亚政治关系变化错综复杂，1592 年至 1638 年间，后金崛起，改变了东北边疆地缘政治格局。这一阶段，后金政权、明与朝鲜三方的政治关系变化非常剧烈。后金通过军事战争打破了辽东地区的政治格局，逐步地改变了后金与朝鲜的军事力量对比及双边政治关系，并通过军事战争把这种转变后的双边政治关系加以强化，最终通过一系列的战争，彻底摧毁了朝鲜进行军事抵抗的可能，从而在政治上将朝鲜由明朝的藩属国变为后金的藩属国。虽然朝鲜王国在被军事征服的过程中以之后的岁月里，政治信念上，仍然坚持尊王攘夷的儒家义理观念，尊崇明朝，但最后在客观现实面前也不得不在外交和政治层面接受满清的宗主国地位。整个东北亚地区的新闻信息传播活动在激烈的政治格局变化中被强行中断，直至清政权入主中原建立起自己的统治。这一过程的影响是深远的，之后重新形成的东北亚传播格局与明代的状态有了很大不同。结局决定了此后二百余年东北亚中、朝、日三国的国际关系格局，甚至中国历史演进中的重大事件——中日甲午之战可以说也在其影响范围之内。

这个时候从边缘回望中原最清晰的记录就是《李朝实录》里的明代边疆新闻史。

李氏朝鲜政权在朝鲜半岛的稳定存在，让它为中原王法保存了大量不同视角、鲜见于官方惜字如金的史料的历史记录。李氏朝鲜在明代，从明建立政权到满人入主中原建立清朝，一直是最直接的旁观者与记录者。

前文提及了李氏朝鲜在与明政府、与中原汉文化核心区进行新闻信息交互时的主要政策，这一传播接收与反馈的政策的一个直接的显而易见的后果就是在《李朝实录》中充满了东北亚传播史实记载。同时因为《李朝实录》作为官方正式史料集的特点，关于明朝各种类型的古代报纸中通报出现的频率最高，从万历十八年（1590）第一条有实质内容的通报见录于《李朝实录》一直到万历四十八年（1620）最后一次出现关于中朝通报的记录，其间有明确新闻信息内容的通报计有十六条，远远多于其他几种古代报纸。同时在《李朝实录》里还有众多的关于明政府通报的相关记录或者是间接记录，数量上是这十六条正式记录在案的十六条通报的十倍不止，梳理出来几乎就是明代东北亚地区官方新闻传播史。对其进行分类、归总，分析，就不难以点带面地看到明代主要官方新闻传播形式通报的真实面目，也不难总结出明代东北亚地区政府间新闻信息传播的各个方面的特征。我们首先从《李朝实录》所录明政府通告的内容着手进行一下定性分析：《李朝实录》中所记载万历朝通报的主要内容多为时政类新闻信息。

数量最多、记录最细的条目是有明朝政府发布的皇帝诏谕相关内容的通报。万历十八年（1590）正月赴北京进行冬季朝觐的使臣向朝鲜政府发回文书，提及关于次年（万历十九年，1591 年）的最大政治事件——皇太子的册立——已经进入到实际的程序准备阶段。立储是万历朝长时间的一个核心纠结问题，李氏朝鲜政府相当关注。使臣在发回的书状里详细记录下了相关的已经在前一年（万历十七年，1589 年）十一月——也就是使臣发回书状的两个月之前的通报的相关内容，这里面包括一内阁接到的圣旨的具体内容：册立的程序启动时间点为“明年”，落实时间点为“后年春”，承办有司的各个衙门需要负责的事件为“造办钱粮”包括“再不许诸司骚扰，愈至迟延”的圣旨原文也在其中：

> 万历十八年正月辛亥，冬至使书状：“既到京城，更加闻见，则玉河馆副使序班礼部胥吏等皆曰：明年造办诸事，后年春册立，已有圣旨云云。又得通报以见，则去年十一月初五日内阁接出圣谕，册储事明年传与各衙门造办钱粮，后年春举行册立，再不许诸司骚扰，愈至迟延云云。”①

通过对书状中对获得通报的前后过程的描述，我们不难看出这一通报因此记录了当时至为重大的政治新闻，所以两个月之后的外国使臣得以见到通报的整个文本，在这里通报的传播在政府的政治传播行为里扮演的角色份量

① 吴晗．朝鲜李朝实录中的中国史料·卷 1·万历十八年·正月辛亥［M］．北京：中华书局，1980：1295.

相当之重。当然，通报权威性上还是从属于新闻传播媒介序列的，所以万历立储事是为当时明朝政治生活的一个中心，作为与明关系最为密切的藩国，朝鲜当然关心继承人的问题会不会带来外交政策上的变化，使臣记录下了他在北京所见通报内容，回报李朝政府的同时，因为不能附录通报文本原件或者抄件，无法保证权威性，故而通过通事向玉河馆的负责官吏进行疏通，进行了获得通报原本或者抄本的努力。当然正式通报的保密级别决定了玉河馆主事是不可能实现使臣"请得其实，归报国王"的要求的。但是书状回报的"又令通事李春兰问于提督主事，曰'窃闻朝廷有健储大礼，陪臣到此，不可不知，请得其实，归报国王云"，显然从一个侧面表现了李氏朝鲜政府从主政者到使臣对所见通报权威性的确定与认可，相当重视这条通报的新闻价值。

通报的权威性也体现在何时可以向外藩出示并出示到什么程度上。日本发动对朝鲜的战后明政府出兵半岛，是历史上著名的万历三大征之一。万历三大征指明神宗万历（1573—1620）年间为了稳定东、南、西北三个方向上的疆土稳定所进行的大规模战役：万历二十年（1592）的宁夏之役、万历二十年至二十六年（1592—1598）的朝鲜之役、万历二十七年至二十八年（1599—1600）的播州之役。宁夏之役平定了蒙古人哱拜叛变，播州之役平定了苗疆土司杨应龙叛变，均巩固了中华疆土。而抗击日本丰臣秀吉政权入侵的朝鲜之役则是维护了明朝在东亚的主导地位，对整个东北亚地区、整个东亚的国际局势有着重要意义。其仅就经济支出一项就可以看出朝鲜之役在明政府是何等重视。《明史》载："宁夏用兵，费帑金二百余万。其冬，朝鲜用兵，首尾八年，费帑金七百余万。二十七年，播州用兵，又费帑金二三百万。三大征踵接，国用大匮。"又卷百二十三《王德完传》："近岁宁夏用兵，费百八十余万；朝鲜之役，七百八十余万；播州之役，二百余万。"两条史料互相印证朝鲜之役花费之巨大，即使是将明万历后期的另外两大规模战役万历十一年至三十四年（1583—1606）的明缅战争，以及万历四十七年（1619）的萨尔浒之战的开支与宁夏之役、播州之役四战战役合并计算，其支出也没朝鲜战争巨大。战争导致严重的政府赤字与现银的短缺。明初设立的短线补给政策对这种现银的短缺是无法解决的。萨尔浒之战中前线战况就充分说明了这一点。甚至是在明末面对席卷全国的自然灾害进行政府救济行动时，万历时期战争形成的金融“黑洞”还在发挥着它可怕的影响力。不能不说拯救了朝鲜李氏政权、维护了明在东亚国际地位的朝鲜之役也为明的覆亡埋下了伏笔。朝鲜之役更是在东北地区为明与李氏朝鲜直接培养出了日后最大的敌人，这一部分我们将在后面专门论述。总之朝鲜之役的结果也改变了中国、朝鲜、日本三个交战国的命运，历史影响深远。在这样一场于各方均有极高重要性的战争里，关于战况的通报对国内、朝鲜都非常重要，特别是在战争没有结束的时间段，对最后战果的不确定性是会影响国内与朝鲜的士气。在战争进行第一阶段的最后一个时间段里，也就是万历二十一年（1593），与明军直接对接的李氏朝鲜都元帅权慄用快马回报了一条关于得见通报的记录，这条通报是明军将领刘綎出示给朝鲜方面派驻明军的接伴使金瓒的，从上下文可知，刘綎出示的通报是整本的其中有关于朝鲜的重要圣谕与表章，圣谕的发布对象是朝鲜国王，所以有“伊国”字样，其后是兵部的题本，内容是对朝鲜上报内容的复核结果，两部分内容直接编辑一起，以圣谕在前兵部题本在后的顺序排布，都是朝鲜方面相当关心的内容，具体如下：

> 万历二十一年十一月己巳，都元帅权慄驰启曰：（刘綎）昨晚又出示通报于接伴史金瓒。其中有曰：奉圣旨，昨见朝鲜国王谢表，知官军退敌成功，朕心嘉悦。但伊国新定，后患当防云云。兵部题本又曰：晋州之围解，釜山之倭退，闻者犹多未信。臣亦尚切忧疑。今据该国入谢使到部面审，该国境内委无余倭，疆土尽复。王子陪臣已掳而复还，宗庙社稷既毁而复立，此皆仰仗帝德覃敷，天心助顺，故诸将得以奏功毕效云云。①

时政类通报里还有一个比较大的分类是人事变动与相关朝臣弹章的相关

① 吴晗．朝鲜李朝实录中的中国史料·李朝宣祖实录·卷6·万历二十一年·十一月己巳［M］．北京：中华书局，1980：1371.

内容被《李朝实录》记录了下来。值得注意的是，因为李氏朝鲜是外藩，对中央政府的人事关注必然是有限的，只会选择与自己方面有直接关系的部分记录。在战争时间段还会加入对军事将领的关注。在和平时期，因为与中原使臣之间特殊的文化交流结成的友谊关系方也会被格外关注。其他人事变动信息即使大篇幅出现在通报或者其他朝鲜方面获得的政府新闻公报中也不会被郑重其事地记录到《李朝实录》中来。因此我们不能只以军事信息为主要内容的通报，在《李朝实录》中出现的频率和被记录的重视程度高于以人事变动与相关朝臣弹章为主要内容的通报，就得出明代通报的内容侧重是动态信息汇总而非静态文告发布的结论的。

这一类通报在《李朝实录》有两则纪录格外详细。一则是当时充任告急使行护军的权悏快马回报的重大的兵部人事变动，涉及了对朝鲜战役态度至为关键的一个重要大臣石星。石星是第一次日本入侵时力主援朝的主战派。明军入朝光复平壤收复开城，沈惟敬私向石星献封贡和议之策，石星倡导和议。万历二十五年（1597）二月，丰臣秀吉发动了第二次侵朝战争封贡和议之策宣告失败。朝臣开始上疏弹劾石星被革职，万历帝下诏将石星下狱论死。这样一件人事变动是明政府对朝鲜战争的一个最大的阶段性政策确认。李氏朝鲜不可能获得这一明政府最高级别的人事变动的内部消息，于情理上也不好对这一消息进行刺探，政府通报的内容成为他们最权威的消息获得来源。权悏在回报政府的文字里很细致地将汇集的相关消息进行了梳理，作为通报的注解“其大略在通报中”，意即在此。这则方字里还有“所遗揭贴十五纸……私书私揭转辗垒出，朝着极其不宁”的描述，是对当时新闻信息在朝野流转影响之大的一个侧面证据。另外，从“其大略在通报中”一句，我们大致可以判断出作为告急使行护军的权悏在京城获得了这则通报的原件或者抄件，已经一并连同驰告文书发回给了李氏朝鲜的中央政府。这说明在特定情况下，通报已经被政府赋予了超出一般邸报广告的权威性认可。《李朝实录》记载如下：

万历二十五年四月乙亥，告急使行护军权悏驰启曰：……是日臣在兵部闻有圣旨，石星革职候旨定夺……杨方亨回乡永不叙用云云。盖因石星自明之本斥孙赂清正坏封事之故也……大概臣自到京师，闻科道官徐成楚等劾论石星，前后相继，又有杨方亨劾石星议封误国之罪。石星屡上本分疏，仍进杨方亨所遗揭贴十五纸。皇上命九卿科官公同看问。因此，私书私揭转辗垒出，朝着极其不宁。其大略在通报中。①

朝鲜方面对这则朝报的后继内容盯得很紧，从全文附上回报可知，而且根据前文通事欲求见通报不可得的情况对比，这则通报应当是作为正式下发给朝鲜使臣的文件被朝鲜方面获得，因为使臣即使是在非常时期，在明京城与本国的通信也是受到相关规定严格约束的。朝鲜作为明确于法典的"不征之国"之首也不能例外，这一点是可以参见明代历史研究中关于使臣馆驿管理条例的。与上一则通报一样，朝鲜方面获得正式批准而获得的朝廷通报还有次年，也就是万历二十六年（1598）九月的一则，内容是因为朝鲜方面上报中央政府战事不利，朝廷派遣科臣调查之后决定对有认定为负有责任的杨镐进行处理，并安排了继任者接手杨镐的工作。这条人事任免是由朝鲜方面战报而起，最后结果也是落在朝鲜军阵之前，与朝鲜有莫大关系，所以朝鲜方面的军门都监得以"即见通报"，具体内容如下：

万历二十六年九月辛巳，军门都监启曰："即见通报，八月十二日以本国奏本奉圣旨：杨镐等损师辱国，扶同欺蔽，有旨特差科臣查勘，是非自明，不必为其代辩。兵部便马上差人传与万世德，着他上紧前去经略。仍传与督臣刑阶等官，今兵粮既集，应战应守，速行会同详议举事，以图后效。毋得以行勘推诿，致误军机。兵部知道。"②

① 吴晗．朝鲜李朝实录中的中国史料·李朝宣祖实录·卷15·万历二十五年·四月乙亥［M］．北京：中华书局，1980：1518.

② 吴晗．朝鲜李朝实录中的中国史料·李朝宣祖实录·卷18·万历二十六年·九月辛巳［M］．北京：中华书局，1980：1551.

这则通报从文字内容上看是非常完整的一段圣谕抄录，由“兵部知道”一句可知如此首尾俱全的内容不会是使臣凭记忆为之，必是书状抄回所带格式，对比口头获得的传谕，通报的格式特点就更为清楚了。以下为携带回的朱元璋圣谕原文，也是有文本附后的，规格也很高，但没能从文字上体现出通报特有的格式：

三月辛亥，参赞门下府事安翊……艺文春秋馆学士权近赍皇帝敕慰诏书及宣谕圣旨、御制诗、礼部咨文二道回自京师。宣谕圣旨曰：你那里使臣再来时，汉儿话省的着他来，一发不省的不要来。我这里孙儿、朝鲜国王孙儿做亲，肯的时节，着他汉儿话省的宰相来我这里说。

御制诗曰：

鸭绿江青界古时，强无诈息乐时雄。
逋逃不纳千年祚，礼义咸修百世功。
汉伐可稽明在册，远征须考照遗踪。
情怀适到天心处，水势无波戍不兴。
右鸭绿江

迁移井邑市荒凉，莽苍盈眸过客伤。
园苑有花蜂酿蜜，殿台无主兔为乡。
行商枉道从新邻，坐贾移居慕旧坊。
此是昔时王氏业，檀君逝久几更张。
右高丽故京

入境开耕满野讴，罢兵耨种几春秋。
楼悬边铎生铜绿，堠集烟薪化土邱。

驿吏喜迎安远至，驿夫忻送稳长游。
际天极地中华界，禾黍盈畴岁岁收。
右使经辽左

三篇，帝赐权近。咨文一曰：奉圣旨：今后差使臣来时，要通汉人言语的来，不通汉人言语的，不许来。①

非战争时间与朝鲜战场关系密切的人事变动消息见于通报时，朝鲜方面也给予相当的重视程度。特别是这一人事变动的缘起与朝鲜方面有莫大关系之时。使臣是特别在意这些动态的，并在《李朝实录》里留下了许多相关的记录，如：

三月丁酉，传曰：……且昨日正朝使引见时，以为中原政目开刊印出，名曰《缙绅一览》云。此册幸私贸而来。亦令入内。政院以正朝使洪景霖赍来《缙绅一览》一部及书状官金舜仁书来中原人上疏草入启。②

这些从通报中获知人事变动信息的行为不同于因诗文唱和而建立私人友谊的使臣间的个人行为，更多是多政府正式广告发布影响着眼去收集整理这些新闻信息的。

以上李氏朝鲜所获得通报内容都是可以归于政治类新闻的范畴，但也有一些更为专业的动态新闻出现在《李朝实录》所记载下的明政府所发布的通报中。万历二十六年（1598）援朝之战中的主将李如松阵亡，在这一背景下

① 吴晗．朝鲜李朝实录中的中国史料·李朝太祖实录·卷2·洪武六年·三月辛亥［M］．北京：中华书局，1980：140.

② 吴晗．朝鲜李朝实录中的中国史料·李朝中宗大王实录·卷2·嘉靖十年·六月丁丑［M］．北京：中华书局，1980：1295.

李朝宣祖大王就引所见通报中的女真犯边的新闻使臣下求证于朝廷。

> 万历二十六年四月辛未，上曰：予见通报，鞑子三月有大举入犯之势云，而至今无事，意谓止此也。今有此言（李如松阵亡），此实我国之大不幸也。试问此于大人以探实可也。①

这说明了通报作为一种古代新闻传播载体，它的传播媒介属性还是为传播与接收接受双方清楚的，没有把通报的内容和正式的政府公报等同起来。当然这也和朝鲜在与明政府建立正式的官方新闻信息传播渠道路径时，因信息接收与反馈形为超出了当时明政府为藩属国划定的界限，代表事件说是“未闻诏先举哀”事件里，明政府严苛的反应与制裁，让李氏朝鲜在这一类问题上警惕性很高，不敢再越雷池。

除时政类通报外，还有一部分的通报内容为明朝社会新闻，如：

> 万历三十三年五月壬寅巳时，上御别殿，引见领议政柳永庆……上曰：只于一堂上言之。北道有海赤之变，虽非专为北道而然，此乃非常。且客星累月现于尾地，尾乃我国之分也。曾见通报。中原亦有此灾变，阁老辈深以为忧云。客星乃贼星也，中原祸败与我国同，极为可虑。况其他灾异，层现叠出乎。②

这则通报只是在对话中提及没有具体表述，所以在这里，我们只给出现存下条目以待日后有进一步的史料来进行补充。这类以社会新闻为主要内容的通报在数量上明显少于时政类新闻通报。但这类通报的记录表明通报并非

---

① 吴晗．朝鲜李朝实录中的中国史料·李朝宣祖实录·卷17·万历二十六年·四月辛未［M］．北京：中华书局，1980：1548.

② 吴晗．朝鲜李朝实录中的中国史料·李朝宣祖实录·卷22·万历三十三年·五月壬寅［M］．北京：中华书局，1980：1688.

是明朝针对朝鲜发布的有选择的外交文告汇编。

一则万历二十二年（1594）四月的实录里记载了一段由通报引发的朝鲜君臣对话，内容是关于中原地区出现的叛乱与广泛的饥荒的发生：

> 甲午，上曰：见通报，则中原有潜号逆贼与秀吉相通叛逆，事觉伏诛云，岂有如此骇愕之事乎！且见一通报，则美女直租一斗，十岁子直饼二片，或有父子相食者。天地间安有如此之时乎？前年大水，陆地行舟，已过半岁云。山东如彼，岂有出粮于外国之势乎？①

此则通报的记录背景是朝鲜向明政府要求增加驻军并援助粮饷，对此明户部给予朝鲜方面的回复里提及了山东饥荒："万历二十二年，辛未，告急使李廷馨在辽东驰启曰：都司招使及通事曰：'你国告急之请是矣。但山东等处饥荒太甚，虽欲发兵，粮饷难继，若讲和许封贡，倭奴退却，则你国安而中国亦无事……'"② 户部的答复是针对朝鲜的请兵求饷而发的，不涉及与朝方请求无关的内容。而通报中明显提及了大量大饥荒细节，这是不可能出现在外交文告中的。而其在具体内部的表述选择上与邸报对灾异现象的报道是非常相似的。对比《万历邸抄》中关于"浙直大旱"的报道与《李朝实录》中转引通报关于"山东饥荒"报道，这种相似显而易见："东南太湖俱涸，宜兴东西两河俱绝流，浙江巡抚滕伯伦题：严州桐庐县民郭四娜饥馑绝食，止有一子六岁，遍卖无主，于四月十七日闭门杀男而食，随自缢死。又，绍兴府余姚县民黄十五见有子五岁，于今年初三日密地杀男剖鬻。为照凶歉之岁，人相食者有之；父之于子，虽饥馁至极，而天性犹存，父子相抱

① 吴晗．朝鲜李朝实录中的中国史料·李朝宣祖实录·卷8·万历二十四年·四月甲午［M］．北京：中华书局，1980年：1394.

② 吴晗．朝鲜李朝实录中的中国史料·李朝宣祖实录·卷8·万历二十四年·四月辛未［M］．北京：中华书局，1980：1396.

俱死者有之；若父刃子刀，投之鼎锅，实人伦之大变，今古之所罕闻也。"①可见，通报与邸报一样，是针对明朝内部受众进行大众传播的一种古代报纸形式的特定称谓，而非针对“外藩”进行特别定向传播的信息载体。

李朝政府获得通报的渠道与方式在明帝国的诸多藩国中颇为与众不同。

李氏朝鲜尽管作为明的重要藩国，在许多方面享有其他藩国不具备的特权②，但是明朝政府的对外新闻传播是有其政策的，朝鲜自然不能例外，比如，邸报和塘报就都属于严禁传播于内外藩属国的。在此前提下，朝鲜获得中通报的主要方式在《李朝实录》中有明确记载的有两种。

一种是朝鲜使臣在赴明廷朝贡时于官方渠道获得，这于前文提及的几则通报里都有所表现，但值得注意的是通报获得者并不是能够刻意取之，刻意得之，也就是能够有选择地获得通报的，他们大多是因为机缘巧合得到若干通报，对通报的内容是无从把握的。在下面的例子里领议政李元翼带回的通报中赵志皋的撤军提议使朝鲜方面很紧张，想获知一些赵志皋的个人具体情况以研判这一提议能否被重视提问“大概赵之为人如何”，但李元翼只能尴尬回答“何得以知之”：

万历二十七年正月辛卯，领议政李元翼回自燕京，进中朝通报一卷……上曰：予见通报中赵（志皋）之上本非欲永撤，请半撤半留，而适以贼退，议寝不行。大概赵之为人如何？对曰：何得以知之。③

---

① 万历邸抄·万历二十二年甲午卷·二月［M］．南京：江苏广陵古籍出版社，1991：822.

② 明初规定朝鲜方面每年三次朝贡：冬至、元旦、皇帝生日。但事实上朝鲜每年派到中国的使臣数目远高于此。嘉靖二年，顺天府乡试策问题日就是讨论的就是如何应对朝鲜使臣“频频往来……驿路益甚困弊”。参见吴晗．朝鲜李朝实录中的中国史料·李朝世宗实录·卷10·正统二年·五月甲申［M］．北京：中华书局，1980：1010.

③ 吴晗．朝鲜李朝实录中的中国史料·李朝宣祖实录·卷19·万历二十七年·正月辛卯［M］．北京：中华书局，1980：1487.

这充分说明了使臣获得通报实为无从选检的窘迫。

另外一种主要的获得方式是中方驻朝官员主动向朝鲜方面出示，这种获知方式在朝鲜得以更为从容地对通报内容进行分析，甚至可以对通报的背景进行探查。在朝鲜战役时间段内这种情况上相对常见而和平时期为规章限制几为不可能之事。万历二十六年七月是战争进行胶着之时，一月之内便有两次得见中朝通报的史实见载于《李朝实录》之《李朝宣祖实录》的第十八卷的。七月壬辰条目发回者为义州府尹，获得方式为明朝方面派驻朝鲜的董郎中董汉儒向他出示的，内容是关于朝鲜经理人选的推举，六人在大名单中，包括巡抚万世得、梅国桢、汪应蛟、李植、王见宾、侯庆远。这部分见于通报的内容被认为准确无疑，而朝鲜方面关心的杨镐去留则不见于通报，无法确知。七月戊戌条目发回者为右议政李德馨，获得方式为明朝派驻朝鲜，此时已经被招回的杨镐向其出示，内容有四条："……通报，乃六月二十八日来者，而见差查罪科官徐观澜上条陈四件事。其一说称杨镐初到朝鲜，声势炫赫，国王恐虐，呈上印绶，镐乃悔过引接，王心乃安；其二说称恤岛山阵亡者不下数万，当设祭致慰；其三说称调和南北军心；其四说称塘报宜实。其中说前者内有掣肘阁臣，外有跋扈经理云。盖以劳师动众，糜费钱粮，专归罪此等人也。"具体内容职下：

> 万历二十六年七月壬辰，义州府尹启曰：董郎中出示通报见之，则六月十四日使部等衙门会推经理朝鲜缺。巡抚万世得、梅国桢二员，兵部举汪应蛟、李植、王见宾三员，风力科臣则侯庆远云。杨经理见递似无可疑，而时无的报。①
>
> 万历二十六年七月戊戌，右议政李德馨启曰：经理入开城，城中男女诉于轿前请留。经理含泪有不忍之色，答说：代我来者胜我，必能杀贼，你等放心。经理招臣示以通报，乃六月二十八日来者，而见差查罪

① 吴晗．朝鲜李朝实录中的中国史料·李朝宣祖实录·卷18·万历二十六年·七月壬辰［M］．北京：中华书局，1980：1392.

科官徐观澜上条陈四件事。其一说称杨镐初到朝鲜，声势炫赫，国王恐虐，呈上印绶，镐乃悔过引接，王心乃安；其二说称恤岛山阵亡者不下数万，当设祭致慰；其三说称调和南北军心；其四说称塘报宜实。其中说前者内有掣肘阁臣，外有跋扈经理云。盖以劳师动众，糜费钱粮，专归罪此等人也。经理嗟吁曰：此不满一笑。万中丞差来差强人意，此人有干才，性又严急，必能杀贼。但恐朝鲜人奔走不暇耳。①

两则通报的出示者董汉儒、杨镐等人均为明朝在万历援朝抗倭战争（1592—1599）第一阶段的高级时驻朝官员。第一则通报中的董郎中，即明廷户部郎中董汉儒，当时由明政府派驻朝鲜主管东征相关粮饷事务，时驻于朝鲜王京。第二则中所提到的经理，即时任明右佥都御史杨镐，负责经略援朝军务。董汉儒与杨镐与朝鲜朝廷关系良好，特别是杨镐在朝鲜被看成复国的重要功臣。两人向朝鲜官员出示的通报内容均为明朝内部人事调整的相关文件与科臣弹章，均属于明朝内部与朝鲜的抗倭战争关系密切的政治事务。

考察这两种获得方式不难看出，通报在明政府是有限制传播的相关政策的。这一点结合明朝国内的传播政策是正常的状态。通报在官方新闻传播媒介中，仅就传播内容而言与邸报是同物异名，这一点已经是新闻史学研究中的共识了，这里不用展开描述。所以从新闻传播的等级制度与信息保密级别两方面考虑，通报对于身为外部藩属国的朝鲜方面并不是开放式传播也是理所当然的了。也就是说朝鲜方面获得通报是受到限制的。不仅如此，根据相关政策，明朝方面将通报的传播范围限定在内部一定级别的官员当中，当朝鲜方面试图获取通报内容，取决于明朝方面官员的具体态度。下面两则史料可以说明这个问题，七月己酉奏陈使朴鼎回报从明朝经略使处看到的通报一则，“取通报一册，自以朱笔点出示臣等”“乃刘綎所上一本也”，在使臣阅读了相关的内容后，再想继续阅读其他部分时，经略使马上收回了通报，在

---

① 吴晗．朝鲜李朝实录中的中国史料·李朝宣祖实录·卷18·万历二十六年·七月戊戌［M］．北京：中华书局，1980：1396.

朝鲜方面试图抄写这则通报时，“经略秘而不出”。七月丙戌条目为经理都监获得，因为是朝鲜方面的正式请求，所以“前日九卿五府科道官会议上本，奉圣旨，今始得于通报中，謄书以进”。具体内容如下：

> 万历四十六年七月己酉，奏陈使朴鼎告状启：本月初十日夕，经略招表廷老……进于阶上……经略微哂曰：你国之兵虽不能满万，宣声言数万矣。仍取通报一册，自以朱笔点出示臣等，乃刘綎所上一本也。其朱笔点处则曰：皇上使经略杨镐联络北关，鼓舞朝鲜，一以示羁縻，一以为声援，而堂堂天朝兵力，岂可恃此云云。瞥眼所见，未详首末，而大略如此。臣等欲觅得謄书，而其后经略秘而不出……启下备局。①
>
> 万历二十六年七月丙戌，经理都监启曰：前日九卿五府科道官会议上本，奉圣旨，今始得于通报中，謄书以进——圣旨：东征独遣经理。经理、监军等官员责任甚重。转调兵饷，月无虚日，冀收全胜，以安外藩。乃轻率寡谋，致于丧师……且将士被坚持锐，临敌对垒不避寒暑，倏而死生，奏报不实，俱候勘明处分。其经理员缺，便着吏部公同会推有才望知兵的三四员来看。……该部知道，钦此。②

“臣等欲觅得謄书，而其后经略秘而不出”与“今始得于通报中，謄书以进”从后果上判断都没有对通报持有者造成影响，也就是说出示或者准许传抄与否不存在政策上的问题，这与明朝政府对邸报与塘报的政策是不同的。塘报的内容是关于军事及相关的情况汇报的，发出者多为前线直接参与军事活动的将领，传递渠道是经过专职的提塘官，第一次的接收方是与军事相关的部门，也就是说塘报从制作、发出、接收、接收到反馈，全部有涉及

① 吴晗．朝鲜李朝实录中的中国史料·光海君日记·卷3·万历四十六年·七月己酉［M］．北京：中华书局，1980：1396.

② 吴晗．朝鲜李朝实录中的中国史料·李朝宣祖实录·卷18·万历二十六年·七月壬辰［M］．北京：中华书局，1980：1392.

军事情况、国家安全的内容。比如，天启六年的两则塘报："二月壬寅总督蓟辽王之臣疏言，据塘报，奴酋有待四月草青之时再去攻城等语。二月癸卯经略辽东高第因塘报以修战备。得旨，据回乡屡报奴贼遣军修器，意图再逞……著该部酌议妥当具奏。四月壬辰蓟辽总督阎鸣泰疏言，连日屡接辽东塘报，有谓奴正月初七八以里，上马过河复要来抢者。"

而邸报的内容政治性更为强烈，我们可以对比以下两组时间内容上都很接近有塘报与邸报，就会发现这种区分是明显的。

第一组是天启六年五月的一则塘报与邸报对比："五月甲子，原任巡抚登莱武之望疏言，毛帅在鲜五年，先与旧抚镇不和，继与臣等不和，今又与鲜君臣不和，岂诸臣皆厉世妖孽而独毛帅为和鸾鸣凤耶。塘报中捉获奸细与逃回妇人之言，皆言李永芳于腊月初五日差人往三山岛，至二十八日始回，毛帅深讳之，千方百计以嵊遮饰。""五月丙寅，蓟辽总督阎鸣泰疏言，臣接邸报，见丰城侯李承祚一疏，谓毛文龙不当移镇。然此非勋臣意也。近有一种走利如鹜之徒，视朝鲜为奇货，借文龙为赤帜，乘波涛为捷途，而征贵征贱虚来虚往，恐文龙一移则垄断俱绝，故为文龙游说，而实以营其自便之私。勋臣热心，听其娓娓，遂不胜私忧过计，落其术中而不知耳。"

第二组是天启六年七月与八月的邸报与塘报对比："七月丙子，巡抚登莱右佥都御史李嵩塘报，奴酋致毛文龙谩书，请申饬边吏整兵以待。""报闻。八月甲子，平辽总兵毛文龙疏言……迩者接兵部札付言，奴犯宁远已三月，臣竟不知。臣于上年十月内即发塘报，言奴于灯节前后必大举入犯右屯等处，更宜加严防。……部议又谓臣所驻须弥岛去奴寨二千余里，欲臣移驻近岛。……终是东江事半功倍也。得旨，疏说地势人心极明，不必移驻。八月己巳，总兵左辅塘报，奴酋与西夷结婚。"这两组的对比是非常能够说明问题的，在这两组对比中，邸报的内容关于边务的也是政治考虑大于军事考虑的，而塘报的内容即使是关于朝堂事务的，也更注重于军事方面的内容，不会过多引入太多其他政治信息。

所以，一旦在塘报的传播过程中出现了问题，那就会危害到国家安全。天启四年（1624），明政府就从严处理了向后金出卖邸报的“通夷提堤官刘保”。《明熹宗实录》卷九记载：“磔刘保于市，并诛其子于翰。保父子就讯，各供吐素与李永芳通好，每月传送邸报，逐月报银一百两。”可见，通报的出示与传抄膳书与邸报执行的是不同的政策，但是，这并不是说通报是可以对朝鲜开放传播的。在《李朝实录》中对通报的传播政策有直接记载：“万历四十七年八月，备边局启曰：‘臣等伏见下备局中朝通报，吏部尚书赵焕等题奏，有“奴自攻陷开原以来，胁朝鲜，纠西虏，使之乘隙扰边”之语，此指伊贼攻陷铁岭前事。……但中朝通报之禁甚严，为可据此为证，轻易上奏。姑待徐御使出来，探得实状，然后另为具奏得当。’传曰：‘更见通报，则他章奏中，又有朝鲜忠顺，岂有事奴酋之理云。一番边臣答书，有何所畏之事乎？更观事势善处可矣。’”①“通报之禁”不但存在，而且给朝鲜方面的感觉是“甚严”。对比以上几则史料，可以得出通报是属于在一定范围内公开发行的古代报纸，有针对其发行的专门规定，其保密级别在邸报之下的结论。

《李朝实录》在记录明朝通报的同时也记录了同时代的其他几种古代报纸，有明确记载的其他官报名目有邸报、朝报、京报。

邸报：

> 万历二十一年辛未，天朝吏科给事杨廷兰疏谕李提督平壤之战擒斩朝鲜人以献首级事，李提督上书自讼。其辞曰：臣驻兵朝鲜……忽接邸报，见吏科给事杨廷兰一本……臣伏读未终，如坐针毡，将士窃听，靡不丧气……’备边局启曰：‘提督被千万不情之弹……我国不可不具本奏辩……②
>
> 癸巳三月庚午，左议政尹斗寿还自义州……（王通判曰：）经略欲

① 吴晗．朝鲜李朝实录中的中国史料·光海君日记·卷3·万历四十六年八月壬寅［M］．北京：中华书局，1980：1400.

② 吴晗．朝鲜李朝实录中的中国史料·李朝宣祖实录·卷4·万历二十一年·五月辛未［M］．北京：中华书局，1980：919.

示通本内圣旨于议政，你得见之乎？臣曰：着兵部兵马，着户部钱粮，又催兵圣旨亦蒙出示，抑别有他圣旨耶？通判曰：是矣。仍命门子索通报于房中以来。其一辽东巡抚赵耀题本：据经略宋应昌移咨，续据提督李如松文报催兵事，辽东军七八万，分守要害地方外，仅余二万八千以备多处不虞，势不得出送。奉圣旨令兵部知道。又一本兵科给事中侯廷佩题本：提塘报朝鲜国王李昖兄李见投降关白云云。其下口不可道之语，臣见之不觉毛发耸然。仍曰：此乃下国所无之事。恐经略以为信也。通判以笔即书报本文上云：此一款可笑谬误。

癸巳三月辛未，天朝吏科给事杨廷兰疏谕李提督平壤之战擒斩朝鲜人以献首级事，李提督上书自讼。其辞曰：臣驻兵朝鲜……忽接邸报，见吏科给事杨廷兰一本，内开‘平壤之捷，倭奴尝我诱我，斩级千人，半朝鲜之人，焚溺万余，尽朝鲜之人。’又谓‘碧蹄之战，士马物故过半，而报者仅十之一。皆经略互相扶同。’臣伏读未终，如坐针毡，将士窃听，靡不丧气。夫赏罚在朝廷，耳目在朝鲜，公论在天下后世。……备边局启曰：提督被千万不情之弹……我国不可不具本奏辩……上从之。

钦差经理朝鲜军务都察院右佥都御使万移咨曰：为恭报大兵凯旋以慰宸衷，并乞早罢臣愚重以特遣以省繁费事。近接邸报该兵部覆‘本院题：窃念臣一介竖儒……仍乞再敕吏部将臣德罢免，以遂骸骨之愿。’……奉圣旨，该部知道，钦此钦遵。等因到部……除候旨下部咨至日另行外，拟合先行移会。……须至咨者。右咨朝鲜国王。①

朝报：

万历二十二年壬申，沈忠谦曰：“臣见中朝朝报，东征将士皆被参，或

① 吴晗．朝鲜李朝实录中的中国史料·李朝宣祖实录·卷19·万历二十六年·四月丙申［M］．北京：中华书局，1980：1211.

方系狱，戚金亦受捆杖云。此皆勤劳收复我三京，我国似当移咨申救。”①

京报：

> 万历二十二年庚午，右副承旨李光庭启曰：臣到慕华馆饯慰胡参将泽、沈经历思贤，则胡参将曰：昨见京报，科道止本参奏宋李，以为倭贼尚据朝鲜地方，而事未完了，径自回还，贼未过海，瞒报尽去云云。宋李亦上本自辩……圣旨着户部兵部看了来说。刑科给事中杨东明上本，以为功罪宜明白……功罪相当，宜录其功而赦其罪。圣旨以为：功罪朕以晓了。该部里看了来说。②
>
> 万历二十八年丁未，李提督承勋揭贴曰：昨接京报，议撤东师，制台与桂掌科二疏俱奉旨下部令九卿科道会议。详玩旨意，强半留戍，岂非贵国之粮不能供给，而内帑之饷殆尤甚焉……今惟国王可与明白一言，除议留水兵，其余请撤，则当路方敢主裁矣。幸速图之。③

以上几则关于明代邸报、朝报、京报的记录，从时间上看与通报是并行的。万历二十一年记有邸报一则、通报两则，万历二十二年记有朝报、京报、通报各一则，万历二十五年记有朝报、通报各一则，万历二十七年记有邸报一则，通报两则，万历二十八年记有京报、通报各一则。还有时间上更为接近的记录：“四月辛未，上曰：“予见通报，鞑子三月有大举入犯之势云，而至今无事，意谓止此也。今有此言（李如松阵亡），此实我国之大不幸也。试问此于大人以探实可也。”四月壬申，沈忠谦曰：“臣见中朝朝报，东征将士皆被参，

① 吴晗．朝鲜李朝实录中的中国史料·李朝宣祖实录·卷8·万历二十四年·五月丙子［M］．北京：中华书局，1980：1396.

② 吴晗．朝鲜李朝实录中的中国史料·李朝宣祖实录·卷8·万历二十四年·九月壬寅［M］．北京：中华书局，1980：1341.

③ 吴晗．朝鲜李朝实录中的中国史料·李朝宣祖实录·卷19·万历二十六年·七月丁未［M］．北京：中华书局，1980：1214.

或方系狱，戚金亦受捆杖云。此皆勤劳收复我三京，我国似当移咨申救。”这是一组，还有另外一组“二月乙亥，上谓领事曰：孙经略以何事罢还云耶？……特进官李德馨仍出袖中文书一度以进，上披览曰：此乃经略密抵于胡游击之书也，卿何从写出耶？德馨曰：臣令译官李亿厚礼待胡游击亲进之人，潜图謄书。三月丁酉，参赞官赵仁得启曰：南贼未退，西边极可忧，老乙可赤甚为桀傲……二月癸卯……差人杨大朝入虏中，见浙江绍兴府会稽县人龚正六，年少客于辽东，被抢彼处……老乙可赤号为师傅，方教老乙可赤儿子书，而老乙可赤极其厚待，只有此人。而文理未尽通矣。引人注意的是，在此一时间段，朝鲜方面只有直接接触到上述几种名称官报的一则记载——“臣见中朝朝报”，其余均为中方驻朝官员咨文、言谈中转述提及，而朝鲜方面直接接触到通报就相对容易。在下面的这则通报里，董郎中接伴使韩德比较详细地报告了获得通报的过程、地点与细节。椽房一词不多见于明代其他史料，根据其在《李朝实录》中的数次出现时的上下语境判断，应该是专门处理文件的场所：

万历二十七年四月癸酉，董郎中接伴使韩德远驰启曰：臣以衔门行见礼事到镇江城，椽房等将通报取出一卷出示臣。仍禀杨科官某日辞朝，王按察偕来否？则郎中曰：杨给事中本月初四以为辞朝，王按察时在金、复、海、盖等处，娄奉旨偕来云。给事上本，謄书送上。刑科给事中杨应文一本：恭承钦遣董摘查勘紧事宜，恳乞明旨以便使命事。……①

“椽房等将通报取出一卷出示臣”“謄书送上”都间接表现出，尽管存在着“通报之禁”，通报在保密级别和重要程度上还是略低于其他官报，其受到重视部分是因为朝鲜政府在获取明政府更高级别新闻信息时存在着的种种困难。通报因为内容上接近邸报，亦为官方刊发，有其绝对的权威性，在难以直接接触到明政府邸报的情况下，成为朝鲜政府信息收集的重要部分。

① 吴晗．朝鲜李朝实录中的中国史料・李朝宣祖实录［M］/卷19/万历二十七年/四月癸酉，北京：中华书局，1980：1208.

第二章

重塑北疆：明初对东北亚地区的陆路信息传播秩序重建

明帝国的建立是双重意义上的，一方面是建立了一种行政权力，一方面是恢复了汉民族在中华的重新统治。因为这双重意义，在明人乃至后世人心目中，明的建立可谓“得国甚正”，所以在接管元的疆域时，自然采取全面接收的态度，在东北表现为接管元在东北的全部版图。对于从东南而西北统一全国的明帝国来说，东北，特别是辽东地区有着重要的战略意义，如果不能将东北纳入版图，就等于没有完成统一之业。明帝国对东北边疆的认识是“沧海之东，辽为首疆，中夏既宁，斯必戍守”①，因为元在东北的统治是自行解体的，武力征伐之外的软实力统一成为选项之一，即利用传播与宣传的手段，在心理和舆论上形成统一的向心力。凭借足够的军事力量的支持，对此朱元璋有着相当的自信，“上谓群臣曰，昔元都既成，有劝朕即取辽阳者，朕谓力不施于所缓，威不加于所畏，辽地虽远不必用兵，天下平定，彼当自归矣”②。

---

① 明实录·太祖高皇帝实录 卷101·洪武九年正月癸未［M］. 台北：“中央研究院”历史语言研究所，1962：1728.

② 明实录·太祖高皇帝实录 卷76·洪武五年九月丁巳［M］. 台北：“中央研究院”历史语言研究所，1962：1403.

第一节 对东北境内少数民族的宣传与招抚

对东北境内少数民族的宣传与招抚是重新划分清晰北部领土的一个重要内容。蒙元统治中原的末期战乱不休。高丽方面相当关注中原动态，但是在王氏政权阶段，倾向性还是明显的。高丽王恭愍王三年“甲申（元至正十四年，1354年）六月辛卯朔，平康府君蔡河中还自元，传丞相脱脱言：‘吾受命南征，王宜遣勇锐以助之。时元政陵夷，河南妖寇韩山童、韩咬儿等始鼓乱，颍川妖人刘复通又起兵，以红巾为号，与其党关先生、沙刘二、王士诚等寇掠中原，分据山东，其势大振。盗贼群起，天下大乱。癸卯，元遣吏部郎中哈剌那海、崇文监少监伯颜帖木尔……召柳濯、廉悌臣……崔莹、李芳实等及西京水军三百，且募骁勇，期以八月十日集燕京讨张士诚。伯颜帖木尔，本国人康舜龙。”高丽的官方正史将与蒙元对立的汉族军事力量称之为“妖寇”“妖人”。朝鲜半岛政权的观望态度决定了他们只能积极收集信息，无法做出实际动作，也因之记录下了战争阶段的最大信息距离中信息在传播过程中的一些变形与失真。其中与张士诚势力的信息交互几乎穿过了整个南北向的中国，但因为是直接的海路文书传播，所以没有发生失真变形。《高丽史》详细记录了这一段史实：

五月庚子，台州方国珍遣人来献方物。秋七月甲辰，江浙行省丞相张士诚遣理问实剌不花来献沉香、山水精山画木屏、玉带、铁杖、彩缎。寄书略曰：“迩者中夏多事，区区不忍生民涂炭，遂用奋起淮东，幸保全吴之地。然西寇肆凶，残虐百姓，虽志存扫荡，而未知攸济耳。稔闻国王有道，提封之内，民乐其生，殊慰怀想。”时士诚据杭州，称太尉。又江浙海岛防御万户丁文彬通书曰：“文彬眇处海邑，钦仰大邦，久欲一拜殿下，以观耿光。惜乎微役所萦，不果。兹因大邦治下黄赞至此，故得闻安吉。今车书如旧，侥商贾往来以通兴贩，亦惠民之一事也。黄赞回，令亲郁文正进拜，聊献土宜。”王答士诚书曰：“窃惟太尉驰英淮左，固已佩服余风，既移镇浙右，益钦令闻，匪远伊迩。顾予寡昧，徙以祖宗之故，获保遗黎，苟安岁月。虽常欲拜闻起居，自揣无状，不足烦侍御者道达。蒙太尉不鄙夷小邦，且辱便藩之惠，不胜至幸。兹因使回，仅奉此所有薄礼，具如内目。”又命右副承宜翰林学士李穑答文彬书曰：“今亲郁文正赍来书札同两府官人启于内，王答曰：‘吾以领万户厚意矣。其送以白苎布若干，黑麻布若干，虎皮若干，文豹皮若干，少答盛惠。’且命穑为书以谢之。臣穑待罪翰林，辞命固职司，又尝窃歆万户公高谊之日久矣，虽欲通名于左右。未有阶也。兹因王命，并达下情。”

其间，其他反元势力与朝鲜半岛政权也有信息交流，《高丽史》记载：

己亥年（元顺帝至正十九年，1359年）二月乙酉，红贼移文于我曰：慨念生民，久陷于胡，倡举义兵，恢复中原。东踦齐鲁，西出函秦，南过闽广，北抵幽燕，悉皆款附，如饥者之得膏粱，病者之遇药石。今令诸将，严戒士卒，毋得扰民；民之归化者抚之，执迷旅拒者罪之。

但以上的记录与传播交互只是战争中的零星信息传播行为。从元末到明初，在东北亚边地传播占有绝对主动地位的是在战争中后期势力即进入山东一带的朱明势力。因为山东半岛的地理优势，控制了山东半岛就控制了海上信息流进入东北亚地区在战争时间段的最主要通道。明朝建立起稳定的政权之后，东北亚地区、东北边疆的新闻信息传播就完全实现了明政府的主导，虽然这一过程也有波折，但有明一代，从来没有从根本上被动摇过。

明朝建立之初在东北地区主要的故元武装力量有辽阳行省平章刘益驻兵

得利嬴城①，高家奴占据平顶山地区②，洪保保据守辽阳，辽阳行省丞相也先不花势力集中在开元，太尉纳哈出盘踞金山③。在派出重兵武力威慑的同时，洪武帝朱元璋开始了对东北地区宣谕招抚，进行利用传播手段“软统一”初次尝试。

洪武三年（1370 年）六月，明廷派遣断事官黄俦对东北境内的官民颁布诏书进行宣谕，诏书内容强调了中原统一之后，包括四周的藩属国都相继归附。“近高丽、安南、占城、爪哇、西洋琐里海外诸国，皆称臣入贡，是盖知天命之有归顺人事之当然者也。岂汝之智反不及耶，抑我师之未加姑以为可自安耶，兹特遣人往谕。”希望东北地区的各支武装力量能“审知天道率众来归，官加擢用，民复旧业，朕不食言尔其图之”。《明实录》记载内容如下：

上闻元将纳哈出拥兵据辽阳为边患，乃遣使以书与元主曰，朕闻自昔有国家者，必知天命，去留之机，审人事成败之势，进可以有为，退足以自保，此理之必然，曩者，君之祖宗起自北方，奄有中土，兵强事举，华夷咸服。及君嗣位之时，中外犹安，兵甲非不众，人材非不盛，一旦多故天下鼎沸，处置乖方，力莫能御，以致豪杰分争，生民涂炭。朕本淮右布衣，不忍坐视，因人心之所向，遂仗义举兵，群雄所据之地，悉为我有。君亦知天命所在，逊天沙漠，朕师非不能尽力穷追，以君知时通变，于心有所不忍。近闻兵扰边陲，民罹锋镝，岂君之故将妄为生事耶。若果不知自省，而犹为此举，则是不能识机度势，恐非君之福也。朕今为君熟计，当限地朔漠，修怨顺天，效宋世南渡之后，保守其方，弗绝其祠，毋为轻动，自贻厥祸。又以书谕纳哈出曰，将军昔自江左辞还，不通音问十五年矣，近闻戍守辽阳，士马强盛，可谓有志之

① 得利嬴城，今辽宁省复县北得利寺山城。

② 平顶山，今辽阳城东。

③ 金山，在今开原西北，辽河北岸。

士。甚为之喜，兹因使通元君通经营垒，望令人送达，所遣内臣至将军营即令其还，书不多及。①

这次诏谕尝试没有收到理想的效果。但明廷没有就此放弃利用宣传的手段强化对东北的影响。《明实录》载：

秋七月乙未，始行洪武年号。乙巳，帝遣中书省宣史孟原哲来诏曰："朕即位之初，即遣使往谕四夷，高丽、占城、交趾皆以奉表称臣。惟少沙漠之地，尚未往报，盖因庚申之君拥残兵于应昌故尔。今彼禄位既终，人心绝望。诏书到日，凡迆北各枝诸王各爱马头目人等，并依旧制来朝，或遣使归顺，当与换给印信，还领所部本居地方，羊马孳畜，从便牧养。……今朕既为天下主，一视同仁，华夷无间，姓氏虽异，抚治如前。……礼德尚矣，使民怀仁，天下宁有不治安者乎?②

在这几支势力里，因纳哈出与明朝方面早有接触而成为宣谕招抚的重点对象。朱元璋致书当时退居沙漠的元顺帝：

与元主曰，朕闻自昔有国家者，必知天命，去留之机，审人事成败之势，进可以有为，退足以自保，此理之必然，曩者，君之祖宗起自北方，奄有中土，兵强事举，华夷咸服。及君嗣位之时，中外犹安，兵甲非不众，人材非不盛，一旦多故天下鼎沸，处置乖方，力莫能御，以致

① 明实录·太祖高皇帝实录 卷56·洪武三年六月乙卯［M］．台北："中央研究院"历史语言研究所，1962：1100.

② 在1340年，与元的战争中明军俘获了其时为元万户的纳哈出，纳哈出为元初名将木华黎之后，明军对其礼遇有加，在六月的监禁后纵其北归。纳哈出父祖世守辽东地方，刘益降明后，故元内乱，刘益被杀，洪保保走附于纳哈出营。到了洪武二十年（1387），纳哈出统领下的武装力量已经成为当时辽东地区故元朝重要的一支，拥兵辽阳，成为明统一东北的阻碍。

豪杰分争，生民涂炭。朕本淮右布衣，不忍坐视，因人心之所向，遂仗义举兵，群雄所据之地，悉为我有。君亦知天命所在，逊天沙漠，朕师非不能尽力穷追，以君知时通变，于心有所不忍。近闻兵扰边陲，民罹锋镝，岂君之故将妄为生事耶。若果不知自省，而犹为此举，则是不能识机度势，恐非君之福也。朕今为君熟计，当限地朔漠，修怨顺天，效宋世南渡之后，保守其方，弗绝其祠，毋为轻动，自贻厥祸。①

这次的通书，更为实际的目的在于与纳哈出势力建立起信息联系。“又以书谕纳哈出曰，将军昔自江左辞还，不通音问十五年矣，近闻戍守辽阳，士马强盛，可谓有志之士。甚为之喜，兹因使通元君通经营垒，望令人送达，所遣内臣至将军营即令其还，书不多及。”因为是通过北元的一次传播和平信息的行为，达到了最小化刺激的效果。

在此基础上，明帝国开始对纳哈出进行专门的招谕，派特使专赴东北，“以书谕纳哈出曰，曩者天革元命，四海沸腾……今天下已定，南极朱崖，北际燕云……故破竹之势，直批川蜀、云南、六诏，使者相望，占城万里修贡，高丽航海来庭。……昔窦融以河西归汉，功居诸将之右，朕独不能为辽东故人留意乎，兹遣人再往，从违彼此，明白以告，哲人知几，毋遗后悔”②。

这种针对性的招谕活动进行了多次，但是开始并没有如愿建立起与纳哈出方面的联系。洪武四年（1371）六月，纳哈出势力盘踞金山地区，对当时的明军北进前线不断地进行骚扰。接到了辽东卫边报的明廷派出了曾出使北元的万户黄俦再次对纳哈出部进行宣谕，坚持在文告中传达和平解决东北问题的态度，同时不排除武力征讨的可能，即“闻将军威震辽左，英资如是

① 明实录·太祖高皇帝实录 卷41·洪武二年四月乙亥［M］. 台北：“中央研究院”历史语言研究所，1962：815.

② 明实录·太祖高皇帝实录 卷52·洪武三年五月丁巳［M］. 台北：“中央研究院”历史语言研究所，1962：1030.

……近闻将军据金山大张威，令吾兵亦守辽左，与将军旌旗相望……胡无百年之运，大厦既倾，非一木可支，衅之后先，惟将军自思之"①。这次宣谕结果是失败的，黄俦在完成了这次文书传达工作后，于返回途中到达金山地区之际被纳哈出拘禁后杀害。明政府对纳哈出和东北地区北元残余势力的招谕陷入僵局。这一部分的信息传播是相当主动的积极的，但是我们可以清楚地看到，当一个政权对疆土的实际掌握没有达到支持信息传播致效的程度时，单凭积极的传播行为本身是不可能取得有效的传播结果的。"四夷未报"是传播上的一种窘境，但是报之四夷而四夷不受才是真正的传播失败。也就是说在没有武力划出明确的地理上的边疆并形成实际上的势力威慑区域之前，任何政治传播都不可能真正致效。

洪武四年（1371），明廷派马云、叶旺率大军渡海北进辽东，先后攻克辽阳、沈阳等地。七月，"置定辽都卫指挥使司"于辽阳，以马云、叶旺为都指挥使，"修城池，以镇边疆"②。辽东都指挥使司（简称"辽东都司"）下设二十五卫、二州，是明朝经营东北的基地，也是明廷向东北进行传播工作的前线。

辽东都司建立以后，与纳哈出割据势力发生直接冲突。此时的纳哈出部已经成为当时东北地区最大的割据势力。洪武八年（1375）十二月，纳哈出犯边金、盖二州，被明军大败，退归金州。在一段时间的僵持之后，明廷主动再次试图与东北地区的故元武割据势力建立联系。洪武十一年（1378）八月，携带明帝诏书的使臣再次赴金山向纳哈出进行宣布敕谕。在通书中，万户黄俦奉命前往联络被杀一事虽然提及并进行了谴责，"其人尝有恩于尔，何期尔不思好生恶死之情而杀之"，但是，明廷仍在此次通书中表现出了和平统一东北地区的积极态度，"然已往之事不咎，未来者可不思乎。自今以

① 明实录·太祖高皇帝实录 卷67·洪武四年六月庚戌［M］．台北："中央研究院"历史语言研究所，1962：1271.

② 明实录·太祖高皇帝实录 卷69·洪武四年十一月戊午［M］．台北："中央研究院"历史语言研究所，1962：1330.

往，若通一介之使，雪前日之愆，朕亦不较，不然必致生缚。于此之时，何面目以见朕。谕至，审思之”①。《明实录》里记载了朱元璋对这一政策的自我描述：“靖海侯吴祯自辽东遣人，送故元平章高家奴……等至京。上谓群臣曰，昔元都既成，有劝朕即取辽阳者，朕谓力不施于所缓，威不加于所畏，辽地虽远不必用兵，天下平定，彼当自归矣。”

洪武十一年（1378）十二月，在获知北元统治阶层出现了变动的情况下，明廷对当时北元势力的高层进行了有针对性的招谕，强调了：

> 今闻尔君困疾而崩，在卿等可谓有始有终，良臣之名播矣。或闻欲立新君，其亲王有三，卿等正在犹豫之间，此三人皆元之嫡派，卿等若欲坚贞忠之意，毋抑尊而扶卑，理应自长而至幼，无乃人伦正而天道顺也欤。……但以立君为名，而内自有专生杀之威，则非人臣之道矣。况同类颉颃，彼此疑猜，当此之际，卿等富贵若风中之烛，如草杪之霜，深可虑也。②

以对北元内部情况的了解向其显示了明帝国的信息收集处理能力，这次沟通也可以被视作是一种威胁。

尽管最终东北统一是由武力完成的，但纳哈出势力选择出降而非玉石俱焚、抵抗到底，除了军事上的巨大压力外，明帝国对其积极的传谕与联通在纳哈出方面形成的强有力的心理引力场也是功不可没的。③

对东北境内少数民族的宣谕与招抚是这一时期的主要内容。

明继元而立，作为元时备受压迫的汉民族，深知民族不平等政策的危

---

① 明实录·太祖高皇帝实录 卷120·洪武十一年八月己巳［M］. 台北：“中央研究院”历史语言研究所，1962：1937.

② 明实录·太祖高皇帝实录 卷128·洪武十一年十二月戊辰［M］. 台北：“中央研究院”历史语言研究所，1962：1939.

③ 洪武二十年（1387）春，明派冯胜率二十万大军进攻纳哈出，纳哈出部溃散，纳哈出降明。

害，所以在民族关系上采取了相对开明的政策。这体现在传播层面上即为更多地重视对东北少数民族的宣谕招抚而非武力征服。

首先一步是政策上对这一地区的重视。七月，政府增加了各地递运所的设置，完善了递运所的人员结构，设置了专门负责检点夫役人数的大使和副使，夫役由百户长统领。在地区行政区划上将登州升级为府，置设了蓬莱县。因为登州与莱州在临海防务上的重要性上升，将青州的昌邑、即墨、高密三县划入莱州府，进一步壮大了莱州防务。

其次是对蒙元时期的历史遗留问题以及民族政策进行了宽松化处理。朱元璋于洪武十年（1377）针对东北亚民族问题的诏旨就很能说明问题：

> 十二月癸酉高丽国遣使来贺明年正旦。上以王颛既被弑，而其国数遣使入贡。敕中书宰臣曰，高丽国王王颛自入朝贡奉表称臣云，世世子孙愿为臣妾，数年之后被奸臣所弑，及奉表来贡，皆云颛王所遣，莫明其实，故拘其使询之，终不得其详，拘之既久，朕不忍，其有父母妻子之情，特赦归之。未几，复遣使至，却而勿纳，不逾数月，又遣使以朝正为名，奉表贡马，皆称嗣王，如是者五。朕观高丽之于中国，由汉至今，其君臣多不怀恩，惟挟诈以构祸，在汉时高氏失爵，光武复其王号，旋即寇边，大为汉兵所败。唐尝锡封，随复背叛，以至父子就俘，族世遂绝。迨宋兴，王氏当国，就逼于契丹、女真，甘为奴虏。元世祖入中原，尝救其国于垂亡，而妄生疑贰，盗杀信使，屡降屡叛，数遭兵祸。今王颛被弑，奸臣窃命，春秋之义，乱臣贼子，人人得而诛之，又何言哉。而前后使者五至，皆云嗣王遣之，中书宜遣人，往问嗣王如何，政令安在，若政令如前，嗣王不被羁囚，则当依前王所言，岁贡马千匹，差其执政以半来朝，明年贡金一百斤，银一万两，马百匹，细布一万。仍以所拘辽东之民悉数送来还，方见王位真而政令行，朕无惑也，否则弑君之贼之所为，将来奸诈并生，肆侮于我边陲，将构大祸于高丽之民也，朕观彼奸臣之计，不过恃沧海重山之险固，故敢逞凶跳，

以为我朝用兵如汉唐，不知汉唐之将，长骑射短舟楫，不利涉海。朕自平华夏，攘胡虏，水陆征伐，所向无前，岂比汉唐之为。中书其如朕命，遣人往观其所为，且问王安否。①

在实际行动上，明政府于洪武年间曾对黑龙江下游的吉列迷等女真各部“累加招谕”，虽因为北元军事力量的存在，“洪武间，遣使至其国而未通”②，但即使是在与北元军事冲突激烈的时期，对宣传工作的重视也没有被减弱。洪武二十年（1387），明廷命会宁侯张温，永平侯谢成，率兵追讨纳哈出余党，洪武帝朱元璋考虑到大军所至，少数民族部落必然出现极大的恐慌情绪，特命使臣先行在战争区域出示榜文，宣布民族政策，安定民心，并向少数民族部落首领出示谕旨。③

在东北少数民族地区这一工作已经通过三个渠道部分的开展起来。

其一是通过少数民族主动来归者返还其旧居地，宣传明廷的少数民族政策使之来归。洪武十五年（1382），故元鲸海千户速哥贴木儿、木答哈千户完者贴木儿、牙兰千户皂化，从东北女真地区归降明廷。他们带来了其所部地区详细的资料：

言辽阳至佛出浑之地三千四百里，自佛出浑至斡朵怜一千里，斡朵怜至托温万户府一百八十里，托温至佛思木隘口一百八十里，佛思木至胡里改一百九十里，胡里改至乐浪古隘口一百七里，乐浪古隘口至乞列怜一百九十里。自佛出浑至乞列怜皆旧部之地。④

---

① 辽东志/卷9/外志［M］. 上海：上海书店出版社，1994：198.

② 满州金石志·卷26［M］. 郑州：中州古籍出版社，1990：124.

③ 明实录·太祖高皇帝实录 卷183·洪武二十年四月庚午［M］. 台北：“中央研究院”历史语言研究所，1962：2759.

④ 明实录·太祖高皇帝实录 卷141·洪武十五年二月壬辰［M］. 台北：“中央研究院”历史语言研究所，1962：2251.

更为可贵的是，他们主动表示，愿意前往其旧部之地，宣谕招抚当地的少数民族住民使之来归。明廷诏许之，并赐以织金文绮作为资金。这样就打开了对东北少数民族地区进行传播工作的突破口。这一部分工作，明政府有意识地选择民族相同者作为传播政策的执行者，当前线有战俘送回之时，愿意归附并且有能力承担传播工作的人就被遴选出来，携带榜文或者其他形式的文告返回原部所在地进行招谕。如："洪武二十五年八月庚申，总兵官都指挥使周兴遣人送所俘胡兵进京……上令择胡兵有可用者卯罕阿鲁温沙二人，赍榜北归，招谕虏将阿札失等。"①

其二是通过明廷设在东北地区的各级卫所，主动向元末散出的百姓进行政策宣传。洪武十五年（1382）四月，辽东东宁草河千户所招降故元合罗城万户府校卒及鸭绿江东遗民，达二千六百八十六人。这部分民众由明军护送至辽阳，由政府发给衣食并就地安置。②

其三是主动派遣使者进入少数民族及故元旧部地区，宣谕使之内附。洪武十六年（1383）四月，明廷派出使者前往有内附之意的故元海西右丞阿鲁灰部，"赍敕往谕之曰，惟知者能知存亡之道，而决去就之几，今尔等所守之地，东有野人之隘，南有高丽之险，北接旷漠，惟西抵元营，道路险扼，孰不以为可自固守，尔乃能率众内附，自非智者审势达度，计不及此，虽古之志士，何以过之，朕甚嘉焉，今特遣谕意，尔其知之"③。派出的使臣不但肩负着宣传民族政策的使命，还需负责完成所负责部族内附入贡的一些具体操作。洪武三十五年（1402）十一月，永乐帝向兀良哈韃靼野人女真诸部派出使臣宣布敕谕，"赍敕谕尔其各居边境永安生业，商贾贸易一从所便，欲

---

① 明实录·太祖高皇帝实录 卷221·洪武二十五年八月庚申［M］．台北："中央研究院"历史语言研究所，1962：3135.

② 明实录·太祖高皇帝实录 卷144·洪武十五年二月壬戌［M］．台北："中央研究院"历史语言研究所，1962：2257.

③ 明实录·太祖高皇帝实录 卷150·洪武十六年四月乙亥［M］．台北："中央研究院"历史语言研究所，1962：2319.

来朝贡者，与使臣偕至”①。

在这些使臣中，对明东北边疆各部族的招抚做出贡献最大的为永乐年间的亦失哈。明廷派遣太监亦失哈等到黑龙江下游奴儿干地方招抚女真各部时，在奴儿干都司所在地的特林地方建立了一座供奉观音的永宁寺，并在寺旁树两碑，即永乐十一年（1413）九月的《永宁寺记》，宣德八年（1433）的《重建永宁寺记》，记述了太监亦失哈等经营管理奴儿干及海外苦夷②的事迹和在黑龙江下游派官设治，建立奴儿干都司的经过。“自海西抵奴儿干及海外苦夷诸民……皆踊跃欢忻，无人梗化不率者。”“国人无远近，皆来顿首，谢曰：我等臣服，永无疑矣。”当地人接受招抚，成为明之臣民。亦失哈的九上北海可以看作是一次软实力远征，在所经所到之处极尽发挥收拾民心之作用。留存于世的永宁寺碑也以实物的形式显示出明帝国北疆经营的力度。

这三种宣传播渠道充分发挥作用，东北地区的民族向心力随之不断加强。纳哈出势力消亡以后，东北地区的宣传抚谕已经初具规模，明政府对这支宣传队伍也给予了充分的重视。洪武二十一年（1388）十月，诏取曾住海西野人地面及纳哈出之境进行招抚宣传工作的辽东官军赴京受赏，人数多达二百零六人。③

明政府对东北边疆的宣抚招谕收到了良好的效果，自洪武二十一年（1388）东北边疆平定之后，以野人女真为主的少数民族部落相继来朝。洪武二十一年（1388）十二月，辽东女真部阿苦义等六人远赴南京朝贡。野人部西阳哈等百三十四人，自辽东归降。明政府对其在物质上都进行了相当可

---

① 明实录·太祖高皇帝实录 卷14·洪武三十五年十一月壬寅［M］. 台北：“中央研究院”历史语言研究所，1962：264.

② 苦夷，即今库页岛.

③ 明实录·太祖高皇帝实录 卷186·洪武二十年四月壬午［M］. 台北：“中央研究院”历史语言研究所，1962年：2782.

观的奖励，赐西阳哈等人“衣各一袭，寻加白金千三百七十两”①。

永乐时期，明廷东北部边疆战略由攻转守，对少数民族的宣谕招抚力度愈发加强。随着水陆驿站在战后的纷纷重新建立，招抚东北境内女真各部的工作有了很大进展。永乐元年（1403），明廷遣行人②邢枢偕知县张斌等往谕奴儿干，“至吉烈迷诸部招抚之。”③ 永乐二年（1404），当邢枢返回时，黑龙江和松花江下游以及乌苏里江流域的女真各部首领相率入京朝贡。张斌死在黑龙江流域，邢枢“前后三使奴儿干”④。

自此起东北边疆少数民族来朝入贡的记载于史不绝。“永乐二年九月壬子，女直野人头目鹿坛等三百七十五人来朝贡方物，赐之钞币。癸未，兀者托温女直野人头目唤弟等来朝，设兀者托温卫所。”⑤ 到了次年：

> 永乐三年正月丁巳，虎儿文等处女直野人鞑靼头目绰鲁不乃……来朝。二月甲午，把兰等处女直野人卯义等来朝。三月丁酉，女直野人头目温勉赤等来朝，迤北女直野人头目喃不花等二十四人来朝贡马。己亥，奴儿干都司同知把剌答哈及兀者、左卫头目木答忽等九十七人来朝。五月庚戌，阿速兀鲁江等处女直野人头目李关住等二十人来朝。壬戌，女直野人头目哈达歹等来朝贡马。八月壬申，苦野木等处女直野人头目虎失木等三十九人来朝。辛巳，野人地面赤不罕达等百九十人来朝贡以马。甲申，吉里代女直野人头目买罕等来朝。壬辰，女直野人头目可怜哥，歹颜哈等四十九人来朝。十二月庚午，那儿河野人头目佟苦不花、忽里哈头目亦称哥、建州卫头目王古驴等百二十三人来朝。甲戌，

---

① 明实录·太祖高皇帝实录 卷187·洪武二十年十二月癸亥［M］. 台北：“中央研究院”历史语言研究所，1962：2807.

② 明设行人司，行人，官名，掌册封、传旨等.

③ 殊域周咨录·卷24·女直［M］. 南宁：广西师范大学出版社，1990：55.

④ 使职文献通编·卷39［M］. 郑州：中州古籍出版社，1998：102.

⑤ 明实录·太宗文皇帝实录 卷34·洪武二十年十二月癸亥［M］. 台北：“中央研究院”历史语言研究所，1962：599.

毛怜等处野人头目把儿逊等六十四人来朝。己未，女直野人头目哈成哈、八秃卜花等五十人来朝。①

这些记载背后反映的是当时民族政策经过不懈的宣谕已经到了收获成果的时期。尽管不能否认，“赐钞及袭衣，所贡物悉厚直酬之”②，并且对来京朝贡的女真各部首领“因其部族，官其酋长为都督、都指挥、指挥、千百户、镇抚等职，给与印信，俾各仍旧俗，统其属以时朝贡”③ 是少数民族纷纷入朝贡物的重要原因，但明政府积极的传播政策给了其长途入贡以很大的动力。远至松花江和黑龙江下游以及图们江流域、长白山地区的女真各部先后入朝，东北全境至此全部归属明帝国所有。

第二节　明初对东北地区的信息与文化传播复建

明初对东北地区的信息与文化传播复建成果颇为丰富，具体集中在以下几个方面。

一、恢复重建驿路邮传系统

东北地区在文化上较之中原自有其特殊性，不同的文化之间难免会产生冲突。明帝国自统一之后很自然地将东北地区重新置于自汉代形成的汉字文化圈内。为了顺畅边疆与内地的文化信息传播与交流，明政府在恢复驿递方面投注了相当的注意力，积极恢复和建立东北水陆交通。

自洪武年间起，以北京为中心，组建起全国的交通网。“自京师达于四

① 明实录·太宗文皇帝实录 卷38－49·洪武二十年十二月癸亥［M］．台北：“中央研究院”历史语言研究所，1962：639－736.

② 明实录·太宗文皇帝实录 卷94·洪武永乐七年七月癸巳［M］．台北：“中央研究院”历史语言研究所，196：1212.

③ 大明一统志·卷89·女直［M］．西安：三秦出版社，1990：177.

方，设有驿传，在京师曰会同馆，在外曰水马驿并递送所”①。东北三干线，分别通往辽东都司、奴儿干都司、大宁都司。由南京水陆兼行到东北，水路由山东登州渡海到旅顺口，然后陆行北上，经金、复、盖、海、鞍山等十二个驿站到达辽东都司所在地辽阳②。陆路由北京过山海关东北行，经宁远、杏山、广宁③、盘山、牛家庄、海州等十八个驿站到达辽东都司。各路驿站，统归兵部管辖，是明朝政府统治机构的一个组成部分。“洪武中，以谪戍者递送”，后因逃亡者多，“摘军协助递送”④。驿站的任务是：传递文报，转运军需、贡赋和赏赐，转运来往的朝贡官员和公差人员，并提供食宿。⑤ 洪武九年（1376），为了防止转运传输与战守操练互相挤占人力、物力资源，中央政府特命兵部在原有驿站的基础之上增置递运所，专职递送。各递运所设大使、副使各一人，个别关键地区的递送所役夫众多，特设百户长统领。⑥ 洪武二十年（1387），东北战事消弭之后，又一次加强了关外的驿路，左军都督府自山海卫至辽东，加置马驿一十四站，各给官马三十匹，以赎罪囚徒为驿夫，每驿定编一百二十人，并在驿站周围开设军屯自给。驿路系统保证了中原对东北信息传播的迅速有效。

二、建立学校开展文化传播

明初，东北地区汉民比例较低，明政府开始大规模向东北移民，“始以四方之民，来实兹土”，“徙江淮齐鲁之民居之，而高丽、女直等夷之土著者

① 大明会典・卷 145・兵部 6・驿传一［M］. 南京：广陵书社，2007：2415.

② 寰宇通志・卷 77・辽东都指挥使司・馆驿［M］. 台北：“国立中央图书馆”，1984：558.

③ 广宁，今辽宁北镇。

④ 明实录・宣宗章皇帝实录 卷 26・宣德二年・三月丁未［M］. 台北：“中央研究院”历史语言研究所，1962：845.

⑤ 大明会典・卷 145・兵部 2・驿传一［M］. 西安：三秦出版社，1990：179.

⑥ 明实录・太祖高皇帝实录 卷 103・洪武九年七月七月戊辰［M］. 台北：“中央研究院”历史语言研究所，1962：1756.

不易其处”①。洪武二十年（1387），“诏凡吏民谪发辽东戍守者，各以肘力田讲武”。

当时辽东都司辖境内，汉人占十之七，高丽土著、归附女真占十之三。②辽东二十五卫、二州，“户口二十七万五千一百五十五”，“寄籍民七千一百零九名”，“马步额军、招集军、屯田军、煎盐军、炒铁军，共十二万四千七百二十九名”。在此前提下，“明人伦，厚风俗……使知忠君、亲上、爱亲、敬长”③ 的教化成为当务之急。明帝国在辽东建立的学校、寺庙较多。在辽阳、金州、复州、海州、盖州、广宁、义州、开原、铁岭、沈阳、宁远等地，广立儒学、孔庙、寺院等。

洪武十七年（1384）闰十月，于辽东都指挥使司设官员儒学，教授一名，训导四名。于金州、复州、海州、盖州等四州设儒学学正一名，训导各四名，教导武官子弟读诗书习礼仪。并于各州新建或者复立孔庙，配给祭器乐器以供进行祭祀事宜。当时朝廷中有边疆之地，靠近夷狄，不可与之言教化。洪武帝驳斥了这种议论，强调了开展文化传播对边疆建设以至帝国巩固的作用。“上谓礼部臣曰，近命辽东立学校，或言边境不必建学。夫圣人之教犹天也，天有风雨霜露，无所不施。圣人之教，亦无往不行。昔箕子居朝鲜，施八条之约，故男遵礼义，女尚贞言，管宁居辽东，讲诗礼，陈俎豆，饰威仪，明礼让，而民化其德。曾为边境之民不可以教乎。……况武臣子弟久居边境，鲜闻礼教，恐渐移其性，今使之诵诗书习礼义，非但可以造其材，他日亦可资用。”“若缘边军卫并立学校，以教官军子弟，使知忠君亲上，爱亲敬上。则礼义兴而风俗原也。”在此思想指导下，到了洪武二十六年（1393），学校教育在辽东地区进一步铺开，“开原、沈阳、广宁、义州亦

---

① 全辽志·卷4·风俗［M］. 上海：上海书店出版社，1994：128.

② 辽东志·卷1·地理志·风俗［M］. 上海：上海书店出版社，199：1024.

③ 明实录·明宣宗实录 卷2·洪熙元年六月壬戌［M］. 台北：“中央研究院”历史语言研究所，1962：65.

皆名郡，学基尚存，遗碑犹在，宜建学置师，以复其田”①。

学校教育在明初属于针对高端社会群体的定向文化传播。针对辽东地区特殊的地缘文化与民族构成，在进行文化传播时，明廷特别关注在当地寻找典型案例进行重点宣传，以期取得移风易俗之功效。特别是旌表，成为有明帝国对辽东地区进行伦理教化宣传的重要手段。洪武年间对辽东高希凤、裴皮铁家的旌节表彰是为代表：

> 时故元臣名祖自定辽归来。上问辽东风俗，名祖言，辽东地遐远，民以猎为业，农作次之，素不知诗书，而其族尚礼教，凡子丧其父、妻丧其夫，皆日至墓所拜，哭奠酒浆百日乃止，服衰三年，不食酒肉，不理发，不游猎，不与人戏语。间有以歉岁食肉者，乡人共诋之。又言往年有石城高希凤者，本光州固始县人，戊戌秋，在辽东老鸦寨为乱兵所掠，力抗不伏，乱兵断其右腕而死。其妻刘氏被掳，行十余里，骂不绝口，亦为所杀。希凤仲弟药师奴亦死于乱，妻李氏携其子文殊、孤侄僧保，往高丽避难，至中途度不能两全，以其子差长弃之，独携侄以行。及圣朝混一区宇，居民复业，李氏访得其子，同归守夫墓。希凤季弟伯颜不花为纳哈出所杀，其妻郭氏高丽人，居浑滩，自缢死于马枥。希凤从子，高塔失丁亦为你仇诬陷而死，其妻金氏，与姑邢氏缢死于鱼坞。所居之室内一门五妇，皆尽节义。又言定辽南寨斡罗村，有卒裴皮铁者瘦，其妻李氏女直人，年二十二，停柩两年，昼夜哀临比葬之日，陈祭辞柩毕，缢于屋西桑树而死，乡人义之，遂合葬焉。臣耳目所见，闻有如此者。上为之动容称叹，即日诏有旌表希凤家为五节妇之门，裴皮铁家为贞节之门。②

① 明实录·太祖高皇帝实录 卷228·洪武二十六年二月乙未［M］．台北：“中央研究院”历史语言研究所，1962：3310.

② 明实录·太祖高皇帝实录 卷228·洪武二十六年·四月丙午［M］．台北：“中央研究院”历史语言研究所，1962：2269－2271.

值得注意的是此次高规格的旌表前提在于辽东是风俗“贞节”之地，且五节妇中有汉人、高丽人，而李氏为女真人，对少数民族的影响和感化能力自然强于对内地榜样的宣扬。这种渗透式的宣传取得了很好的传播效果，儒家节义之观念于辽东渐渐深入民心。

以上是对内陆边疆开展的工作，另外一个重要的部分是对外藩开展的，也就是明初对朝鲜信息传播秩序的重建。

第三节　明初对朝鲜信息传播秩序的重建

元朝于东征胜利之后的1287年在朝鲜半岛设置了具有羁縻特点的特殊行政区建制——征东行省。高丽国并没有因为征东行省的设置而消失，无论是行政还是文化上始终保持了很强的独立性。但是蒙元一直与高丽王氏关系非常紧密，继早期的武力征服后，中期主要的控制手段就是宗族持续缔结婚姻关系。王氏元宗时期，元宗入朝请兵同时向忽必烈为世子请婚，忽必烈以亲女齐国大长公主忽都鲁揭迷失下嫁。婚姻关系局限于王室：其后先后有九位元朝公主下嫁王氏，宣王先后两后，肃王前后三后都是元朝公主。王氏最后的恭愍王即为阿木哥之女鲁国大长公主宝塔失里。这期间王氏朝鲜是“半独立”状态。元朝末年，高丽恭愍王在位期间，征东行省作为元朝特殊行政区的职能被高丽国自行取消，高丽国又恢复到唐宋以来中原王朝内属国——藩国的地位。

出于对自身政治与领土安全的考虑，高丽王国非常重视利用现有政治资源获得中原变动时政消息。元至正十四年（1354），高丽王使臣平康府君蔡河中还自元，向高丽政府传达了元政府丞相脱脱的征兵指令：“吾受命南征，王宜遣勇锐以助之。”六月，元朝派遣吏部郎中哈剌那海、崇文监少监伯颜帖木尔征召高丽臣子柳濯、廉悌臣、崔莹、李芳实等及西京水军三百集于燕京，讨伐张士诚。伯颜帖木尔，即高丽国人康舜龙的蒙文名字。出征的高丽军队深入中原腹地，带回了关于中原动荡的详细消息："河南妖寇韩山童、韩咬儿等始鼓乱，颍川妖人刘复通又起兵，以红巾为号，与其党关先生、沙刘二、王士诚等寇掠中原，分据山东，其势大振。盗贼群起，天下大乱。"① 高丽王国密切关注中原政局，收集到的时局变动信息成为政策制定的重要参考。在元朝统治风雨飘摇之际，作为元治下之藩属，高丽王国无法也不敢与中原其他政治势力主动建立信息交互，但一旦出现与之交通之可能时，高丽表现出了积极的态度。

元顺帝至正十八年（1358）五月，台州方国珍派遣使臣"来献方物"。七月，因占据出海口而与高丽地区存在经济关系的江浙行省丞相张士诚派遣使者理问实剌不花送来沉香、山水精山画木屏、玉带、铁杖、彩缎等礼物，并且与高丽国王通书："迩者中夏多事，区区不忍生民涂炭，遂用奋起淮东，幸保全吴之地。然西寇肆凶，残虐百姓，虽志存扫荡，而未知攸济耳。稔闻国王有道，提封之内，民乐其生，殊慰怀想。"高丽政府对与张士诚建立联络表现出相当大的重视，以国王的名义回书致意："窃惟太尉驰英淮左，固已佩服徐风，既移镇浙右，益钦令闻，匪远伊迩。顾予寡昧，徒以祖宗之故，获保遗黎，苟安岁月。虽常欲拜闻起居，自揣无状，不足烦侍御者道达。蒙太尉不鄙夷小邦，且辱便藩之惠，不胜至幸。兹因使回，仅奉此所有薄礼，具如内目。"重点在于希望借此番通书得以"常欲拜闻起居"，表达了对互通往来的极大欢迎。同月，江浙海岛防御万户丁文彬通过高丽商人黄赞与高丽建立联系，表示："文彬眇处海邑，钦仰大邦，久欲一拜殿下，以观耿光。惜乎微役所萦，不果。兹因大邦治下黄赞至此，故得闻安吉。今车书如旧，傥商贾往来以通兴贩，亦惠民之一事也。黄赞回，令亲郁文正进拜，聊献土宜。"高丽政府命重臣右副承宜翰林学士李穑修书回复丁文彬："今亲郁文正赍来书札同两府官人启于内，王答曰：'吾以领万户厚意矣。其送以白苧布若干，黑麻布若干，虎皮若干，文豹皮若干，少答盛惠。'且命穑为

① 吴晗．朝鲜李朝实录中的中国史料·恭愍王世家·卷1·三年甲申·六月辛卯朔［M］．北京：中华书局，1980：1.

书以谢之。臣穑待罪翰林，辞命固职司，又尝窃歆万户公高谊之日久矣，虽欲通名于左右。未有阶也。兹因王命，并达下情。”① 颀然接受了丁文彬“车书如旧”的提议。

在政局情况出现变动的情况下，高丽政权充分利用自己收集到的各种信息做出于己有利的反应，在各种势力中寻找可以取元而代之者是当时高丽政府处理中原信息的一个中心任务。在朝鲜（高丽）方面的实录里记载最多的就是此类信息，几乎是年年有录：

恭愍王三年 甲申（元至正十四年，1354 年）

恭愍王六年辛卯朔，平康府君蔡河中还自元，传丞相脱脱言：“吾受命南征，王宜遣勇锐以助之。”时元政陵夷，河南妖寇韩山童、韩咬儿等始鼓乱，颖川妖人刘复通又起兵，以红巾为号，与其党关先生、沙刘二、王士诚等寇掠中原，分据山东，其势大振。盗贼群起，天下大乱。癸卯，元遣吏部郎中哈剌那海、崇文监少监伯颜帖木尔……召柳濯、廉悌臣……崔莹、李芳实等及西京水军三百，且募骁勇，期以八月十日集燕京讨张士诚。伯颜帖木尔，本国人康舜龙。

恭愍王乙未四年（元顺帝至正十五年，1355 年）

春正月庚午，元诛妖贼韩山童、韩咬儿。策免丞相脱脱。遣直省舍人讷速儿来颁赦，王出迎于宣义门外。

恭愍王丁酉六年（元顺帝至正十七年，1357 年）

八月丁巳，以金德培为西北面红头军、倭贼防御都指挥使。

恭愍王己亥八年（元顺帝至正十九年，1359 年）

二月乙酉，红贼移文于我曰：“慨念生民，久陷于胡，倡举义兵，恢复中原。东跻齐鲁，西出函秦，南过闽广，北抵幽燕，悉皆款附，如饥者之得膏梁，病者之遇药石。今令诸将，严戒士卒，毋得扰民；民之

① 吴晗．朝鲜李朝实录中的中国史料·恭愍王世家·卷 1·戊戌七年·秋七月甲辰［M］．北京：中华书局，1980：2.

归化者抚之，执迷旅拒者罪之。”

戊申十七年（明太祖洪武元年，1368 年）

九月丁巳，令百官议通使大明。

十一月丁未，遣礼仪判书张子温聘于吴王。

己酉十八年（明太祖洪武二年，1369 年）

夏四月壬辰，大明皇帝遣符宝郎偰斯赐玺书及纱罗段匹总四十匹。王率百官出迎于崇仁门外。①

朱元璋于南京建元称帝之后仅数月，高丽王即“令百官议通使大明”，“十一月丁未，遣礼仪判书张子温聘于吴王”。高丽与其时之朱明之间隔山限海，如果不是对中原政局变动信息有着充分的掌握是不可能做出这样正确而且及时的判断的。十二月高丽使臣由海路抵达，这让朱元璋非常重视，《明实录》记载：“八月甲子高丽国王王颛遣礼部洪尚载等奉表贺即位，请封爵且贡方物，中宫及皇太子皆有献。赐尚载以下罗绮有差。”并日后多次提及四夷中高丽的率先入朝。明令嘉奖：

洪武元年十二月壬辰遣符宝郎契斯奉玺书赐高丽国王王颛……今年正月，臣民推戴，即皇帝位，定天下之号曰大明，建元洪武。惟四夷未报，故遣使报王知之。昔我中国之君与高丽壤地相接，其王或臣或宾，盖慕中国之风，为安生灵而已。朕虽不德，不及我中国古先哲王使四夷怀之，然不可不使天下周知，余不多及。②

洪武初年，明帝国的势力在实际地理空间上还没有与朝鲜半岛产生直接

① 吴晗．朝鲜李朝实录中的中国史料·恭愍王世家·卷 1·丁酉主年至乙酉十八年［M］．北京：中华书局，1980：12－20.

② 明实录·太祖高皇帝实录 卷 37·洪武元年十二月乙未［M］．台北：“中央研究院”历史语言研究所，1962：749－750.

接触，北元的军事力量仍然存在于辽东地区，将明帝国与朝鲜半岛分割开来。尽管如此，明对与朝鲜半岛的信息交互与建立联通还是给予了一种与其新兴的大一统政权相符的重视。

洪武元年（1368）十二月，明遣符宝郎契斯奉正式的官方文告——玺书，前往朝鲜，赐高丽国王王颛：

> 自有宋失御，天绝其祀。元非我类，入主中国百有余年，天厌其昏淫，亦用殒绝其命。华夷扰乱十有八年。当群雄初起时，朕为淮右布衣，暴兵忽至，误入其中，见其无成，忧惧弗宁。荷天地眷佑，授以文武，东渡江左，习养民之道十有四年。其间西平汉主陈友谅，东缚吴王张士诚，南平闽粤，勘定八番，北逐胡君，肃清华夏，复我中国之旧疆。今年正月，臣民推戴，即皇帝位，定天下之号曰大明，建元洪武。惟四夷未报，故遣使报王知之。昔我中国之君与高丽壤地相接，其王或臣或宾，盖慕 中国之风，为安生灵而已。朕虽不德，不及我中国古先哲王使四夷怀之，然不可不使天下周知，余不多及。①

契斯一行于洪武二年（1369）夏四月到达高丽王京，随契斯同来的除了洪武帝所赐玺书外尚有纱罗段匹总四十匹。高丽王王颛率百官出迎于王京崇仁门外。玺书开读，传布于八道。高丽奉明正朔，行洪武年号。

两个月之后，洪武帝再次派出使者宦官金丽渊赴朝鲜半岛，此次同行的还有一百六十五人，他们是南迁辽东之民时发现的高丽遗民，以及较上次丰厚得多的馈赠——纱罗各六百匹。在致高丽国王王颛的书信中，重点提及“去冬专使涉海，具述安定中国之由，谅达已久。继又削平晋冀以及秦陇，生民庶有休息之期矣”。通过遣返遗民与大量馈赠赏赐，主要要达成的目的即为传布中原已定的信息。这一传播目的可以说是顺利达成。次年八月，高

---

① 明实录·太祖高皇帝实录 卷37·洪武元年十二月乙未［M］. 台北：“中央研究院”历史语言研究所，196：749－750.

丽国王王颛派遣的礼部洪尚载等到达南京，按照对待宗主国的完整礼仪“奉表贺即位，请封爵且贡方物，中宫及皇太子皆有献”。九月“遣总部尚书成唯得千牛卫大将金甲雨上表贡方物，谢恩并贺”。十二月“遣其臣张子温等上表谢封爵，并贺明年正旦，贡方物，中宫东宫皆有献”。高丽使者成唯得等辞归高丽之时，朱元璋专门颁谕旨：“上以书谕其国王王颛曰，近使者归自王国，朕问王国政俗、城郭、甲兵、居室如何。使者言，俗无城郭，虽有甲兵而待卫不严，有居室而无听政之所。王专好释。民去海滨五十里或三十里，民始有宁居者，朕询问其故，尝为倭奴所扰，果若是深为王虑之。朕虽德薄为天下主，王以称臣备贡。……倭人出入海岛十有余年，必知王之虚实，此亦不可不虑也。王欲御之非雄武之将，勇猛之兵，不可远战于封疆之外，王欲守之非深沟高垒，内有储蓄，外有援兵，不能以挫锐而擒敌，由是言之王之负荷亦重矣，智者图患于未然，转危以为安，前之数事朕言甚悉，不过与王同其忧耳，王其图之，且知王欲制法服以奉家庙，朕深以为喜，今赐王冠服乐器陪臣冠服，及洪武三年大统历六经四书通鉴汉书至可领也，遣书指不多及，仍赐唯得等绮帛有差。”① 当使臣于次年五月回到朝鲜王京，朱元璋的谕旨同时被载入《李朝实录》。通过这一系列密集的入贡进贺正式承认了明帝国之于高丽王国的宗主国地位。

自高丽国王王颛奉表纳贡以后，明帝国即将朝鲜半岛正式纳入整个不断扩张的帝国传播体系之中。通过频繁的信息传播标志出高丽之于明在政治上的属国地位。仅洪武三年（1370）一年中就有多达六次对高丽王国的传谕颁诏类政治信息传播。

洪武三年（1370）四月，专门派遣使臣颁布分封诸王的诏书于朝鲜。五月甲寅，再次遣尚宝司函偰斯前往朝鲜半岛颁布王：“咨尔高丽国王王颛……当四方之既平，尝专使而往报，即陈表贡，备悉忠诚。……今遣使赍印，仍封尔为高丽国王。……今赐大统历一本，锦绣绒缎十匹，至可领也。”

---

① 明实录·太祖高皇帝实录 卷47·洪武二年·十二月甲戌［M］．台北：“中央研究院”历史语言研究所，1962：937.

六月，高丽使臣张子温自南京返回，获赐明朝贺仪注一本，及金龙纻丝红熟里绢各二匹。同月，洪武帝封诸子为王，遣礼部主事柏礼前往高丽颁诏。又遣侍仪舍人卜谦来颁科举程式。诏曰："……一、高丽、安南、占城等国如有经明行修之士，各就本国乡试，贡赴京师会试，不拘额数选取……"七月，洪武帝遣中书省宣史孟原哲前往高丽颁诏：

> ……朕即位之初，即遣使往谕四夷，高丽、占城、交趾皆以奉表称臣。惟少沙漠之地，尚未往报，盖因庚申之君拥残兵于应昌故尔。今彼禄位既终，人心绝望。诏书到日，凡迤北各枝诸王各爱马头目人等，并依旧制来朝，或遣使归顺，当与换给印信，还领所部本居地方，羊马孳畜，从便牧养。……今朕既为天下主，一视同仁，华夷无间，姓氏虽异，抚治如前。……礼德尚矣，使民怀仁，天下宁有不治安者乎?

并在原则上同意高丽子弟进入中原进行学习，进入国学读书：

> 钦奉圣旨：高丽国王欲遣子弟入国学读书。我曾闻唐太宗时，高丽国亦尝教子弟入学，这的是件盛事。……但为本国远处海东，比至京师，水路经涉海洋，陆路不下万余里，隔离乡土……恁中书省回文书去，交高丽国王与他臣下每好生熟议。若是乃为父母的愿意子弟入学，为子的听受父母之命来学者，交高丽国王差人好生将来。省家回的文书要说的明白。①

对朝鲜半岛高丽王国的政治传播不仅仅是要将其纳入明帝国的政治运作节奏中，也希望以高丽的表现为其他藩国做出表率。在对周围尚未归入明帝国的力量进行宣传时，高丽国经常被作为正面典型加以提出。当时在中央帝

---

① 吴晗．朝鲜李朝实录中的中国史料·卷1·庚寅十九年·七月乙巳·康恭愍王世家［M］．北京：中华书局，1980：20.

国四周的少数民族独立力量数量不少，但是对中央核心政权的威胁都不大，顺利地进行招抚是中央政府的上上之选，因此主动称臣纳贡的少数民族政权的出现对其他少数民族的榜样力量是真实存在的。

洪武三年（1370）六月，明廷遣使持诏"谕云南、八番、畏吾儿等"时即明确宣布："……天下兵民尊朕居皇帝位，国号大明建元洪武。前年克取元都，四方以次平定。其占城、安南、高丽诸国俱已朝贡。"① 可以说，"高丽王王颛即称臣入贡，斯非力也，心悦也"。王氏高丽的主动称臣入贡对新生的明政权来说政治上积极的传播意义与影响是相当巨大的。

与此同时，文化上利用传播的手段，巩固汉字文化在朝鲜半岛的影响也开始了初步尝试。朝鲜半岛因为在文化与宗教方面与中原保持了比较高的一致性，因此文化上不存在重新征服的概念。而且蒙元与高丽的缔结婚姻一直都是完全的政治考虑，蒙元公主下嫁高丽国王，高丽入贡女子以充蒙元贵胄妾妇婢女，两个通道都是单向的，不附加文化交流与民族融合。此时只要强调在文化上在衣冠文物、用度器物上的一致的汉文化要素就可以起到文化统一的作用。朱元璋通过归国的高丽使臣下赐了高丽国王衣冠服饰、臣下按品级配给的衣冠服饰，中华经典六经《易》《书》《诗》《礼》《乐》《春秋》，四书《大学》《中庸》《论语》《孟子》四种儒家经典，经典史学著作班固的《汉书》、司马光的《资治通鉴》并洪武三年的大统历，以更换蒙元时期通行的授时历，这丰富的赏赐目的性非常明确，就在于强调文化上的华汉因素，强调文化传播的统合力量。

洪武二年（1369）十月，高丽使臣成唯得辞朝之际，洪武帝面嘱："且知王欲制法服以奉家庙，朕深以为喜，今赐王冠服乐器陪臣冠服，及洪武三年大统历六经四书通鉴汉书至可领也。"

成准得还自京师。帝赐玺书曰：

① 明实录·太祖高皇帝实录 卷53·洪武三年·六月戊寅［M］．台北："中央研究院"历史语言研究所，1962：1049.

近使者归，问王国之政。言王惟务释氏之道。经由海滨，去海五十里或三、四十里，民方宁居者，朕询其故，尝倭奴所扰。因问城郭如何，言有民无城，问甲兵如何，言未见其严肃，问王居如何，言有居而无听政之所。朕因思之，若果如是，深为王虑也。朕虽德薄为天下主，王以称臣备贡。……今胡运既终，沙塞之民非一时可统，而朕兵未至辽沈，其间或有狂暴者出，不为中国患，恐为高丽之扰。况倭人出入海岛十有余年，王之虚实，岂不周知。皆不可不虑也。王欲御之非雄武之将，勇猛之兵，不可远战于封疆之外，王欲守之非深沟高垒，内有储蓄，外有援兵，不能以挫锐而擒敌，由是言之王之负荷亦重矣，智者图患于未然，转危以为安，前之数事朕言甚悉，不过与王同其忧耳，王其图之，且知王欲制法服以奉家庙，朕深以为喜，今赐王冠服乐器陪臣冠服，及洪武三年大统历六经四书通鉴汉书，至可领。①

冠服乐器经典书籍之赐，皆为进行文化传播的一种方式，此为明帝国在文化上将朝鲜半岛纳入帝国轨道的初次努力。

洪武三年（1370）四月，洪武帝遣道士徐师昊前往朝鲜祭祀山川，称“国君世享富贵，尊慕中国，以保生民，神功为大”。这一举动标志着在进行全国性文化传播行为时，朝鲜半岛已经被视作文化上与中原一体之地。祭祀的祝文中提及了高丽王的遣臣来朝以奉正朔：“皇帝遣朝天宫道士徐师昊致祭于高丽首山及诸山之神，首水及诸水之神。高丽为国，奠于海东。山势磅礴，水德汪洋。实皆灵气所钟，故能使境土安宁。国君世享富贵，尊慕中国，以保生民，神功为大。朕起自布衣，今混一天下，以承正统。比者高丽奉表称臣，朕喜其诚，已封王爵。较之古典，天子于山川之祭，无所不通。是用遣使，敬将牲币，修其祀事，以答神灵。惟神鉴之。”与之对应的是《李朝实录》所记录的：“五月癸亥，帝遣宦者前元院使延达麻失里及孙内侍

---

① 明实录·太祖高皇帝实录 卷46·洪武三年·十月壬戌［M］．台北：“中央研究院”历史语言研究所，1962：907.

来锡王彩缎纱罗四十八匹。……中书省移咨曰：钦奉圣旨：那海东高丽国王那里，自前年为做立石碑祭祀山川，飞报各处捷音及送法袍，使者重叠，正好生被暑热来为哪般。……就将那陈皇帝老少、夏皇帝老少去王京，不做军不做民，闲住。他自过活。王肯教那里住呵，留下。不肯时节，载回来。恁省家文书上好生说得子细了。”

洪武二年（1369）十二月，洪武帝特别告之中书及礼部官员，将其时已经归附之安南、高丽境内山川与中国一体致祭。《明实录》：“十二月甲戌高丽国王王颛遣其臣张子温等上表谢封爵，并贺明年正旦，贡方物，中宫东宫皆有献。壬午上谓中书及礼官曰，今安南、高丽皆臣附，其国内山川宜与中国一体致祭。于是礼部考其山川……高丽山有三，曰鲁阳、曰嵩、曰苇，水有四，曰川礼成，曰盐难水，曰呗水，曰马訾水即鸭绿江也，遂命著之祀典设位以祭。”洪武六年（1373）五月在礼部尚书牛谅向洪武帝奏报，勘定太岁风云雷雨岳镇海渎山川城隍诸神中需要祈报告祭神位时，各地山川包括辽东山川都被计量在内。

更以归附之藩国山川附祭于各省山川之后。中书及礼部拟定的附祭方案为“以外夷山川附于各省，如广西则宜附祭安南……辽东则宜附祭高丽，陕西则宜附祭甘肃、朵甘、乌思藏，京城更不须祭”。在《李朝实录》里还有如下记载：“秋七月壬子赞成事姜仁裕……传奉圣旨：因此上旱路里来了，他可要海路里回去，正意来看我山东一带船只兵马动静。今年正朝使臣四个月前到来，不知怎的，的是正意来打细，前者一只船七日里到我这龙江，件件事都如此。我这里两三处折了四五万军马，我这里是创立的天下，省台官都阙少，作声那里与将廉干识字的人二三百名来，说与恁国王，我委付它省台三省六部各衙里做官人，不强如恁使人来做买卖打细？恁这一姓王子数百年，休教失了便好。我难道征不征。恁那明日后日把达达每拿的拿了，赶的赶了，天下宁静之后，桑麻满园，四方富贵，那其间论外国之罪也者。中国之乱，诸侯之福也。我是一个农家，与我中原作主。”

可见，明朝出于主观愿望，力图将朝鲜半岛山川与中原统一祭祀已经发展成为一种文化传播定式。接下来又有“六月甲辰，张子温还自京师，帝赐本国朝贺仪注一本，及金龙紵丝红熟里绢各二匹。辛巳，帝封诸子，遣礼部主事柏礼来颁诏。又遣侍仪舍人卜谦来颁科举程式。诏曰：‘……一、高丽、安南、占城等国如有经明行修之士，各就本国乡试，贡赴京师会试，不拘额数选取……’”当年秋天七月，中原正式始行“洪武”年号。朱元璋派遣中书省宣史孟原哲前往王氏高丽颁布诏书，表示在建立政权的最初前来“奉表称臣”的足以为蒙元残余力量的表率，只要“依旧制来朝，或遣使归顺”就可以和高丽等一样得享“天下治安”：“……朕即位之初，即遣使往谕四夷，高丽、占城、交趾皆以奉表称臣。惟少沙漠之地，尚未往报，盖因庚申之君拥残兵于应昌故尔。今彼禄位既终，人心绝望。诏书到日，凡迤北各枝诸王各爱马头目人等，并依旧制来朝，或遣使归顺，当与换给印信，还领所部本居地方，羊马孳畜，从便牧养。今朕既为天下主，一视同仁，华夷无间，姓氏虽异，抚治如前。……礼德尚矣，使民怀仁，天下宁有不治安者乎？”这里把高丽放在四夷之首的地位就是源于对高丽与中原文化一致性高于其他四夷而产生的自信。洪武五年，又有在九月甲午，在王氏高丽多次派遣贡使这后，朱元璋派遣故元枢密使延安答里出使高丽，在与中书省沟通意见里，提出“高丽去中国稍近，人知经史，文物礼乐略似中国。非他之比”的观点，即《明实录》里所记载的“因谓中书省曰：今高丽去中国稍近，人知经史，文物礼乐略似中国。非他之比。宜令遵三年一聘之礼卅年一来，所贡方物止以所产之布十匹足矣，勿令过多。中书其以朕意谕之。占城、安南……凡来朝者亦明告以朕意”。

不过事实并不像诏书的内容里表现的那样“华夷无间，姓氏虽异，抚治如前”。总体而言，此阶段对朝鲜半岛重建文化影响力的努力其效果并不乐观，其一是使臣的构成问题。他们对使臣的身份是非常在意的，但洪武前期——自洪武二年（1369）四月到洪武二十九年（1396）六月——共有二十二批使臣被派赴朝鲜半岛。在这四十三位使臣中，宦官多达二十五人，而可以进行文化传播的仅有文臣十一人，另外尚有武官七人。在担任正使的二十一人中，宦官十一人，文臣四人，武官六人。

这其中宦官，特别是前元高丽籍宦官在使臣中比例很高。二十五位宦官几乎全为前元宫廷中宦官，至少有十四位如金丽渊、黄永奇、金仁甫、崔渊等是高丽人，其中担任正使者至少六人次，其他如延达麻失里、康完者笃、宋孛罗当亦为蒙古、色目人。想借使臣之来往实施文化上的影响来强化传播效果的目的此时是不可能实现的。

另外一个更为重要的原因是东北亚地区动荡不安，高丽与蒙元有所勾结，这也是情理之中的政治扰动，前文所述从武力征服、缔结婚姻到成为行省，王氏高丽与蒙元的关系之密切是不可能一朝一夕就能彻底地切割的。另外，王氏高丽看到蒙元北归之后明政府的军事力量并没有在第一时间完全填补上东北亚地区出现的军事真空，西北方向上的蒙元残余势力又牵扯了明政府在东北亚地区布置军事力量时的主要注意力。于是在对东北地区中原领土产生觊觎之心外，王氏高丽也试图招纳东北少数民族力量进入王氏政权控制区，或者在名义上归附王氏高丽，成为王氏高丽与中原政权之间的战略缓冲。明太祖洪武四年（1371）王氏高丽方面就在二月份接收了女真千户李豆兰帖木儿所派遣的百户甫介所带来的一百户归附的女真人。中央政府对这一行为一开始就是很着意的。《明实录》记载朱元璋圣谕直称九月壬戌……帝亲谕子温等曰："……我听得恁那地里倭贼纵横劫掠，滨海人民避怕逃窜，不能镇遏，致使本贼过海做耗……又听得女直每在恁地面东北，他每自古豪杰不是守分的人有。"但这种相对含蓄温和的劝告并没有起到作用，恭让王时期这种招谕行为已经在实质上在东北地区形成了和明政府的直接对抗：

> 恭让王辛未三年，明太祖洪武二十四年，秋七月，是月我太祖献议遣人赍榜文招谕东女真地面诸部落，于是女真归顺者三百余人。壬午四年，太祖洪武二十五年，三月戊子，我太祖享斡都里、兀良哈于第。庚子，斡都里、兀良哈等诸酋长皆授万户、千户、百户等职有差，且赐米谷、衣服、马匹。诸酋感泣，皆内徙为藩屏。又榜谕诸部落曰：洪武二

十四年七月，差李必等赍榜文前去女真地面豆万等处招谕斡都里、兀良哈万户、千户头目等，即便归附，已行赏赐名份，俱各复业。所有速顿失的改怜实阳实怜入吟喜拉兀兀里因古罕鲁别兀的改地面，原系本国公崄岭境内，既已曾经招谕，至今未见归附。于理不顺。为此再差李必等赍榜文前去招谕。榜文到日是，各各来归，赏赐名份及凡所欲，一如先附斡都里、兀良哈例。

这种警告多次出现在史料中：

辛隅十三年，洪武二十年，五月，偰长寿还自京师，钦奉宣谕圣旨曰："你那高丽的事，也有些不停当。……你那里合做的勾当，当紧是倭子，倒不要别疑虑只兀那鸭绿江一带。"

但王氏高丽并没收敛，《李朝实录》记载：

壬午四年，太祖洪武二十五年，三月戊子，我太祖享斡都里、兀良哈于第。庚子，斡都里、兀良哈等诸酋长皆授万户、千户、百户等职有差，且赐米谷、衣服、马匹。诸酋感泣，皆内徙为藩屏。又榜谕诸部落曰：洪武二十四年七月，差李必等赍榜文前去女真地面豆万等处招谕斡都里、兀良哈万户、千户头目等，即便归附，已行赏赐名份，俱各复业。所有速顿失的改怜实阳实怜入吟喜拉兀兀里因古罕鲁别兀的改地面，原系本国公崄岭境内，既已曾经招谕，至今未见归附。于理不顺。为此再差李必等赍榜文前去招谕。榜文到日是，各各来归，赏赐名份及凡所欲，一如先附斡都里、兀良哈例。

可见政治形式的混沌不明与局面的复杂使通过政治与文化的传播来厘清东北亚地区中央政府、中原文化核心地区与东北边疆、半岛藩属国之间的关系的这种努力并没有最终开枝散叶形成理想中的结果。

第四节　朝鲜取代高丽前后与中原传播关系的变化

洪武五年（1372），明军在辽东败于北元将领纳哈出，高丽亲元势力大为活跃，在北元与明之间，采取游移摇摆态度的高丽开始向北元倾斜，在接受明朝传播时对信息于其境内力求有限扩散，同时加强了对明的信息侦查，多次出现诸如贡使掩杀朝使之事。

高丽开始向北元倾斜，信息传播上的摩擦开始增多。

同时明政府开始限制高丽使臣入贡，规定海路来朝，三年一贡。《李朝实录》记载："癸丑二十二年，明太祖洪武六年（1373）二月……子温至定辽，总兵官使谓曰：圣旨高丽使臣，只教海道朝京。今赍来咨文，畏圣旨不敢拆看。"高丽国当时政局变乱，迫切需要对明内部信息的获得，不得不冒着触怒明廷的风险继续大量收集中原信息与情报。使臣频繁入贡，且路线被设计为最大化地经由内地。这引起了明廷的不满，洪武帝在与高丽使臣的对话中，揭破了高丽窥视中原的用心，指出使者路线从陆路改成海路，这一改动的意图不是表面上节省里程那样简单，更多的意图是想要从山东半岛经过，以侦查明军在山东半岛的军事安排与战略储备。朱元璋分析了使者的日程安排，指出了其中的漏洞。但他自信地表示对这样的行为是不认同但是并不恐惧的，作为马上得天下的君主，他点明了朝鲜半岛与中原之间战争实力的差异，表示出了友好的意向，但同时也强硬表态，如果半岛政权执意如此，"正意来看我山东一带船只兵马动静。今年正朝使臣四个月前到来，不知怎的，的是正意来打细，前者一只船七日里到我这龙江，件件事都如此"，那么明政府是不畏惧与其开战的。也就是说软硬手段在明政府都是可以有的选择。朱元璋甚至提议朝鲜可以派"廉干识字的人二三百名"补充政府文职人员的缺口，这一提议是否是真心不可得知，可行性事实上也很低，但是其背后表现出的无所谓的大国气度是相当明显的。而且，在口谕里，朱元璋以开国帝王的身份发出的警告是非常强有力的，“恁这一姓王子数百年，休教失了便好。我难道征不征”。《明实录》里的正式谕旨和使臣带回朝鲜国内的口谕，鲜明地表现出朱明政府的立场与态度。特别是《李朝实录》里详细而又个性化十足地记载了朱元璋的口谕具体内容：

因此（使臣）上旱路里来了，他可要海路里回去，正意来看我山东一带船只兵马动静。今年正朝使臣四个月前到来，不知怎的，的是正意来打细，前者一只船七日里到我这龙江，件件事都如此。我这里两三处折了四五万军马，我这里是创立的天下，省台官都阙少，作声那里与将廉干识字的人二三百名来，说与恁国王，我委付它省台三省六部各衙里做官人，不强如恁使人来做买卖打细？恁这一姓王子数百年，休教失了便好。我难道征不征。恁那明日后日把达达每拿的拿了，赶的赶了，天下宁静之后，桑麻满园，四方富贵，那其间论外国之罪也者。中国之乱，诸侯之福也。我是一个农家，只与我中原作主。①

洪武六年（1373）二月，当高丽使臣试图继续从陆路前往南京时，于定辽被边境守卫制止，总兵官明确告之使臣：“圣旨高丽使臣，只教海道朝京。今赍来咨文，畏圣旨不敢拆看。”次年（洪武七年，1374）高丽执政者遣密直副使郑庇往赴南京贺正，再次提出由陆路朝贡的请求，明廷对此的态度是坚决的：“朝贡道路，三年一聘，从海上来。”

高丽使臣传抄了洪武帝圣旨以示高丽君臣：

朕起寒微，实膺天命。代元治世，君主中国。当即位之初，法古哲王之道，飞报四夷之酋长，使知中国之有君。当是时，不过通好而已。

---

① 吴晗．朝鲜李朝实录中的中国史料·恭愍王世家·卷1·甲寅二十三年·七月壬子［M］．北京：中华书局，1980：31.

> 不期高丽王王颛即称臣入贡，斯非力也，心悦也。其王精诚，数年乃为臣所弑。今又数年矣。彼中人来，请为王颛谥号。朕思隔山限海，似难声教。当听彼自然，不干名爵。前者弑其君而诡杀行人，今岂遵法律笃守宪章者乎？好礼来者，归尔大臣，勿与彼中事。如敕施行。①

明廷对高丽（后来的李氏朝鲜）的评价与态度是有一个转变的过程的。从最开始因其在四夷之中率先称臣入贡到私下勾结蒙元再到在辽东边境地区与明政府争夺女真等少数民族，明政府对其的态度也从称赞、接纳、开放传播的态度转而为“奏至言高丽行礼一节，斯非彼殷勤至敬之意，盖间谍之萌也。且高丽古称东夷，圣人有言，夷狄禽兽也，轻交必离，重交必绝，未有能始终者。观其书及都评议司之文，虽不明言，其渐已见矣。可不知所备乎。为人臣无外交，尔等其慎之”。洪武五年，高丽龙州郑白等率士民妇孺向辽东来降，辽东守将潘敬、叶旺将此事上报中央政府。朱元璋对此事非常警惕，认为这一事件背后可能是高丽政府故意示弱麻痹明军的阴谋，评价高丽“僻居海隅，其俗尚诈，其性多顽”。提醒辽东冠军提高警惕，不要使高丽方面有制造边境摩擦的借口，《明实录》记载朱元璋谕旨：“朕未审将军识其计否。高丽僻居海隅，其俗尚诈，其性多顽。况人情莫不安土重边，岂有舍桑梓而归异乡者耶。斯必示弱于我。如堕其计，不过一二年间，至者接迹，其害岂小小哉。符至之日开谕来者令还，以破彼奸。今中国方宁，正息兵养民之时，尔与东夷接境，慎勿妄生小隙，使彼得以藉口。若我正而彼邪，彼果不诚，则师有名矣。其来降者，切不可留。春秋有云，毋纳逋逃，不然边患则由此而起矣。”这种情况到了洪武十三年发展成为明确警告辽东冠军将领提高对高丽政权的警惕：“敕谕辽东都指挥使司曰，五月二十五日得奏知，高丽周谊至辽东。朕观其来咨，知东夷之诈，将以构大祸也，此来岂诚心哉。尔等镇戍边方，不能制人，将为人所制矣。况高丽朝贡前已违

① 吴晗．朝鲜李朝实录中的中国史料，恭愍王世家・卷1・甲寅二十三年・八月丙寅［M］．北京：中华书局，1980：49.

约，朕尝拘其使诘责之后纵其归。令当如约，则事大之心其庶几乎。使既还，未闻有惊惧之心，乃复怀诈，令谊作行人，假称计事，此非有谋而何。前元庚申君尝索女子于其国，谊有女入元宫。庚申君出奔，朕之内臣得此女以归，今高丽数以谊来使，殊有意焉，卿等不可不备，毋使入窥中国也。敕至当遣谊至京，别有以处之。”

此时，高丽使臣周谊只是身至辽东，并没有更多的动作，明政府已经如此警惕，此时明与高丽之间正常的传播是无论如何也不可能保持洪武五年前的水平了。当辽东都指挥潘敬、叶旺遣人护送使臣高丽礼仪判书周谊到达南京之后，明政府向他赐以冬夏所穿用的衣服以示重视与友好，但同时朱元璋下达敕书给辽东都指挥潘敬、叶旺。指出：“朕观高丽之为东夷，其性习虽未详于他书，而备载于汉隋唐宋诸史，可验也。其巧诈多端叛服不常，当汉隋唐宋治平时，未尝不为边患，以招征伐。今其逆贼既弑其君，又诡杀朝使。未几，乃遣使饬非，可谓信乎。”朱元璋结合之前曾经明确下令王氏高丽此时间段内不用来朝，但王氏高丽还是坚决请求进入中原进贡。“及与之约，又不如约，其状显然。今尔等手握雄师，戍边辽左，不思制人之术，而萌为人所制之机，果何智哉。高丽既不如约，劫其使，彼当服以礼成，遣其国有名望者来朝，庶几事大之诚可以孚于朕衷。今又以虚文饬诈入我边守，虽曰其性轻薄，然亦深有机焉，尔等不止于边，擅令入城，又擅令同周谊来者先归，此必诸将甚中奸诱贿赂动摇矣。朕思之，他日尔等为彼所害，双非浅浅也。自今毋令擅入吾境，如有来者上之于边，首将不许其见，纵有贡赋，亦止于边，不许入献，听彼自为。尔等勿违以于宪度。”

之后下诏留下高丽使臣周谊等暂住于京师，派遣周谊的随从、通事先行回归高丽，同时敕令辽东都指挥使潘敬、叶旺对高丽加强战备。“御边之要务在深思，所以深思者，必欲审势度宜，匪张威武，孰使怀恩，恩威得宜，庶几制人，而不制于人。前者高丽不能如约，假称计事，使人诣辽以觇中国。今留周谊于朝，归其通事，尔等且纵此人赍谊书归，更约必识礼来。若或妄遣人至，就止于边，勿令入境。高丽昔在汉隋唐时或降或叛，侵扰边疆，若轻与之，交久则必以奇货招诱戍兵，故昔人虽不明为捍御，而必实其边地者以此也。今纵与其来，亦不可不备也。”王氏朝鲜被李氏取代后更是多次敕谕辽东都指挥潘敬等加强对朝鲜的警戒，认为李氏取代王氏是“高丽奸臣李仁篡弑其主，臣民畏其党众而屈从之，今几年矣”。所以其政权的合法性是在王氏高丽之下的，所以“曩者，中国之君以力服之者有焉，以德怀之者有焉。如高丽之奸顽，德不能怀，惟威之畏，故前人以力得之其甚矣，虽有时怀德待以礼，旋复诡诈窃发背叛不常，累代兵征，盖以此也。今李仁虽云愿听约束，未知臣节久将何如中，卿与诸将其慎之，高丽贡献但有一物不如约，即却之境上，固守边防，毋被其诳”。

李氏政权初立，内外部的政治与军事压力都是非常巨大的。为了缓和与明的关系，多次遣使入贡，要求恢复王颛时期与中原的密切联系。事实上李氏朝鲜依旧在明与北元之间持投机的态度，并没有和北元力量做最彻底的切割，同时只是对招纳女真等东北边疆少数民族归附的行为做了低调化处理，而不是真正停止招纳。所以洪武帝朱元璋以王颛死于李仁任之弑，其后多次遣使臣奉表入贡，“莫明其实，故拘其使询之，终不得其详”，“未几，复遣使至，却而勿纳，不逾数月，又遣使以朝正为名，奉表贡马，皆称嗣王，如是者五”。种种表现使其大生怀疑，提出“高丽僻居海隅，其俗尚诈，其性多顽”，并且考量了历史上“观高丽之于中国，由汉至今，其君臣多不怀恩，惟挟诈以构祸，在汉时高氏失爵，光武复其王号，旋即寇边，大为汉兵所败。唐尝锡封，随复背叛，以至父子就俘，族世遂绝。迨宋兴，王氏当国，就逼于契丹、女真，甘为奴虏。元世祖入中原，尝救其国于垂亡，而妄生疑贰，盗杀信使，屡降屡叛，数遭兵祸。今王颛被弑，奸臣窃命，春秋之义，乱臣贼子，人人得而诛之，又何言哉”。尽管没有完全关闭与朝鲜半岛的信息往来与交互，但是在传播政策上大为收紧。

洪武十二年（1379）辽东守将潘敬、叶旺等报告高丽向他们遣人致书并赠送礼物。洪武帝严令二人拒书退物，并以玺书的形式向二将发出警告：

古之能将出御封疆入卫京畿无不谨密，故虽内臣怀奸，外敌挟诈，无间而入焉。奏至言高丽行礼一节，斯非彼殷勤至敬之意，盖间谍之萌也。且高丽古称东夷，圣人有言，夷狄禽兽也，轻交必离，重交必绝，未有能始终者。观其书及都评议司之文，虽不明言，其渐已见矣。可不知所备乎。为人臣无外交，尔等其慎之。①

次月，即有大批高丽人向辽东卫靠近，声言归附，这一时间段内明廷非常注重对东北境内官民之宣谕招抚，但是并未涉及图门江一带的高丽国人，只限于对元末流亡出境的汉人、女真人的招抚。所以洪武帝以此持相当警惕的态度，恐“不过一二年间，至者接迹，其害岂小小哉”。因此，明廷对这次归附采取的对策是“符至之日开谕来者令还”“其来降者，切不可留”。

高丽与明帝国的信息交互至此事实上已经濒于中断。其间尽管在一些重大的政治事件传播上，明帝国没有完全把高丽排除在外，如洪武十三年（1380）以五月初四日雷震谨身殿，洪武帝颁诏赦天下的记载就存留于高丽的官方史书中。但是高丽使臣仍被拒之关外，明帝国内部的政治经济文化传播绝大部分是将高丽排除在外的。这对高丽非常不利，北元日渐式微，高丽急需恢复和明的信息传播往来，至少在形式上不能进一步触怒强明。高丽收敛了对明不断进行廷信息侦探的行为，不能赴京即把工作重点转移到辽东过境一线，使臣数度叩边，高丽使臣周谊至辽东试图与边将直接联系，当然真正的原因是获知更多的明在辽东的军事政治信息。边将将情况上报朝廷之后，引起了洪武帝的重视，对边将不顾三令五申与高丽使臣接触严厉斥责，指其“不能制人，将为人所制矣。况高丽朝贡前已违约，朕尝拘其使诘责之后纵其归。令当如约，则事大之心其庶几乎。使既还，未闻有惊惧之心，乃复怀诈，令谊作行人，假称计事，此非有谋而何”。命令边将将高丽使臣周谊由明军会见监护至南京拘押，目的即在于“毋使人窥中国也”。

---

① 明实录·太祖高皇帝实录 卷131·洪武十二年·五月壬寅［M］. 台北：“中央研究院”历史语言研究所，1962：2047.

辽东都指挥潘敬、叶旺派人武装护送高丽礼仪判书周谊至南京，明廷给予了一定的礼遇赐以冬夏衣，当然这并不代表明廷放松了对高丽来臣的戒备之心，一方面限制使臣获知中原动态，一方面以更加严厉的态度对辽东边将提出警示，要求其加强针对高丽的信息安全管控。洪武帝认为高丽使臣的不断叩边请贡不过是“遣使饬非”，之前严令不得来朝，而一再要求入朝不过是为了不断地进行信息上的侦察与搜集。由于在这次周谊入朝的事件中，辽东边将犯了一个严重的错误，“以虚文饬诈入我边守，虽曰其性轻薄，然亦深有机焉，尔等不止于边，擅令入城，又擅令同周谊来者先归”，这就使高丽使者得以将辽东虚实尽数窥之而后传布于国内，“此必诸将甚中奸诱贿赂动摇矣。朕思之，他日尔等为彼所害，双非浅浅也”。基于此，洪武帝为边将制定的下一步对高丽的态度是“自今毋令擅入吾境，如有来者上之于边，首将不许其见，纵有贡赋，亦止于边，不许入献，听彼自为。尔等勿违以于宪度”①。洪武帝将高丽使臣周谊留于京师，而遣其通事先行回还高丽，并敕谕辽东都指挥使潘敬、叶旺：“前者高丽不能如约，假称计事，使人诣辽以觇中国。今留周谊于朝，归其通事，尔等且纵此人赍谊书归，更约必识礼来。若或妄遣人至，就止于边，勿令入境。高丽昔在汉隋唐时或降或叛，侵扰边疆，若轻与之，交久则必以奇货招诱戍兵，故昔人虽不明为捍御，而必实其边地者以此也。今纵与其来，亦不可不备也。”

洪武十一年（1378）北元昭宗驾崩，势力更为衰落。此时明在东北地区一面派遣大军征讨蒙元残余势力，一面派遣官员深入各民族地区，宣谕政策，对各族首领进行招抚，明帝国在东北的势力不断加强。朝鲜政府开始调整政策再次加大向明朝示好的力度，并且在国内继续奉行洪武正朔，正是这一点在明决定与朝鲜关系缓和中起到了相当重要的作用。

洪武十四年（1381）七月，朝鲜半岛济州有民因风舟船覆没，漂泊至明境。其时正值明对高丽从北元的怀疑高涨，地方官员在流民的行李中见到了

---

① 明实录·太祖高皇帝实录 卷137·洪武十三年·七月甲午［M］. 台北：“中央研究院”历史语言研究所，1962：2178.

有书纪洪武年号的文字，这让明廷感到了一定程度的宽慰。《李朝实录》记载："辛隅七年，明太祖洪武十四年七月，济州人漂泊上国境。时大明疑我从北元，见囊中有书纪洪武年号，喜，厚慰遣还。"

与此同时高丽对明提出的贡牛马及金银的苛刻条件全盘接受，使明对高丽的政策也开始有放松的表示。洪武十四年（1381），辽东边将入奏高丽入贡如约。但洪武帝对高丽李仁任篡弑其主的作为恶感甚深，认为"曩者，中国之君以力服之者有焉，以德怀之者有焉。如高丽之奸顽，德不能怀，惟威之畏，故前人以力得之其甚矣，虽有时怀德待以礼，旋复诡诈窃发背叛不常，累代兵征，盖以此也。今李仁虽云愿听约束，未知臣节久将何如中，卿与诸将其慎之"。

十二月洪武帝以敕谕的形式通知辽东都指挥潘敬等边将，高丽所进献贡物但有一物不如约定，即却之于边境之上，固守边防绝不允许其使臣进入辽东，亦不得与高丽使臣有个人接触。同时加强了对女真等东北边疆少数民族的传播工作力度：

> 十五年正月丙戌，命翰林院侍讲火原洁等编类华夷译语。……凡天文地理人事物类服食器用靡不具载。复取元秘史参考，纽切文字，以谐其声音。既成，诏刊行之，自是使臣往复朔漠，皆能通达其情。二月壬戌，故元鲸海千户速哥贴木儿、木答哈千户完者贴木儿、牙兰千户皂化，自女直来归。言辽阳至佛出浑之地三千四百里，自佛出浑至斡朵怜一千里，斡朵怜至托温万户府一百八十里，托温至佛思木隘口一百八十里，佛思木至胡里改一百九十里，胡里改至乐浪古隘口一百七里，乐浪古隘口至乞列怜一百九十里。自佛出浑至乞列怜皆旧部之地，愿往谕其民使之来归。诏许之，赐以织金文绮。①

① 吴晗．朝鲜李朝实录中的中国史料·恭愍王世家·卷1·甲辛隅七年·七月丙寅［M］．北京：中华书局，1980：56.

这些措施在一定程度上挫败了朝鲜与中原对东北境内女真等少数民族的掠夺。

此种情况使接受了明的朝贡约定的朝鲜既没有履约的实力也没有履约的诚意，只是一再遣使求入贡南京，并希望能将数年之贡献合为一岁之贡，且与辽东守将私下多有接触。洪武十五年（1382）五月，洪武帝再次敕谕辽东都指挥潘敬等，强调高丽国王为其臣所弑，一再遣使来贡实为包藏祸心，再三以岁贡难之是欲使其知难而退。朝鲜的政治投机态度是为挑衅构祸之举，“纵使誓臣亦何益哉，尔等守辽诸将，固守我疆，毋与较其细徼听彼自为声教”。高丽一再遣使进贡却屡屡被拒于境上。

“听彼自为声教”是洪武帝在这一时间段处理与高丽关系时最常用到的，意即在帝国的范围内将朝鲜半岛视为传播上的外域，这对于朝鲜来说即等于取消了与大明之间的宗藩关系。到了洪武十七年（1384），朝鲜违约不贡与非时而贡种种“谩命无礼”使得明与朝鲜的关系进入了完全僵化的状态。尽管有过缓和，“洪武十七年正月戊午敕谕辽东都指挥潘敬、叶旺曰，卿等封至高丽贺正表，知腊月中旬其使始至辽东，安能及期到京，其计之狡，不过曰，吾事大之礼已尽，可以塞责矣，其诚心安在哉。卿等止其来使甚喜，今当谕之日，贺礼过期，朝廷不纳，以明其罪。”但是到了洪武十七年（1384）五月，辽东守将胜宗等正式接到洪武帝的谕旨“绝高丽”，洪武帝警告边将，出镇辽左，朝鲜必然会数遣使臣叩边，为了不致使高丽人得以将窥边信息传回国内，叩边之使不得擅自遣回，人亦不可久留辽东，或送赴内地或遣之归国，总之，“速遣其行”，以绝其窥边之念。

李氏政权方面针对这种禁绝的态度，从辽东边将入手，寻找突破口。经过与其时守将唐胜宗的私下接触，获得唐胜宗的支持。就在洪武帝下旨“绝高丽”的同月，唐胜宗代李氏政权向中央奏请易贡金为贡马，获得准许后，李氏政权遣其臣司仆正崔涓、礼仪判书金进宜贡马二千至辽东。这批贡物为明廷接受，明部分恢复了与半岛的联通往来。尽管，李氏政权使臣赴南京后，故伎重施，希图通过贿赂京官达成侦知朝廷动静，甚至左右朝廷议论的目的。事实上，在辽东高丽使臣的行为已经被唐胜宗、叶升上奏给洪武帝，所以明廷对李氏使臣戒备有加，甚至获得了高丽使臣行贿的礼单。洪武帝在谕旨里评价二人“今尔等知诱而能奏，田豫不得独名千古矣。辽壤东界鸭绿，北接旷塞，非多算不能以御未然，尔等有余，则名彰矣”。早有所备的明廷并没有让高丽使臣讨到任何便宜。

在这一时间段内，明对高丽进行有限的政治信息传播，且这些传播行为本身还负载了其他的政治使命。如洪武十八年（1385）九月，洪武帝派遣国子监学录张溥、行人段祐充诏书使，国子监典薄周倬、行人雒英充谥册使，前往高丽王京。表面上的使命是颁布诏书，册封先王谥号，但更重要的使命是明廷怀疑高丽倒向北元，使臣以己之亲历侦度之。使臣的到来本身即有一定的震慑力，亲元势力不得不收敛自己的行径。使臣的评价“所闻异于所见”，表面上是指的是辛禑“动止稍中节”，事实上指的是对其观察的李氏政权内部外交态度的满意。李氏政权与明的关系没有进一步恶化。

传播关系中最大的变量就是传播的主体，朝鲜取代高丽前后与中原传播关系发生了很大的变化。高丽在明初对中原的传播政策是相对疏离的。

明初，在屡次派遣官员到东北黑龙江流域，对少数民族部落进行招抚的同时，明廷也派官员到图们江流域招抚女真各部，以加强对这一地区的统治。而当元未之际统治衰落，这部分领土事实上已经被高丽统治。明扫除了北元在东北残余的军事力量之后，自然而然向图们江流域开始了宣谕招抚的举动，向高丽明确提出旧属元朝的领土应归明所有。洪武二十年（1387）春，高丽使臣传达的洪武帝的口谕“你那高丽的事，也有些不停当。……你那里合做的勾当，当紧是倭子，倒不要别疑虑只兀那鸭绿江一带。”就是这一意见比较和缓的表达。

洪武二十年（1387）十二月，明太祖命户部以咨文的形式正式向高丽提出：“铁岭①北东西之地，旧属开元，其土著军民女直鞑靼高丽人等辽东统

① 今朝鲜咸镜道南端，咸镜道和江原道边界山峰名。

之。铁岭之南旧属高丽人民，悉听本国管属，疆境既正，各安其守，不得复有所侵越。”

次年二月收到此条咨文的高丽对“铁岭迤北，元属元朝，并令归之辽东”坚决反对，希望把公崄镇以南划为朝鲜领土。其时，明与高丽之间不复存在其他势力的隔断，但明与高丽都不想采用武力解决这一领土划分问题。高丽王向明廷上表文，表示“文高、和定等州本为高丽旧壤，铁岭之地，实其世守，乞仍为统属”。

明廷认为，数州之地，如高丽所言仅就地理关系而言似当为高丽隶属，但明继元统，以理而言，旧既为元所统，今当属辽东所隶属，况已经于铁岭设置卫所，屯兵为守以为国之东界，高丽的说辞未免属于强词夺理，原文为：

> 时高丽王表言，文高、和定等州本为高丽旧壤，铁岭之地，实其世守，乞仍为统属。上谕礼部尚书李原名曰，数州之地，如高丽所言，似合隶之，以理势言之，旧既为元所统，今当属辽，况今铁岭已置卫，自屯兵为守，其民各有统属，高丽之言未足信。且高丽地壤旧以鸭绿江为界，从古自为声教，然数被中国累朝征伐者为其自生衅端也。今复以铁岭为辞，是欲生衅矣。远邦小夷，固宜不与之较，但其诈伪之情不可不察。礼部宜以朕所言，咨其国王俾各安分，毋生衅端。①

此阶段，明廷倾向的是采取相对“柔软”的传播的方式将帝国的东北疆界标志出来，特向高丽发去意带警告的文告。并“诏指挥佥事刘显等置铁岭站，招抚鸭绿江以东夷民”。洪武二十一年，明派周鹗“领军铁岭，创立卫站，至黄城②，招至江界万户金万奇等二千七百余口”③。洪武二十一年

① 明实录·太祖高皇帝实录 卷137·洪武十三年·七月甲午［M］．台北：“中央研究院”历史语言研究所，1962：2178.

② 今吉林省集安县。

③ 辽东志/卷5/官师志/周鹗传［M］．上海：上海书店出版社，1994：614.

(1388) 二月，辽东都司派出李思敬等渡过鸭绿江张榜布告，指出了疆界的明确划分是以铁铁的北、东、西三个方向为分界，而且强调了在国家疆界内民族的归属，指出在铁岭以北、以东、以西三个方向上生活的人民无分汉族、蒙古或者女真，都是大明的子民。《明实录》记载曰："户部奉圣旨，铁岭以北、以东、以西元属开原所管军民，汉人、女真、达达、高丽仍属辽东。"

李思敏等越过鸭绿江，在多处张贴了以以上内容为主的文告以榜文的形式向高丽及铁岭之北之属民标示出明之主权。在中国古代社会，布告是官方针对最大的社会底层进行广泛的无差别的传播宣传最有效的手段。张榜而告的传播形式可以无视识字情况，因此在少数民族地区也可以顺利地由张榜布告人转化成口头传播，再由接收到口头传播的民众进行二次传播，虽然在二次传播中会有一定的信息变形导致的传播失真失实，但传播的效度还是通过传播的广度得到了弥补。

在东北边疆地区，汉族边民本身的识字情况应该是低于中原地区的，这一点通过前文中央政府议记在辽东地区开展学校教育中就可以推想而知。而且这次张榜布告的重要对象是生活在铁岭以东、以北、以西地区，元代属于开原所辖的各民族部众。在史料里我们看不到多民族文字应用于布告中的记载，但是女真族此时并没有自己的文字的事实是于史可考的。之前在蒙元时期有过将八思巴文字作为统一的官方文字在各民族间进行传播工具应用的实践，但是八思巴文在终元之世并没有传播开来，更遑论于北地少数民族应用了。综上可知布告的形式是此时明政府最优的传播形式选择。而其传播效果从王氏高丽激烈的反应可以逆向推知是相当成功的，只不过这个成功不是信息本身达成的，而是信息有效传播这一行为体现出的政府对边疆边境地区的实际掌控力。

越江布告事件使王氏高丽十分震惊，王氏高丽当即扣留了辽东都司派来的张榜者，同时以相臣崔莹为首开始讨论是否进攻辽阳。边境问题的激化让明政府放慢了对东北旧疆的整理，直接深入高丽东北部建立铁岭卫的计划没有实现。同年三月，撤退到奉集县①置铁岭卫②，同时暂时放弃了对图们江一带女真部落的传谕招抚工作。

之前在关于明政府对半岛从王氏高丽到李氏朝鲜其间传播政策与态度的转变部分我们已经详细分析过了相关的史料并得出了相关的结论。在这里我们只需要补充一点，那就是铁岭争端标志着明朝和高丽关系的彻底决裂，王氏执政者辛隅宣布停用洪武正朔，回复胡服。同年五月，大军渡过鸭绿江，驻扎于江心威化岛。进攻大明的决定在高丽国内引发了政坛“地震”，亲明势力代表李成桂力避与明发生冲突，与曹敏修商议之后带领厌战的军队回师开城，以强大兵力为后盾，一举废黜了辛隅，驱逐权相崔莹。尽管朝中有曹敏修的对立势力，但是不到一年时间李成桂就完成了对朝鲜半岛实际上的掌控。李成桂成了越江布告事件最终且最大的受益者。

此时，明帝国官方的大规模宣谕招抚工作在图们江流域的暂时停止不代表所有招抚宣传工作的止步不前，辽东地区的招抚工作仍在由前线官兵小规模地进行，也就是前文所述多次有针对性地深入北地的宣喻招抚活动。因为政治的因素减少的是官方正式的大规模传播布告行动，这些小规模的宣谕招抚行动是之前明政府边疆边境政策的以传播形式进行的继续。因此明政府对半岛情况的信息获知还是相当充分且及时的。明廷获知半岛发生军事政变，王氏高丽被李氏军事势力推翻，半岛执政者改换成由李成桂执政即是通过归附的高丽人之口。洪武二十一年（1388）辽东白帖木儿诏谕入境的高丽千户陈景之妻子，于是陈景与其属韩成李帖木儿归降大明。陈景作为高丽权臣亲元派崔荧的部曲，是李成桂兵变亲历者，言“高丽千户陈景来降，言其故为高丽国元帅崔元者部曲。是年四月，国王欲寇辽东，率其都军相崔荧、李成桂，缮兵于西京，成桂使景屯艾州，以粮饷不继退师，王怒杀成桂之子，率兵回王城。成桂乃以兵逼王，攻破王城，囚王及崔荧，景惧及不敢归。时景

① 在今辽阳东北八十里，沈阳东南四十里的奉吉堡。

② 后于洪武二十六年（1393）年四月徙辽东铁岭卫治于沈阳，开原两界古嚚州之地。置卫后即改嚚州为铁岭，即今铁岭。

妻子已为辽东白帖木儿诏谕入境，故与其属韩成李帖木儿来降。上知其故，敕辽东谨烽堠，严守备，仍遣同人以侦之”①。他的讲述让明政府详细了解了高丽政变之内情。

明廷下敕令辽东提升东部边境警备级别，重点探查，“谨烽堠，严守备，仍遣同人以侦之”。李成桂执政后急于恢复与明的宗藩朝贡关系，遣使姜淮伯赴京奏其权署国事，并以高丽王昌的名义请入朝。洪武帝因对李成桂政权了解程度有限，态度冷淡，“今王颛被弑，奸臣窃命，春秋之义，乱臣贼子，人人得而诛之，又何言哉”。以高丽国与中原限山隔海，人文风俗大不相同，历代以来，虽入贡中原却言多不信，且“臣执国柄，废立自由，既囚其父而立其子，今请入朝，此岂王之意，必执国柄者之所为也。诡诈之情，昭然可见”。令李成桂自为声教。但同时，李成桂的亲明态度已经通过归附人之口及辽东前线的信息收集为明知悉，所以洪武帝朱元璋没有完全关闭与半岛政权正常沟通的信息渠道，至少是留有一定的余地，专门敕令辽东都指挥使司，如高丽王亲至辽东，则以礼款待，命还其国，若来使则无须峻拒可使之入辽赴京。也就是《明实录》所记载的“上以王颛既被弑，而其国数遣使入贡。敕中书宰臣曰，高丽国王王颛自入朝贡奉表称臣云，世世子孙愿为臣妾，数年之后被奸臣所弑，及奉表来贡，皆云颛王所遣，莫明其实，故拘其使询之，终不得其详，拘之既久，朕不忍，其有父母妻子之情，特赦归之”。

事实上，明廷出于对北疆战略安全的考虑，此时急于更多地获取朝鲜半岛的真实变动信息，这对明及时调整自己的东北战略有重要的意义。毕竟朝鲜半岛的地理位置关键，与西北的蒙元、东北的女真都有千丝万缕的关系。洪武二十三年（1390），洪武帝敕谕礼部：“三韩之地，居臣悖乱，二纪于兹，然无争城野战，民安乡邑，旧岁来告王瑶嗣立同，乃王氏苗裔，宜遣使以礼物劳之，观其署政如何。”于是，明廷派遣前元承徽院使康完者笃等携带礼物，往赐朝鲜半岛。《明实录》里记载了此次出使的目的：

---

① 明实录·太祖高皇帝实录 卷190·洪武二十一年·四月甲寅［M］．台北：“中央研究院”历史语言研究所，1962：2876－2877.

而前后使者五至，皆云嗣王遣之，中书宜遣人，往问嗣王如何，政令安在，若政令如前，嗣王不被羁囚，则当依前王所言，岁贡马千匹，差其执政以半来朝，明年贡金一百斤，银一万两，马百匹，细布一万。仍以所拘辽东之民悉数送来还，方见王位真而政令行，朕无惑也，否则弑君之贼之所为，将来奸诈并生，肆侮于我边陲，将构大祸于高丽之民也，朕观彼奸臣之计，不过恃沧海重山之险固，故敢逞凶跳，以为我朝用兵如汉唐，不知汉唐之将，长骑射短舟楫，不利涉海。朕自平华夏，攘胡虏，水陆征伐，所向无前，岂比汉唐之为。中书其如朕命，遣人往观其所为，且问王安否。①

使者在朝鲜半岛具体的闻见感知并没有记载流传下来，但是使者传递回明廷的信息已经足以让明缓和与朝鲜的外交关系了。朝鲜使臣得以赴京朝贡，而带队者即为高丽国权国事王瑶子奭。在正旦的朝贺以及筵宴中，王奭的班次就列于六部尚书之次，其陪臣于中左门序坐。其他番国的使臣全部以此为序，显示出对高丽足够的礼遇与重视。

之后李成桂以“权知高丽国事”的头衔向明朝上表，称高丽国王昏乱，自己受民众士族推戴即位。洪武帝以为“尔恭愍王死，称其有子，请立之，后来又说不是。又以王瑶为王孙正派，请立之，今又去了。再三差人来，大概要自作王。我不问，教他自作，自要抚绥百姓，相通来往”，再次令李成桂“自为声教”。

为了表明自己忠于明之藩属国之身份，洪武二十五年闰十二月，李成桂欲更其国号，遣使向洪武帝请命。这一举动让人想起唐高宗成功征服东北亚地区后，半岛政权向中央帝国请赐国名的往事。这是表示臣服的一种明确的以小事大的姿态。洪武帝认为“东夷之号，惟朝鲜之称最美，且其来远矣！宜更其国号曰朝鲜。”

---

① 明实录·太祖高皇帝实录 卷205·洪武二十三年·十月甲寅［M］. 台北：“中央研究院”历史语言研究所，1962：3056－3057.

尽管因为洪武帝心里对李成桂有着“顽嚣狡诈”的印象而没有正式遣使册封赐印，但对朝鲜的信息传播政策出现了松动和缓的迹象。洪武二十六年（1393）十一月，辽东都指挥使司擒获了朝鲜谍者李敬先等六人，送至京师，这批人并没有被“明正典刑”而是由锦衣卫给庐舍使之居于南京。

建文时期，内乱大起，大批汉族军民为了避乱而越过鸭绿江入居朝鲜。永乐时期，以朝鲜地区因靖难之役散漫到辽东的军民为对象的招抚工作成了对此一地区宣谕的重点。永乐元年（1403）五月乙巳，东宁卫千户王得名前往朝鲜招抚辽东散漫军士回归辽东重持旧业，招抚回男妇老幼达到一万零五百二十五人。王得名得到了“钞百七十六锭，彩币七表里，纱衣二袭”的奖赏。

尽管王得名在朝鲜的宣谕并没有得到朝鲜政府的全力支持——当王得名希望在全朝鲜八道尽皆宣谕招抚之令时，朝鲜政府以宣谕对象不是朝鲜而不予以配合——这次招谕还是取得了成功。李氏朝鲜是非常希望通过招谕辽东“散漫军民”来增强自己的边境力量的，但是已经不敢且无力在信息传播上与明帝国做任何对抗性的举动了。

同时，理顺了双方信息传播交互关系让明政府与李氏朝鲜在更大一个问题上获得了双赢互利，那就是明与朝鲜对日本倭寇问题的信息交流。洪武初年，在东北亚的政治格局中日本以及其相关的倭寇问题已经存在，洪武四年七月就有“倭夷寇海州，百户何达率兵击之，斩二十四人”的记载，但并非重要问题。倭寇此一阶段更多的是朝鲜的困扰而非中原的问题。明与朝鲜（前期是为王氏高丽）就倭寇问题的军事情报交流虽然相对较少，但并不代表倭寇问题没有引起其时执政者的注意。

洪武二年（1369）十月，高丽使者成唯得等辞归。洪武帝亲自向使者询问高丽政俗、城郭、甲兵、居室等各方面的情况。成唯得据实答以“俗无城郭，虽有甲兵而侍卫不严，有居室而无听政之所。王专好释。尝为倭奴所扰，民去海滨五十里或三十里，民始有宁居者”。这一情况引起了洪武帝的注意，当时高丽已经以称臣备贡，作为宗主国的明深为高丽感到担忧。而且事实上藩属国不只是作为属国存在的，也要为宗主国提供边境上的藩卫。王氏高丽对军事的忽视与无力独自支持起沿海防御倭寇的现状让朱元璋很为之不安。半岛政权只认识到“海邦虽陋，唯知事上之心。岛夷不恭，敢阻朝天之路。……”，将军事压力都转接到宗主国是不能结解决根本问题的。而且中国东南沿海的倭患此时没有平息，如果倭寇在朝鲜半岛建立补给基地就会给登莱一线的沿海防务造成巨大的压力，这是明政府与朱元璋本人都不希望看到的。

基于以上考虑，洪武帝朱元璋令使者传语高丽国王在西北地区重视沙塞之民——蒙古残余势力的同时加强海上戒备。指出：

> 今胡运既终，沙塞之民非一时可统，而朕兵未至辽沈，其间或有狂暴者出，不为中国患，恐为高丽之扰。倭人出入海岛十有余年，必知王之虚实，此亦不可不虑也。王欲御之非雄武之将，勇猛之兵，不可远战于封疆之外，王欲守之非深沟高垒，内有储蓄，外有援兵，不能以挫锐而擒敌，由是言之王之负荷亦重矣，智者图患于未然，转危以为安，前之数事朕言甚悉，不过与王同其忧耳，王其图之。①

洪武五年（1372）六月，明军于海上击溃了一支骚扰福建一带的倭寇，指挥使毛骧败倭寇于温州下湖山，解救了被掠海滨男女多人。其中有高丽人三人，明政府下令诏有司送还乡里，适高丽使者至中原，领之以归。这就有了通过从中原回送流民而形成的另外一条信息传播通道。

这条通道在朝鲜半岛、日本列岛、台湾、中国东南沿海、山东半岛之间循环而过，是东北亚地区最复杂的一条信息传播通道与本文研究的东北亚地区陆上信息传播相比意义有过之而无不及。

结合洪武帝对倭扰朝鲜一事的分析可见洪武帝更倾向于同高丽建立起一种针对倭寇的军事信息交流机制。但因北元在东北方给明帝国压力之巨大，

---

① 明实录·太祖高皇帝实录 卷46·洪武二年·十月壬戌［M］．台北：“中央研究院”历史语言研究所，1962：907－909.

加之明与高丽的关系在洪武年间一波三折，这种机制并没有顺利地建立起来，事实上终明一代，这种对两国乃至对整个东北亚的稳定而言都意义重大的机制都仅仅存在于一种理念构建中。

第五节　明初朝鲜对中原的新闻信息收集与传播反制

新闻信息传播是不可能完全地单向输出输入的，明初朝鲜对中原的新闻信息也有着积极收集与传播反制的方面。

李氏朝鲜在半岛的统治建立伊始就明确了“臣事大明”的外交主旨。但这不意味着在李氏政权治下的朝鲜半岛对中原只是处于传播的被动接受的状态。其一，李氏朝鲜事实上一直积极谋求对中原政治动态的及时掌握，以便在强势大国之侧保持自身之安全。其二，从元末起，朝鲜（高丽）开始借元末乱世无暇顾及之际，蚕食鸭绿江、图们江两江流域，谋求向北“开疆拓土”，招谕、剿杀、驱赶女真部落，使本国疆域一直拓展到鸭绿江、图们江两江流域。李氏朝鲜在这一问题上是与前代态度相同的，所以对明治下的东北女真部落的招谕在李氏朝鲜前期一直没有间断，与明的传谕宣抚多次发生矛盾冲突。其三，受中华儒家文化影响至深的朝鲜也极为关注中原文化方面的动态，使自己作为汉字文化圈重要一员的身份不致失陨。以上三个方面是朝鲜在明初一直对中原的新闻信息进行收集与传播反制的主要原因。

朝鲜立国前后与中原的新闻信息交互是有一定不同的。

高丽对图们江流域的女真部落的宣谕招抚于元末即行开展，此时明的势力尚未及于东北全境。洪武四年（1371），即有女真千户李豆兰帖木儿遣百户甫介以一百户来投高丽的记录。

到了洪武二十四年（1391），归投高丽之女真部落酋长俱被加封。斡都里、兀良哈等诸酋长皆被授予万户、千户、百户等职，高丽并在经济上对其加以笼络，赐以米谷、衣服、马匹等物。以其为契机，高丽向图们江一带的女真诸部落发出榜谕：

> 洪武二十四年七月，差李必等赍榜文前去女真地面豆万等处招谕斡都里、兀良哈万户、千户头目等，即便归附，已行赏赐名份，俱各复业。所有速顿失的改怜实阳实怜入阾喜拉兀兀里因古罕鲁别兀的改地面，原系本国公崄岭境内，既已曾经招谕，至今未见归附。于理不顺。为此再差李必等赍榜文前去招谕。榜文到日，各各来归，赏赐名份及凡所欲，一如先附斡都里、兀良哈例。①

高丽的传播触角直接伸入了明的疆界，与正在利用传播手段宣抚东北境内少数民族的明发生了冲突。这种冲突在越江布告成立铁岭卫之际达到顶峰，并最后以王氏高丽为李氏朝鲜取代而告一段落。

洪武帝对李成桂及新生的朝鲜王国的冷淡态度使得李氏朝鲜对中原皇朝的各种政治动态格外敏感，加之李成桂本人“累岁平乱御倭，战功大著，为朝廷重臣”的经历让他在做出政策决策时较之王氏高丽执政者更为慎重，需要更多更详细的中原信息作为参考。但是明廷在洪武时期一直对朝鲜半岛的传播政策处于收缩状态，李氏朝鲜获得的各类信息，至少与后世比较相当有限。但基于这些有限的信息，李朝做出的政治反应还能保证及时。太祖洪武二十五年（1392）八月，前朝（王氏朝鲜）谢恩使永福君王鬲自南京返回，带回了明皇太子已于四月二十五日薨，洪武帝立太子之子朱允炆为皇太孙这一重大的政治变动消息。当时李成桂在平州不及返回开京②，即率行在群臣按权仲合所录礼部丧制来为皇太子服丧举哀。留都各司，也于同日举哀。九月遣三司左使李居仁赴南京陈慰：“陪臣权仲合等回自京师，伏闻圣情哀戚。臣

---

① 吴晗．朝鲜李朝实录中的中国史料·恭让王世家·卷1·壬午四年·三月戊子［M］．北京：中华书局，1980：90.

② 李氏朝鲜都城首都初在高丽故都开京，今开城。1395年迁都于汉阳。1398年第一次王子之乱后再度迁都开京，1400年第二次王子之乱后最终定都汉阳，后改称汉城，今首尔。

窃以父子至情，虽无纪极，寿夭定命，诚亦难违。伏冀俯为于下，从制节哀。”并以白银二锭，黑细麻布一百匹，白细苧布一百匹，祭于魂殿。所作所为完全符合礼制，在洪武帝与中朝大臣心目中至少是部分缓和了逆臣的负面形象。

接着李氏朝鲜十一月派出艺文馆学士韩尚质赴赠京，请更国号，以“朝鲜”“和宁”，请洪武帝裁定。一系列的试探与讨好之举收到了预期的效果，洪武帝亲定“朝鲜”之名，这让李成桂非常兴奋，将洪武帝的旨意与礼部咨文在整个半岛范围扩大传播。洪武二十六年（1393）二月，李成桂布告境内向大明请更国号事件：

> 予以凉德，荷天休命，肇有邦国。向遣中枢院使赵琳奏闻于帝，报曰：“国更何号，星驰来报。”即令佥书中枢院事韩尚质请更国号。洪武二十六年二月十五日韩尚质赍礼部咨文以来。……岂敢自庆，实是宗社生灵无疆之福也！诚宜播告中外，与之更始。……于戏！创业垂统，既得更国之称；发政施仁，当布勤民之治！①

但是李成桂的喜悦并没有维持很长时间，对其一直有成见的洪武帝因其在信息收集上的不谨慎作为对其进行了指责。五月洪武帝差内使黄永奇、崔渊等，赴朝鲜开京向李成桂传达手诏。手诏的内容主要有二。其一，“两浙民中不良者为尔报消息，已戮数十家矣。其高丽山川鬼神岂不知尔造祸，殃及于民”。其二，“更国号一节，遣人请旨，许尔自为。或祖朝鲜，尔为苗裔。使者既回，杳无音信，反作衅端。侮之二也”。朝鲜对中原的信息窥探已经多次被明知之，此次提出概由李朝初立，警告之意甚为明显。而嫌更国号之信息反馈迟缓也同属其意。李成桂对此心知肚明，故而一再表示“吾且卑词谨事之耳”。

为了更好地与明进行沟通，不致出现交流上更多的问题，九月，设置司

① 吴晗．朝鲜李朝实录中的中国史料·李朝太祖实录·卷1·癸酉二年·二月甲寅［M］．北京：中华书局，1980：112－113.

译院，专门专人研习汉文汉语。次年十月，司译院提调偰长寿因其多交出使中原，对加强信息交流沟通的必要性深有体会，专门上书："我国家世事中国，言语文字，不可不习。是以殿下肇国之初，特设本院。置禄官及教官，教授生徒，俾习中国语言音训、文字体式。上以尽事大之诚，下以期易俗之效。"偰长寿等设计了相应的司译院课程与编制，设教授三员，内汉文二员，蒙古一员，优给俸禄。从司译院毕业的生员都有优渥的待遇，每三年一次考试，习汉语者，以四书、小学、吏文、汉语皆通作为评定优秀的标准，毕业享受正七品出身；不通吏文只通四书及小学、汉语者为第二等，与正八品出身；只通小学、汉语者为第三等，与正九品出身。

洪武三十年（1397）三月，参赞门下府事安翊、艺文春秋馆学士权近奉洪武帝敕慰诏书及宣谕圣旨、御制诗、礼部咨文二道返回汉阳。洪武帝的口谕与礼部咨文里都强调"今后差使臣来时，要通汉人言语的来，不通汉人言语的，不许来"。

其御制诗三首，为洪武帝赐权近之作，为李氏朝鲜与明诗文外交之始。《李朝实录》记载如下：

> 三月辛亥，参赞门下府事安翊……艺文春秋馆学士权近赍皇帝敕慰诏书及宣谕圣旨、御制诗、礼部咨文二道回自京师。宣谕圣旨曰："……你那里使臣再来时，汉儿话省的着他来，一发不省的不要来。我这里孙儿、朝鲜国王孙儿做亲，肯的时节，着他汉儿话省的宰相来我这里说。……"御制诗曰："鸭绿江青界古时，强无诈息乐时雄。逋逃不纳千年祚，礼义咸修百世功。汉伐可稽明在册，远征须考照遗踪。情怀适到天心处，水势无波戍不兴。右鸭绿江。迁移井邑市荒凉，莽苍盈眸过客伤。园苑有花蜂酿蜜，殿台无主兔为乡。行商枉道从新邻，坐贾移居慕旧坊。此是昔时王氏业，檀君逝久几更张。右高丽故京。入境开耕满野讴，罢兵耨种几春秋。楼悬边铎生铜绿，堠集烟薪化土邱。驿吏喜迎安远至，驿夫忻送稳长游。际天极地中华界，禾黍盈畴岁岁收。右使

经辽左。三篇，帝赐权近。……”咨文一曰：“奉圣旨：今后差使臣来时，要通汉人言语的来，不通汉人言语的，不许来。”①

面对这种要求此时若没有司译院的设置，朝鲜将无法实现与明的顺利沟通。而且从之后的史实可知司译院的设置在明与朝鲜的后继交通上发挥了相当程度的积极作用。

朝鲜对明廷的政治信息收集与反馈是从立国之初就保持了一个积极态度的。

李氏朝鲜内部斗争相对平和下来之后，放缓了对图们江一带女真部族的招谕，把对外信息传播交通的重点放在了对明的信息收集与反馈之上。洪武二十七年（1394）六月，使臣黄永奇从南京赴开京，奉旨带来明廷祭告山川等神祝文，其中有“为昔高丽陪臣李仁任之嗣某，今名某者……”等语，李成桂本非李仁任一支，且知李仁任在中原恶名素著，如果此一误会不得澄清，将来还会有许多问题，故郑重其事撰奏本遣使入奏，辨明宗系。“切念，臣于仁任本非一李，伏望圣德，俯加哀矜。”宗系辨诬后来成为李朝的一块心病，每每使臣进入中原都要关注是否有混淆二李宗系的言论出现。对于中原舆论的关注自此而始，终明一代从未放松过。

洪武三十一年（1398）十月，朝鲜官员孔俯出行辽东。在辽东获知洪武皇帝升遐，太孙即位，大赦天下。孔俯等又立刻将这一消息回报李朝鲜执政。朝鲜对待这一消息非常谨慎，并没有按照洪武二十五年（1392）皇太子薨逝的前例自行举哀，而是等待明廷的正式诏旨。十二月，太祖高皇帝讣音正式传达到义州。义州万户李龟铁奉命向朝鲜传达了礼部咨文以及改元通告：“大明礼部为礼仪事。近为太祖高皇帝升遐，今上皇帝奉遗诏即位，以明年为建文元年，已经布告天下。今照海外朝贡诸国，理合通行。今发去建文元年大统历一本。”

---

① 吴晗．朝鲜李朝实录中的中国史料·李朝太祖实录·卷2·甲戌三年·十月甲申［M］．北京：中华书局，1980：17.

就在收到讣闻之后数月，建文元年（1399）三月，有逃卒自辽东逃来，其本为朝鲜人，归属东宁卫。他带来了朱棣起兵天下靖难，中原大乱的消息，称“燕王欲祭太祖高皇帝，率师如京师，新皇帝许令单骑入城，燕王乃还，兴师，以尽逐君侧之恶为名”①。

朝鲜与燕地关系密切，也就格外关心中原政局变荡。朝鲜君臣曾针对这一问题进行过讨论。《李朝实录》里定宗相关中国的史料第一条就记录有“己卯元年 明惠帝建文元年，三月，军一人自辽东逃来，本国人也，属东宁卫，以辽东役繁逃还。言燕王欲祭太祖高皇帝，率师如京师，新皇帝许令单骑入城，燕王乃还，兴师，以尽逐君侧之恶为名”。

建文二年（1400），朝鲜臣子全伯英“问于上曰：‘今燕王举兵反而中国乱矣。设有辽卫求降于我，则许之否乎？’上曰：‘此正所深虑也。然为不若不受之为愈也。’知经筵事权近曰：‘受定辽之降，有大不可者。若燕王定乱而有天下，则必兴师问罪与我矣，其时何以之对。’上曰：‘卿言是也。’”权近曾经多年出使明廷，且受到过洪武帝“老实秀才”的褒扬，对中原局势的认识明显比朝鲜其他政治人物清醒，他的这一判断很快被来自辽东的消息进一步地证实了。

《李朝实录》记载如下：“庚辰二年 明惠帝建文二年，五月辛巳，御经筵。同知经筵事全伯英问于上曰：‘今燕王举兵反而中国乱矣。设有辽卫求降于我，则许之否乎？’上曰：‘此正所深虑也。然为不若不受之为愈也。’知经筵事权近曰：‘受定辽之降，有大不可者。若燕王定乱而有天下，则必兴师问罪与我矣，其时何以之对上言甚合于义。’上曰：‘卿言是也。’”

九月，朝鲜政府再次从定辽卫逃来民众得知“王室大乱，燕王乘胜长驱”。变荡的中原局式中，朝鲜对待明廷重大政治信息的谨慎态度让朝鲜又一次获益。李氏朝鲜对多层次获得信息的重视可见于《李朝实录》：

---

① 吴晗．朝鲜李朝实录中的中国史料·李朝定宗实录·卷1·己卯元年·三月壬子［M］．北京：中华书局，1980：150.

> 十二月癸亥，领议政府事李舒，总制安援等回自京师。舒等进大学衍义、通鉴集览、事林广记各一部。具启曰：臣在京师见帝亲点军士，人言将以伐燕也。壬午二年三月乙丑，贺圣节使参赞议政府事崔有庆还自京师。有启启曰：燕兵势强，乘胜远斗，帝兵虽多势弱，战则必败。又有鞑靼兵乘间侵掠燕辽之间，中国骚然。”丙申，辽东军朱景等逃至义州，言二月十八日征燕军马逃散，不知其数，侵掠民居，故逃还故土。乃遣龟山探候事变。丁酉，辽东人……乘桴越江到泥城，云燕军大兴，卫领军杨大人弃城降于燕，故畏而逃来。朴锡命曰：今中朝之人率皆如此，西有燕反，北有凶奴，间有草贼，释此不忧，惟逃军是追，辽东总兵之为谋亦浅矣！孟献、智、监生周继等请饯行诗，且求权近序文。六月癸丑朔，与河仑等议筑西北诸州城，河仑等启曰：今中国兵兴，宜筑西北面城。金士衡曰：三国战争之里皆用木栅，今中国大乱，我国无事，宜于此时筑城。上曰：然，待秋遣使筑之。①

在这一事件里，朝鲜半岛上有借乱取边地的隐约想法，但这一想法只出现在朝鲜君臣的对话中，没有发生任何形式的实质动作。燕地有乱，势力不能北顾，李氏朝鲜有如是想法也是正常。但根据永乐帝朱棣“天子守边”并对蒙古五次亲征的战争，如果李氏朝鲜在此时有所异动，威胁到了东北边疆的安全，会让征讨蒙古的行动变得腹背受敌，永乐帝是不可能忍受这一情况的发生的。所以李氏朝鲜持之以静、耐心观望的选择是正确的。这一选择充分考虑了权近这一多年旅居于中央政府的重臣带回来的上层执政者信息与边境军士流民带来的低层收到的新闻，所以才会有最后的理想效果的实现。

---

① 吴晗辑．朝鲜李朝实录中的中国史料·李朝定宗实录·卷1·庚辰二年·五月辛巳［M］．北京：中华书局，1980：151.

第三章

山水相连：明中前期东北亚地区陆路信息传播中的明、辽东与朝鲜

明中前期中央政府对东北亚地区的陆路信息传播延续了国初的政策，但明初靖难之役结束后，在东北亚边疆地区明帝国势力由攻转守，洪武时期布置下的军事力量被重置。

中央政府更加重视对东北地区的信息输出与新闻传播，用软实力创造民族一体感，以形成帝国的向心力。永乐年间，对东北少数民族部落多加重视。永乐十三年（1415）十二月，永乐帝下令辽东总兵官都督刘江及辽东都司，选女真官军不限名数，于永乐十四（1416）年春，赴北京操练。此举已经明显将东北女真人视作治内之民了。这样的从征之例在永乐年间不为稀见，毛怜卫指挥猛哥不花遣也曾指挥佥事王吉率所部从永乐帝征漠北，其表现让永乐帝颇为嘉许，多获赏赐。永乐年间对东北少数民族部落的利益多加保护。永乐十六年（1418），因辽东沿边官军多出境贸易马匹，与少数民族部落频发冲突，兵部特别明文禁止。并规定“今后非朝廷文书而私出境者，处以重刑。其守臣不严管束者，论罪如律。若安乐、自在等州，女直野人鞑靼，欲出境交易，不在此例”。

永乐年间对少数民族的重视与保护收到了良好的效果，为明中前期东北地区与中原积极的信息交流沟通奠定了坚实的基础。最主要的成果就是通过传播实践加强了东北边疆的民族向心力。

第一节　通过传播实践加强东北边疆的民族向心力

永乐年间多有归附的记载。永乐二年六月辽东人亡居朝鲜者，近招复万七百余人。八月遣使来“敕谕谭州漫散人民曰，昔太祖皇帝设三万卫，以安养军民……赍敕往谕尔等即同父母妻子回归本处，毋欠栖栖，在外徒自苦也”。

九月，女直野人头目鹿坛等三百七十五人来朝贡方物，赐之钞币。兀者托温女直野人头目唤弟等来朝，设兀者托温卫所。永乐三年这种来朝归附的少数民族数量大涨，正月虎儿文等处女直野人鞑靼头目绰鲁不乃来朝。二月，把兰等处女直野人卯义等来朝。三月女直野人头目温勉赤等来朝，迤北女直野人头目喃不花等二十四人来朝贡马，奴儿干都司同知把剌答哈及兀者、左卫头目木答忽等九十七人来朝。五月阿速兀鲁江等处女直野人头目李关住等二十人来朝，女直野人头目哈达歹等来朝贡马。八月苦野木等处女直野人头目虎失木等三十九人来朝，野人地面赤不罕达等百九十人来朝贡以马，吉里代女直野人头目买罕等来朝，女直野人头目可怜哥、歹颜哈等四十九人来朝。十二月那儿河野人头目佟苦不花、忽里哈头目亦称哥、建州卫头目王古驴等百二十三人来朝，毛怜等处野人头目把儿逊等六十四人来朝，女直野人头目哈成哈、八秃卜花等五十人来朝。

到了永乐四年几乎东北边疆地区的大小部落都开始投身于入朝贡马的行列，从永乐四年二月起，记载相当密集。二月女直野人头目塔剌赤、亦里伴哥等四十五人来朝，女直野人头目倒罗等二十一人来朝，嘉河等处女直野人头目阿必察花等百二十八人来朝贡马，木伦河鞑靼女直野人头目卯不花等百八人来朝贡马。三月，女直野人头速鲁查哈等来朝。七月，苦因温等处女直野人头目乞列门、者里不花等百一十人来朝贡马。闰七月，苦温等处女直野人头目达鲁花赤脱可赤等三十一人来朝，忽剌温三角等处女直野人头目吉里吉纳、者哥难等来朝。八月，兀兰等处女直野人头目乞刺尼纽邻等来朝，女直野人喜列尼等六十三人来朝，松花江等处女直野人头目彻儿帖木等四十八人来朝。十月，亦答鲁、能木里女直野人头目赵州不花等来朝贡马。十一月，木楞古野人头目佟锁鲁阿等四十人来朝，扎童等处女直野人头目颜赤不花等四十人来朝贡马，必轻等处女直野人头目砍木里速同哥等百二十人来朝贡马。十二月，你蛮等处女直野人头目乃颜帖木等来朝贡马，吾兰儿等处女直野人头目火失剌程哥纳乞等来朝。之后永乐政府开始对这样密集的入贡行为产生了扰乱边防、影响正常军务安排的担心。永乐五年正月，永乐帝正下文后军都督同知朱崇等人，谕旨里说："朕怀绥远人，凡鞑靼女直野人来朝者，皆赐赍之遣还。令所经郡县给禀馔厚待之，蛮夷不循礼法，往往于经过之地，掳人孳畜财物，亦有境内之人，窥其所赍而剽夺之，自今悉遣人护送出境。"

到了永乐六年的四月，永乐帝再次向兵部表示，从永乐元年以来东北地区的少数民族有很多入朝进贡的使臣留居于当时的京师南京，这在管理上产生了诸多不便，所以他下令兵部与相关部门在开原所管辖的地区筑起快活城与自在城两座城池，以供其居住。这道谕令特意张榜公示以广传播，《明实录》记录如下："上谓兵部曰，朕即位以来，东北诸胡来朝者，多愿留居京师，以南方炎热，特于开原设快活、自在二城居之，俾部落自相统属，各生安聚。近闻多有思乡土，及欲省亲戚去者尔即以朕意，榜示之，有欲去者，令明言于镇守官员，勿阻之。"

永乐帝命于辽东设自在、快活二城，设自在、安乐二州。每州置知州一员，吏目一员。到了永乐七年七月，就有了"辽东自在、安乐二州鞑官指挥贾你等来朝贡方物，赐钞及袭衣，所贡物悉厚直酬之"的记录。当然这种情况是充分重视了边疆防务才能出现的。《明实录里》大量记载了对东北边务的重视："十一年九月丙申敕镇守辽东都督刘江等曰，立边防以严内外，先王之制不可能不谨，自今非有御宝文书，不许出塞，虽传朕言，而无御宝文书者，皆不许，其境内商旅及公干有验者听。十二年十三年五月丙午命辽东都司筑缘边备倭烟墩，务令高厚，积薪粮可足五月之用，仍置药弩上，凿井于旁，以严守备，寻遣都指挥同知胡俊往督之。十二月辛卯敕辽东总兵官都督刘江及辽东都司，选女直官军及舍人余丁，不限名数，以明年春，赴北京操练。”不如此自然不可能有上文东北少数民族频频入贡并且或者留住京师或者迁入新建的快活与安东二州的和谐场景的出现了。

宣德年间继承了洪武永乐以来的东北边疆政策，有所调整的是更为重视边疆传播的软硬件建设，保证新闻信息在东北边地的顺利传播的同时也开始讲求传播致效的程度。在这之前的洪熙元年六月壬戌，明政府接受广宁中屯军士冯述上言，“学校风化之原，所以明人伦厚风俗，今定辽、金、复、海、盖五卫，洪武中已建学官，而三万、沈阳、广宁、义州诸卫，若缘边军卫，并立学校，以教官军子弟，使知忠君亲上，爱亲敬长，则礼义兴，而风俗厚矣”。重视学校教育的效果，从官军子弟接受深度儒家教育开始。

宣德二年（1427）三月，辽东总兵官都督佥事巫凯上奏朝廷，自山海关外辽东所属共有驿站二十四所，其中十八所驿站处于地近黑龙江流域的极边，洪武年间俱是以谪戍者作为驿站递送人员，四十余年间逃亡者众多。凡外夷朝贡使臣及公差往来多有不便。巫凯奏请于各卫队伍中选出士卒军协助递送。《明实录》记载原文：“三月丁未辽东总兵官都督佥事巫凯奏，自山海关外辽东所属凡二十四驿，其十八驿俱在极边，洪武中以谪戍者递送，今四十余年，逃亡者多。凡外夷朝贡使臣及公差往来，于各卫队伍中摘军协助递送，及秋天又调内地马步官军，分隶诸驿，防御胡寇，兼运积草，以备军储。”中央政府批准了巫凯的奏请，“又调内地马步官军，分隶诸驿”，有力保证了东北边疆交通传播线路的通畅。

活跃在东北地区的招谕队伍得以继续深入长白山、黑龙江、图们江等地进行宣谕招抚工作。这是对传播活动硬件条件的一个有力支持与保证，这种驿路的铺设其成本自然是相当高昂的，但换来的是在一个又一个以驿站为结点的交通网络上，政府公报、军事信息等实物的信息载体能够快速流动。同时，通过驿站这一信息与物质流动的中转之地，四面八方的信息也得以集中、交汇并且得到有效的二次传播。在古代，人就是信息传播的载体这个毋庸置疑的，驿站里有固守的驿卒与流动的使臣、提塘、差役等，他们就是传播中的活跃因素。在后面的论述里我们可以看到大量的这方面的例子。

宣德三年（1427）正月，多次北上极边宣招的内官亦失哈、都指挥金声、白伦再次受命出发，携带敕谕及文绮表里等赏赐之物，前往奴儿干都司及海西弗提等卫，“赐劳头目达达奴丑秃及野人哥只苦阿等，嘉其遣人朝贡也”。黑龙江下游的支流亨滚河，即今俄罗斯阿母贡河入黑龙江的河口一带即是明代所称的奴儿干。这一地区是四向的战略要地，特别是东西两个方向：东向控制着黑龙江入海口，隔鞑旦海峡与今天的库页岛相接，西向的则是黑龙江中游与松花江海西女真人生活的地区。奴儿干可以说是东北边疆甚至是东北亚东端的枢纽之地，从成祖朱棣开始，明政府就很重视奴儿干这块“锁钥之地”。在积极对东北边陲进行全面经营的过程中，想要实现大力招抚松花江下游与黑龙江、乌苏里江（阿速江）流域的女真各部的传谕目标就非得掌控这里才可以。

从永乐元年开始，永乐皇帝就曾两度派人至奴儿干进行招抚并设立奴儿干卫以及后来的亦失哈的九巡奴儿干。一直到了宣德亦失哈才被招回。“十一月壬辰，召内官亦失哈等还。初，命亦失哈等率官军往奴儿干，先于松花江造船运粮，所费良重。上闻之谕行在工部曰，造船不易，使远方无益，徒以此烦扰军民，遂敕总兵官巫凯，凡亦失哈所赍颁赐外夷段匹等物，悉于辽东官库寄贮，命亦失哈等回京。”从永乐九年至宣德七年（1432）的20多年间，亦失哈共九次奉命巡抚奴儿干。宣德五年（1430）八月，都指挥廉旺、王肇舟等受命前往奴儿干都司抚恤军民。他们成功地招抚了奴儿干地区黑龙江、松花江、阿速江等处野人头目奉阿、襄哈奴等，“令皆受节制”。可以说到了这一阶段，东北亚陆路上的信息传播通道可以直接从中原的政治、经济、文化核心地区一直传播宣布直达东北极北之地了。

之后的宣谕招纳的海选一直持续进行。宣德三年（1428）二月，“赐建州左等卫千户答答勿，并原遣招谕回还百户赵锁古奴等钞、彩币表里有差”。

宣德六年（1431）八月，福余卫女真部落头目咬纳等五人自兀良哈招谕还，获赐彩币表里；因招谕有功，任命福余卫头目咬纳、扯里台为指挥同知，歹住乞里加哈乃剌哈为指挥佥事，泰宁卫头目克里台为指挥佥事。

宣德七年（1432）三月，建州左卫指挥佥事凡察以招抚远夷归附，升为指挥佥事，并获赐敕谕奖励。宣德八年（1433）二月，因招谕远夷之功，升喜乐温河卫指挥同知出儿不花卜哈为指挥使……速平江卫指挥佥事羊加瓜英为指挥同知。这些赏赐从一个侧面显示出当时在东北地区开展的宣谕招抚活动的屡屡奏功。

所以当宣德四年（1429）辽东总兵官都督巫凯奏闻，海西野人女真有寇边行为多次，请发兵征讨之时，明廷优先考虑到的还是尽可能地利用传播的手段进行宣谕，在传播的手段不能奏效时动用武力。“夷狄寇边固当诛，然谕之不从，而后诛之，彼将无悔。遂遣敕谕之曰：宜互相劝戒，约束部属，各安尔土，朝贡往来，相通卖买，优游足给，岂不乐哉。若仍蹈前过，恣意为非，大军之来，悔将无及。”

同时控制入贡者的去留。宣德四年三月，“丁未建州卫都指挥佥事李满住遣人奏请入朝充侍卫。赐敕谕之曰……部曲之众，须有统属，姑留抚下，未可轻来。”但是不能否认的是，犯边之事屡有发生毕竟在一定程度上影响了中央政府对边疆的传谕招抚。奉旨向奴儿干都司宣谕的内官亦失哈等被召还。其时亦失哈正为了前往黑龙江下游于松花江造船运粮。表面上的原因是“造船不易，使远方无益，徒以此烦扰军民”，也就是《明实录》上所记载的宣德四年十一月，“壬辰召内官亦失哈等还。初，命亦失哈等率官军往奴儿干，先于松花江造船运粮，所费良重。上闻之谕行在工部曰，造船不易，使远方无益，徒以此烦扰军民，遂敕总兵官巫凯，凡亦失哈所赍颁赐外夷段匹等物，悉于辽东官库寄贮，命亦失哈等回京”，实际上更大的担心还是在于“虏寇犯边。上曰，虏觇知边实，故来抄掠，命悉罢之”。中原的信息安全对于中央政府的考虑是远大于经济上的靡费与否的。

自仁宣后期，信息安全的考虑渐渐被提升到更高的级别。其中一个重要的原因就是北方边境上蒙古的势力开始扩张，时有与东北少数民族部落勾连之事。宣德八年（1433）七月，广宁等卫指挥使盛宽等领兵巡逻，见广宁附近虏骑出没，少时二三十人多时或至三五百人，询问其所属与所来之目的时，答是福余、朵颜、泰宁三卫指挥千户家属，往虹螺山牧放围猎。即使这样听起来相对合乎情理的回答仍为明廷警惕，下令巫凯等辽东守将“虏远边而不犯边，宜抚谕之，听其所止，亦须防其谲诈，但有备斯无患矣”。

此一时间段不但是边将加强了对东北的信息安全管控，出行东北的文官内臣也都注意到了这一情况。有朝中近臣出巡辽东，回朝后上奏文表示辽东年馑，外夷多有以幼年男女易换食物于辽东军民的情况。如果这些外夷幼童为卫所官军得之，他日成年之后与家人往来交通，难免会漏泄边事，请禁止。明廷即刻“敕辽东总兵官都督巫凯等，凡夷人有鬻男女者，官给与直，男女悉送京师育之”。

另外一个容易导致中原情况泄露的问题是到了仁宣后期，不断地有外夷从辽东入贡，境外野人女真诸卫多以进贡为名，往往进京营私，时间上多为春夏农务繁忙之时，对屯田于边的驻军和百姓都多劳扰，“辽东东宁及安乐、自在二州寄住达官等累年进贡，不限时月，多带家人，贪图赏赐，所遇劳扰军民，妨碍农务须”。

更重要的是使臣一路由辽东过山海而直入京畿，所过俱为军事重镇，频频入贡且人数众多，必然难以管理。若有与鞑靼、瓦拉相通信息则后果甚为可忧。明廷应对之策为：

> 其使臣回卫，已遣敕谕之，如系边报，不拘时月，听其来朝，其余进贡袭职等事，许其一年一朝，或三年一朝，不必频数。其有市易生理，听于辽东开元交易，不必来京。如仍数遣使，尔等察询，即令退回，脱有违碍，仍奏守夺，庶几不扰军民，亦不失远人归向之意。①

① 明实录·英宗睿皇帝实录 卷58·正统四年·八月乙未［M］. 台北：“中央研究院”历史语言研究所，1962：1090.

同时开始限制入贡或是因升职受赏入京的名额。成化四年（1468）时，东北少数民族部落入贡，乞升职者数目已经非常众多，只有阿哈里四人因有招抚敕书可凭，者因等三人凭通事武忠等证言，实有抚谕诸夷之功，获得升赏。而且，成化末期在招抚远夷方面多有建树的重臣或亡故或遭谪贬，对东北地区的宣谕招抚政策开始收缩。成化十五年（1479）五月，兵部左侍郎马文升被谪四川重庆卫。而马文升曾奉敕往辽东抚谕建州海西夷。海西女真听其招抚而入贡。成化二十三年（1487）七月，太保兼太子太傅昌宁伯赵胜卒。赵胜镇守辽东时，建州、毛怜并海西女真，数次寇边，经过赵胜招谕复入贡。叠经人事变化之后，“抚谕三卫夷人不必遣官，止敕镇守等官遣人赍与之”。

第二节　弘治以后东北亚边疆地区传播气氛的日渐紧张

当历史进行到弘治朝以后，东北的传播气氛日渐紧张。成化年间正是进入河套地区的蒙古各部争水草攻伐不休的时期。成化九年（1473）明将王越的出关捣巢，使河套地区蒙古势力受到打击而北徙，到成化“十一年秋，满鲁都、乩加思兰并遣使贡”。

成化后期，时人称“小王子”的达延汗势力崛起，至正德初年，先后翦除以亦思马因、火筛、亦卜剌等为首的割据势力，统一了漠南蒙古各部。他将蒙古分为左右两翼，每翼各设三个万户，分封诸子为领主。从而结束了有明以来北方地区扰攘动乱的局面，建立了比较稳固的统治。而他统一蒙古之举从另外一个角度看，给明在东北边境形成的压力大为增加了。“弘治元年夏，小王子奉书求贡，自称大元大可汗。朝廷方务优容，许之。自是，与伯颜猛可王等屡入贡，渐往来套中，出没为寇”。

为了防止“北虏”与“东夷”联合互通，明廷对东北地区的传播活动不再以招抚宣谕为主，而是在尽可能保证传播通畅的前提下强调信息安全。之前我们就强调过，积极的信息传播政策很大程度上是因为其有利于国家安全也就是边疆防务。所以，当传播政策与国家安全、边疆防务发生矛盾，传播政策是一定会主动做出调整的。在京城，主管外夷入贡的大通事每五日一次到会同馆戒谕入贡之少数民族部落酋长，各令安守本分，不得随意与人交接探听消息。并派遣一名礼部主事专门在会同馆进行管理，凡遇外夷之人到馆，“务令俾舍止得宜，出入有节”。并且专门发布榜文进行禁约：“在京在外军民人等，与朝贡夷人私通往来，投托买卖，及陈置害人因而透漏事情者，俱发边卫充军。通事伴送人等有犯，系军职者如例，系文职者除名通行榜谕禁约，违者重罪不宥。”① 会同馆的馆约章程被严格执行，其中最重要的一个点就是信息传播的管控。无论是“透漏事情”还是“私通往来”都在禁绝之例。不许内地官民与入贡来朝的外藩、外夷发生联系的目的就是要断绝非官方的信息传播。考虑到双方信息量的不对等，外藩与外夷基本上是不可能有什么内地官民需要的信息的，此时不比嘉靖以后边务吃紧的时期。所以，这里考虑的还是对外藩、外夷获得信息的控制。

此时，不仅仅是有关军事的信息要对少数民族入贡者有所保留，“透漏事情”的范围扩大到时政的各个方面，同时派出使臣，正统十二年“十二月癸未礼部尚书胡濙奏，辽东野人女直进贡……珠络绎进送赴京，惟务诱取赏赐，宜移文辽东总兵镇守并都司官，今后从公办验，毋得一概送来京，庶省军民沿途转送之劳”。“晓谕各部落坚守臣节，毋令北虏诱惑，自取罪戾。”特别是在与蒙古接疆连界的辽东，因“时有虏入境潜住投降夷人之家，探听事情”。这是直接触犯明帝国的传播政策底线的行为，对此，明廷一概加以严处，“若奸细入境久居，夷人有知情隐留者，事发通行解京处决”。而且，不只是朝贡的外夷，外藩的使臣也开始被划入监控名单，正德元年（1506），以“建州夷人朝鲜陪臣入贡，俱出辽东，往往多索，车马载送私货，假称接送，久驻公馆，野心难驯，宜申严防禁”为名，开始限制使臣入贡还国路线

① 明实录·孝宗敬皇帝实录 卷159·弘治十三年·二月己亥［M］．台北：“中央研究院”历史语言研究所，1962：1219.

与日程安排，并且将陪送的译者进行裁撤，使之获得内地消息之难度上升。之前外藩改动自己的入朝路线只要不是由陆改海、由陆改水或者反过来，由水转陆、由海转陆这种大的涉及多个部门的改动，中央政府都不会有特别严格的限制。而且译者的配置也比较宽松，没有特别的规范。到此时，藩国外夷的入贡路线与成员组成开始被规范化管理，并一直严格执行直到明朝覆亡。正德三年（1508）礼部上奏，言：

> 外夷贡使回，旧未有译送者，有之，自安南陪臣得请始。后因译者在途不法，议革之。惟朝鲜及泰宁等卫并哈密夷人译送如故。既而兵部议免，惟令各镇巡官遣送。今锦衣卫带俸指挥佥事大通事王喜奏，开前例宜止，听译送朝鲜、安南及泰宁三卫夷人，余仍革免。①

这里朝鲜与安南及泰宁三卫在豁免之列，是对此三藩卫的重视，也是对事实的一个迁就。以朝鲜为例，从士子就开始学习汉文经典的朝鲜官员是不可能离开译者就无法与中原人士交流或者获知中原消息动态的。此建议不但获得通过，而且在具体执行时还要求边境军政“严译人在途生事，导夷为害之禁”，同时严格了对入贡者身份的检查。每有女真鞑靼各部入贡，奏进文书中多有用汉文写就者，经过审问发现，是被掳边民冒名少数民族来朝贡以求赏赐所代书。女真的汉化程度此时是不能与已经有了数百年历史的朝鲜与安南相提并论的，我们今天能看到的成体系的女真内部自我记录的文字史是《满文老档》，而《满文老档》起始的年份是“太祖皇帝丁未年至乙卯年”也就是明的万历时期，记载的是清天命纪元前九年至天命十一年（1607—1626）、天聪元年至六年（1627—1632）和崇德元年（1636）共27年史事，使用的还是满文，可见女真等东北亚地区外夷当时对汉语、汉字的掌握程度并不深。礼部特“令镇巡等官善为宣谕，今后朝贡者姓名，务验实名，毋仍

① 明实录·武宗毅皇帝实录 卷14·正德元年·六月丁巳［M］. 台北：“中央研究院”历史语言研究所，1962：1293.

诈冒，恩等夺俸粮各一月”。

正德时期，明廷的东北边疆传播政策总体上还是在延续着从洪武初年即开始的以宣谕招抚为主的政策。即使恐“诸夷乘虚扰犯”已经开始于辽东加筑墙堡，即使这种情况下良好的沟通与积极的传播政策也没有被明政府放弃，尽可能地通过向少数民族首领进行明政府边疆政策的宣传与相关谕旨的布示依然是战争之上的选择，明政府仍“命给事中一人诏谕诸夷酋布示恩信。且让其寇边之罪。仍与镇巡等官议修边防寇事宜。小者自决，大者驿闻”。

从正德八年（1513）六月，“兵部侍郎石玠至开原，遣通事马俊出境抚谕诸夷，兀失卫女直撒哈答等先受约束。弗朵秃等夷五百余人来贡马。……率部落二千人亦入关，各修职贡。兵部以闻。诏以玠抚谕有劳，并俊俱赐敕奖励”，一直到正德最后一年（1522），还有大量的因宣谕远人有劳而受赏的纪录，如正德十六年（1522）五月，“诏升建州左卫都指挥章成官一级，以成尝奉敕招抚海西夷人有功也”。但是，从洪武永乐一直到仁宣时期，中原与东北边疆各类信息交通无阻的情况已经被政治形式的变化改变了。

而这一时间段内明帝国中前期对东北军事新闻信息管理实行的又是另外一种管理理念。洪武时期明廷对东北边疆采取的是不断向东向北开疆拓土的态度，永乐靖难之役后，排布在东北前线的藩王都被回调内地或者不让其就位，导致没有足够的武力维持向前的姿态，不得不收缩边防线。因此，为了疆界安全，永乐初年起即有关于重视东北军事信息传播的纪录。

永乐元年（1403），北虏入寇，侵扰辽东三万卫。辽东都指挥同知沈永当时不能还击追袭，事后又匿不上报其事。及北虏来叩边求入朝进贡，沈永继续隐而不报。畏敌不战继而隐瞒消息，致使朝廷对边夷之事大为隔膜，永乐帝怒诛沈永，并“令兵部榜谕天下都司军卫并缘边卫所，凡有草贼及虏寇声息不即以闻者，镇守官以下职，无大小罪与永同”。在此严厉的措施下，对东北地区的军事信息管理边将与中央无有敢再渎职玩忽者。蓟州、永平、山海卫等处，卫所所辖地方长城内，每三里驾设一墩架炮，遇有虏寇贼骑出现即行举火发炮传报消息，保证入犯之众不能潜逃，此类墩台共有二百余座，均用工部特制信炮，力求报警及时有效。

可到了成化九年（1473），辽东、大同等处“沿边设备已有定规，岁久因循，不无懈弛”。只能通过不断下达敕谕，令“墩军时常哨守，传报声息”。在加强墩台管理上下功夫，尽可能将墩台警卫传报警讯的任务加以严格化，规定“至有缘边巡视守瞭官员，遇贼入境，即举炮火，比之于失警报者，其情可预矜，似宜免罪。但职守墩台之人，正欲登高望远，使虏已至始觉，虽举炮火，于事何益，今遽欲矜免，则凡偷惰者巧于规避，仍宜治之如律”。若是“守备不设” “坐失飞报”，俱从重处以“发边卫充军”之刑罚。①

从正统初年起，北方军事压力增加，蒙古的骑兵开始出现在东北地区，但是自永乐之后承平日久，东北边疆的守军在处理军事信息与警报方面明显有了松懈。瓦剌兴起以后，也先以追捕仇人为名，吞噬诸部，自北而西，又自西而东以侵女真诸部。女真受到瓦剌的威胁开始在边境对明出现窥边之举。福余卫鞑靼人曾于正统五年（1441）三月间以四骑，拆木栅入境，直到静安堡探视，无论是边境守卫还是墩台警报都没有发挥其应有的作用。尽管因为没有“即举烽飞报”，辽东总兵官都督曹义处罚了领军都指挥裴俊、胡源，但是情况并没有得到有效的遏制。

主要原因还是在当时北虏也就是蒙古的威胁是执政的主要考虑，对东北的问题并没有上升到与蒙古问题同样的关注程度。这种情况一样到万历后期辽东多事才有真正意义上的改观。此阶段，对待辽东问题中央政府的主导思想是“自古帝王顺其情以为治，使彼不为边患即已，不能保其族类皆善也。况彼力有强弱，情有真伪，我若悉制以法，未必能服其心，或其不从，则事有不可已者。大抵为将守边以备御，抚绥为急，自今有若此者，但当以善道谕之”。

---

① 明实录·宪宗纯皇帝实录 卷292·成化二十三·年七月丁未［M］．台北：“中央研究院”历史语言研究所，1962：1001.

土木之变后，明帝国在东北地区的政策呈现固守辽东一线的变化。首先，对东北地区军事信息安全的重视程度相应增加了，对入使中原的少数民族管理也有了变化，开始专人伴送入京，以防其从不法渠道获得对边防不利的各种信息。景泰四年（1453）正月，因“近年兀良哈三卫遣使烦数，前使未去，后使复来，名虽进贡，实则窥边，其暗受也先约束，探听中国消息，不言可知”，蓟辽等处守军在其入关时，就“伴送二三人赴京，其余不必令其入关”。对不能入关的入贡外夷则“谕以朝廷因见尔等僻处边陲，过活艰难，时常入贡，跋涉劳费，故令尔等各回本处住种”。而使者从京师返回时，从北京到边关一路上也有明廷开始从行人司、鸿胪寺等相关部门选出的专人伴送。

这种对入贡使者的限制自此日趋严格，到了景泰七年（1456），东北女真各部遣人进贡不绝，明廷恐其潜藏谲诈，“假此为由，往来探听虚实，或带迤北人在内”，专门向东北境内女真各部发布谕令，“自今不得无故遣使，兹特遣通事序班一员，往尔处专验番文奏字，若非时进贡及非奏报声息者，毋令入境”。成化十二年（1476），进一步“命行人伴送东北诸夷入贡者出境并禁其市军器”，并“榜谕京师并诸边军民，违者谪戍边远”。

其次，积极鼓励东北女真各部为明廷传报有关北虏的军事信息与情报。景泰七年（1456）三月，福余卫遣使扣关奏报，北虏酋长孛来差人纠集福余等三卫人马为前驱，意在侵扰明之边境。福余等头目自称不肯听从犯境，特意奏报消息。明廷分析了孛来与三卫交通已非一日关系匪浅等因素，得出了“所奏情词实难听信”的结论，此条信息被高度重视，“敕至尔等各整士马，申严号令，以逸待劳，不可以此虏人贡怠于边备”。此后，东北女真对北虏情形的通报成了制定边防政策的重要参考。

成化十二年（1476）十一月，泰宁等卫遣指挥亦吉歹等三百人入贡，赴京之时向朝廷汇报了其所掌握的北虏动态，内容与辽东边报不同之处甚多。兵部听闻其与北虏讲和，同时加之北虏自成化十一年（1475）入贡之后，久无消息，于是特别安排通事詹升译审亦吉歹所报北虏事情，何以与辽东边报有异。是时谕令，人贡回还之后“务必谨守边疆，以答国恩，不可阴怀不轨”。

由此事，明廷考虑到北虏此时对东北女真等卫所的巨大压力，“海西、建州女直、朵颜三卫诸夷，变诈叵测，虑为边患，自后入贡，乞敕兵部会同总兵，宣布朝廷恩威利害，令还谕部落，感恩畏威”。当“遇各夷入贡之时，或有边情，宜令译者译问，译问必须明白切当，俾夷人知所感畏，不得饬言，以限轻慢”。

成化十四年（1478）正月，“巡抚辽东副都御史陈钺奏，建州女直买秃等传报，北虏将入寇。乞移文边臣严加守备”。明廷即将立刻发文边将，严加守备，并奖励了传报之部落。

尽管传播政策上有了种种变化，从总体上来说，此一时间段内对待东北地区少数民族的传播还是以宣谕招抚与教化开导为主的。即使是曾与北虏有过联合犯边之举的泰宁卫兀南帖木儿，在也称势力败亡后复来朝贡，明廷也“恩待如初”。基于此，当孛来又诱其同往犯边时，兀南帖木儿“能坚志不从，遣使奏报”。

成化年间，女真首领童仓与明产生冲突，被斩杀于入贡之时，对待童仓之部落，明廷仍“遣其同来家属十余人令归，谕其部落，使革心向化”。即使是要进一步运用武力也要以宣谕不能奏效的前提下，即“若在彼者执迷背约，不还所掠，在此者反侧不安，复怀异志，即具奏擒治，速兵征剿”。而当不得不用兵建州时，对待其他部落的政策也是宣谕优先的。成化三年（1467），当明军联合朝鲜军队进攻童仓部时，弗提等卫都督提塞兀等遣指挥使歹札哈等，因抚谕来朝。是值“用兵建州”，明廷对其接受宣谕积极来朝“因彼效顺，量加赏赉”，在此之后，与童仓部所居地甚近的兀者等卫也遣指挥使兀黑纳等“因抚谕来朝，礼部议如前诏，皆赐宴及加彩缎、表里，遣之回”。

海西各卫女真及附近者，匀接收了招安。明廷使者“遍历各卫招出晓谕，俾知此受朝廷厚恩，不得为他寇所诱，为我边患。”充分利用宣传播的手段，保证了东北境内虽有战火，不至离乱，民族间也大体上保证了和谐相处。

明帝国在这时期对东北的文化传播集中在以下几个方面：

首先是学校教育的建设。

学校教育被明人认为是“风化之原”，能够“明人伦厚风俗”，因此明帝国一直重视兴建地方学校。辽东地区的学校教育自明初“定辽、金、复、海、盖五卫，洪武中已建学官”起，到了洪熙时期，“三万、沈阳、广宁、义州诸卫，缘边军卫，并立学校，以教官军子弟，使知忠君亲上，爱亲敬长”。东北地区初现“礼义兴，风俗厚矣”的人文景象。正德年间，已经出现“辽东都司学生员数多，宜视府学一岁一贡，廪、增各置四十人”，并“增广宁等五卫儒学优次等生员各三十名。每年以二人充员，如州学例”。这一系列数字充分说明了在辽东学校教育的发展程度。

同时，针对少数民族的文化宣讲也有开展，一个侧面的证据即宣德九年（1434）增加四夷馆译书学生与加强对其学习管理的记载：

> 选习四夷译书学生。初，上以四夷朝贡日蕃，翻译表奏者多老，命尚书胡荣同少傅杨士奇、杨荣于北京国子监选年少监生，及选京师官民子弟有可教者，并于翰林院习学。至是，选监生王瑄及官民子弟马麟等三十人以闻。命指挥李诚、丁全等教之。翰林学士程督之，人月支一石，光禄寺日给饭食，习一年能书者与冠带，惰者罚之，全不通者黜之。①

这其中“女直馆监生四名，子弟十八名”所占份额不小，重视程度可见一斑。

辽东地区的东北少数民族部落也对此做出积极的正面的反应，把与中原

① 明实录·宣宗章皇帝实录 卷112·宣德九年·八月戊辰［M］．台北：“中央研究院”历史语言研究所，1962：2514.

王朝实现有效沟通的重要性不断上提。建州卫掌卫事都指挥使李满住与明廷接触较多，即深知此意。时有辽东东宁卫军人佟玉，通晓汉字与女真文字，李满住上奏明廷希望能得到佟玉作为他的书办，借以成功处理与明庭进行信息交互时的文字阻碍。明廷下令辽东总兵“令查审本地军，他无违碍，即令随尔同去，否则令东宁卫住坐女直内别选笃实堪用者与尔”，以此通达的态度鼓励李满住等少数民族“向化”的努力。

其次是有针对性地开展社会文化宣传。

明代重视以程朱理学概念约束社会行为，对贞节孝道的旌表宣扬是贯穿整个明代的一个宣传主题，这在辽东地区也不例外。在辽东地区出现的对贞节孝道行为大力宣扬也是为了更好地实现在“边鄙之地”“淳化风俗”。从正统开始，旌表辽东士人行为的记载历朝皆不稀见：

> 正统十一年，二月癸卯，旌表……辽东金州卫总旗张俊妻李氏，……守节，旌其门曰贞节。
>
> 景泰元年，五月辛丑，旌表节妇朱民等十二人，朱氏辽东金州卫前所军余王士举妻，抚孤子，养舅姑，守节四十九年。……旌其门曰，贞节。
>
> 景泰二年，六月戊子，辽东东宁卫指挥同知高洪弟原昌妻，亡夫年甫二十，舅姑令更适人，潜缢门树。旌其门曰，贞烈。六年，八月庚午，旌表……节妇九人……杨氏，辽东广宁后屯卫总旗贺升妻，以早寡守节，旌其门曰，贞节。
>
> 成化九年，十二月壬午，刘定，辽东定辽左卫舍人，丧父三日不食而殓殡，悉合礼，自负土成坟，庐其旁三年，俱表其门曰，孝行。
>
> 弘治七年，六月戊寅，旌表孝子二人，节妇五人。……李用，辽东广宁右卫学生，俱母丧庐墓，旌其门曰孝行……朱氏，辽东金州卫指挥

佥事张琐妻，俱守节无玷，旌其门曰贞节。①

在这些旌表宣传里，有一些政治意义特别明显。正德十六年（1521），明政府为已故的东丘郡候花云妻、花粗妻部氏贞烈夫人、侍婢孙氏安人在辽东建立祠堂。由头是花云“五世孙辽东复州卫指挥佥事时乞部氏、孙氏赠号并立庙秩祀”。而深层次的原因在于通过立祠在辽东地区宣传洪武开国功臣之事迹：

> 初，云佐高皇帝守太平，陈友谅来攻。死之。妻部氏赴水死。孙氏携其二岁孤炜为陈军所掠。投之江中，偶获一木，依浮至岸，匿苇中六日。遇雷老引见，高皇帝育之宫中，赠云侯爵。②

考虑到此时之辽东已受百年中原文化之浸润，在宣传工作中已可以于文化、民族一体感的树立外，强化官方的政治要求部分了，特将此一与辽东几乎毫无关系的事件大事宣传，政治意义突出。

第三节　明中前期朝鲜对明中央政府的新闻信息收集与反馈

在对北疆最重要的外藩李氏朝鲜进行传播方面，明对朝鲜半岛的新闻传播与信息输出的管理加强。永乐、宣德时期表现为对政治传播与文化传播的重视。

---

① 明实录·孝宗敬皇帝实录 卷89·弘治七年·六月戊寅［M］. 台北：“中央研究院”历史语言研究所，196：1174.

② 明实录·世宗肃皇帝实录 卷9·成化九年·十二月壬午［M］. 台北：“中央研究院”历史语言研究所，1962：1403.

永乐帝即位初立刻“飞报四夷”，其中自然包括朝鲜。在短暂的建文时期，建文政权在与朝鲜联通上做出了一些异于前朝的调整，其中对赴朝鲜使臣的选择上就开始以文臣为主，与李氏朝鲜君臣建立文字、文化层面的联通。建文三年朝廷选派的赴朝鲜颁诏使臣为礼部主事陆颙、鸿胪寺行人林士英，行人的本职我们在前文分析过，赴朝鲜颁诏是其正常工作，而正使选择发礼部主事则有看重李氏朝鲜习诗书、知礼义、“能慕中国之化”的意思在里面。

使臣陆颙在朝鲜期间向朝鲜国王进献了自己所作的诗歌三首，在中国与朝鲜政治层面交流里是有特殊的意义的。同年六月明政府赴朝鲜使臣名单里除通政寺丞章谨还有文渊阁待诏端木礼，端木礼的排名虽在章谨之后，但他作为文渊阁侍诏的文臣身份是不能忽视的。其二使臣不负使命与朝鲜臣子文字往来，并请得李氏太宗长诗两首。同年九月明政府以太仆寺卿祝孟献、礼部主事陆颙为使臣也是此意。一年间三次使臣皆以著有文的臣下为主，文教宣传之意昭然。

《李朝实录》记载：

明惠帝建文三年二月乙未，朝廷使臣礼部主事陆颙、鸿胪寺行人林士英赍诏书来。……宣诏：“……有土之国，盖不可以数计，然唯习诗书，知礼义，能慕中国之化者。然后朝贡于中国，而后世称焉。否则虽有其国，人不之知，又或不能事大，而以不善闻于四方者，亦有焉。”……辛丑，使臣陆颙进诗三篇：远衔恩命使朝鲜，独美名王世代贤。风俗久淳千里地，声华遥达九重天。明时讲学开云阙，靖画崇陪设丰筵。归奏龙颜应有喜，功勋定牧史书传。右怀德言。……六月己巳，帝遣通政寺丞章谨、文渊阁待诏端木礼来赐王命。……辛未，上诣太平馆拜节。使臣谓上曰：“久闻殿下文艺之美，幸赋一绝以惠。”上答曰：“吾虽不敏，敢不合志。”还宫，制长句四韵二篇，以赠二使臣。……癸酉，使臣章谨、端木礼等还，上率百官诣太平馆拜节，谨等作诗二首以献。……九月丁亥朔，朝廷使臣太仆寺卿祝孟献、礼部主事陆颙奉敕书来。使臣至阙，上迎入清和亭设宴，酒酣，祝孟献赋诗献上。①

归国后升任进兵部主事的陆颙还通过朝鲜使臣向定守进献了自己所作的夫子图、三元延寿图。这样密切文化上的往来让之后永乐朝的使臣有难以评价的窘境。洪武三十五年（1402）八月，即遣使以即位诏谕朝鲜并赐朝鲜国王药物。永乐朝第二次派出的使臣在永乐帝登基后的第三个月，即是年九月，使臣为都察院佥都御使俞士吉，鸿胪寺少卿汪泰，内史温全、杨宁等，他们在李氏朝鲜贡入明内宫的三名宦者的陪同下跨过鸭绿江。他们对建文朝的使臣不可能有高度的评价，但是又不能改弦更张，放弃已经开始成为中朝交流模式的诗文唱和，正使同时也是官阶最高的都察院佥都御使俞士吉在接到朝鲜重臣、多次出使明政府、精通汉文诗作的朝鲜参赞权近的赠诗后，于“口占答之”前自我解释：“昔陆颙辈奉使于兹，因诗酒荒乐，中国之士闻者皆笑之。是以吾辈初欲矢不作诗。然子之诗，敢不赓韵。”虽然不能完全忽视因为赠诗一方的权近于中国已经颇有文字之名，后来使臣向他请求文字，如“孟献、智、监生周继等请饯行诗，且求权近序文”这一类的记载不绝于书。因永乐帝为燕王时对辽东之事关注颇多，永乐一朝，与朝鲜联通密切，不能轻易打破已经形成的良性交流范式。

永乐元年（1403），收到登极诏书的朝鲜国王李芳远遣陪臣石璘、李原等，奉表谢赐药并贡马及方物，并且向明请赐冕服、书籍。永乐帝“嘉其能慕中国礼文，悉从之。命礼部具九章冕服，五经四书并钞及彩币表里，俟使还赐之”。六月朝鲜使臣到达南京，八月遣赴出使朝鲜的明廷官员翰林待诏王延龄、行人崔彬即携带赐“诸番国王绒绵金纱罗有差”出行。为了显示对出使的重视，明廷特优渥使臣“人赐纻丝衣一袭、钞二十五锭，使朝鲜使者加衣一袭及皮裘狐帽”。而且对入使中原的朝鲜使臣多加礼遇。对李氏当政

① 明实录·太宗文皇帝实录 卷21·永乐元年·六月辛未［M］. 台北：“中央研究院”历史语言研究所，1962：392.

者也从多方面安抚，使在东北地区朝廷进行的流民招抚不至于引起李氏朝鲜的紧张。从《李朝实录》里的记载可见细节：

> 永乐元年春正月辛卯，辽东千户王得名、百户王迷失帖等奉敕书而来，上以冕服率群臣迎于西郊。至阙开读："皇帝敕谕东宁漫散官员军民人等：太祖皇帝开设东宁卫，好生安养你每。后来建文苦得你每没奈何，漫散出去。如今天下太平了，我只遵着太祖皇帝的法度安养，你每都回东宁卫里来住。……听从所便，休要害怕惊疑。若一向执迷，漫散不来，恐久后悔迟了。故敕。"上使户曹典书偰眉寿言于得名曰："此非谕我国之书。且来敕无开读之礼。"使臣曰："虽非谕此国之书，此国乃漫散军之所在，不可不开读。"上曰："此乃敕书，非诏书也。不可以迎诏之礼行之。"……于是上行四拜不叩头，入便殿释服，出行私礼。……得名等以不行迎诏礼，颇有不怿意。丙申，太上王……宴使臣于太平馆，王得名曰："吾于戊辰年来布枋文，侍中崔莹欲杀之，殿下举义止之，乃得生还，殿下之恩，粉骨难忘。……"漫散军民总计一万三千六百四十一名，内见解男女家小共一万九百二十名，在逃二千二百二十五名，病故四百九十六名。①

之后的传播制度化在政治新闻信息传播方面开始规范化。永乐至宣德时期，每每明廷有重大政治事件，即行遣使以告朝鲜。需要通告的消息不再局限于只是与朝鲜方面有直接关系的内容，比如协同防御蒙古或者直接向朝鲜方向寻回流民这种信息，而是属于国家重大的政治、军事事件，在国家防务层面没有不能传播的禁忌的，都在向朝鲜进行专门专使传播的范围内。永乐朝初立的一个最为重大的政治事件就是迁都北京。这一迁都的举动与朝鲜关系密切，朝鲜也是北部防务的重要组成部分，但更多的是基于西北防务产生

---

① 吴晗．朝鲜李朝实录中的中国史料·李朝定宗实录·卷19·辛丑三年·二月癸卯［M］．北京：中华书局，1980：294.

的考虑，但迁都本身就是国家政治中心的迁移，迁移的地理空间跨度还是非常大的，表示了一种“天子守边”的强烈强硬强势姿态。永乐十九年（1421），二月癸卯，永乐帝并建两都，诏告天下，“礼部录文与之”朝鲜使臣全义。朝鲜收到后马上“遣进贺使……奉表如京师，贺建都北京及祯祥”。宣德元年（1426）七月，明仁宗洪熙皇帝大行，宣德继位，即行遣“鸿胪寺宾署丞焦循摄礼部郎中，鸣赞卢进摄鸿胪寺少卿，以即位诏颁给朝鲜。上谕之曰，朝鲜为国东藩，世修职贡。朕嗣承大统，所宜诏告，简尔将命，尚以礼自持，用副任使，尔其慎之”。宣德三年（1428）二月，宣德帝立朱祁镇为皇太子，“诏告臣民咸使知悉。遣使诏告朝鲜等国”。

经过永乐时期，对朝鲜的文化传播已经上升到与政治传播相仿佛的地位。当然这其中的一个原因是因为这一时间段，内部的政治冲突已经消弭殆尽。永乐朝血腥残酷的靖难之役已经完全变成了历史，永乐帝五次亲征漠北标志着大规模的全国总动员级别的战争状态暂时告一段落，宣德之初短短的叛乱也没有激起任何水花。武功的时代此时结束了，随之开始的是在文治方面的努力。这在明政府内部政治、经济、文化政策的调整与实施方面是明显的，特别是在对外藩与外夷的传播政策方面的变化。永乐、宣德时期多次赐书籍、乐器、冕服与朝鲜，借此以传播保证文化同步的企图是明显的。永乐四年（1406），内史朴麟、金禧等奉旨赐乐器、书籍至朝鲜。此次赏赐共计祭祀乐器编钟一十六个，编磬一十六片，琴四张，瑟二床，笙二攒，箫四管；《通鉴纲目》《汉准》《四书衍义》《大学衍义》各一部。

值得注意的是这种乐器在中国文化传统语言里，不只是乐器那么简单，它同时还是标志不同社会级别与社会身份的一种礼器。在这里下赐的乐器编钟一十六个，编磬一十六片，琴四张，瑟二床，笙二攒，箫四管就不单单是进行文化传播了，也是在进行利用文化包装过的社会等级再划分与再确认。衣冠服饰在这里所起到的作用那就更加明确了。所以才有“以为定制”之说。

永乐十七年（1419）六月，遣中官黄俨使朝鲜国，“并赐《为善阴骘》

书一帙”。

。此次所赐《为善阴隲》达六百本之多。同年十二月，“特赐御制序新修《性理大全》《四书五经大全》”。

宣德元年（1426）十月，明廷遣使以五经四书及《性理大全》《通鉴纲目》赐朝鲜国王李祹。宣德帝与礼部尚书胡濙的一段对话颇能显示出明廷频频赐书朝鲜之本意，“（上曰）圣人之道与前代得失俱在此书，有天下国家者不可不读。闻祹勤学，朕故赐之。若使小国之民，得蒙其惠，亦朕心所乐也”。

宣德三年（1428）九月，明廷赐朝鲜国世子六梁冠一付。之前，朝鲜国王李祹上奏，“洪武中，蒙赐国王冕服九章。陪臣冠服比朝廷递降二等，盖陪臣一等比朝臣第三等得五梁冠服。永乐中，先臣芳远遣世子禔入朝，蒙赐五梁冠服，臣切惟世子冠服同陪臣一等，乞为定制。上从之，故有是谕”。

宣德中后期，朝鲜与女真部落的边界冲突有了激化的迹象。女真部落从族源上来讲与中原的关系疏远于朝鲜，毕竟只从中原移民史的角度出发，明末之前，中原移民在向东北方向流动时是很少考虑进入苦寒之地的。所以沿金州、海州向东转而向北进入朝鲜半岛，或者从登州、莱州一线海路出发去往朝鲜南部地区的选择在移民流动中是更为常见的。作为传播中最为活跃的因素，移民的数量决定了文化共同体结成过程中认同程度的不同。民族国家出现前的帝国时代，朝鲜比东北地区生活的女真人、蒙古生活的蒙古人更容易获得中原政权文化上同源的认定。

出于文化上的歧见，明廷一直偏向朝鲜，与朝鲜之间关于女真与倭寇的军事信息情报与交流开始出现。宣德九年（1434）十一月，明廷从木兰河等卫指挥兀苦里等处得知，黑龙江七姓野人女真部议攻朝鲜的军事情报，尽管七姓野人女真是明内属朝鲜乃是外藩，明廷仍“至是，朝鲜使还，赐敕谕国王，令戒饬守将严为之备。并以备倭官所得朝鲜人归之。盖朝鲜初遣舟师捕海贼，乃飘一舟至扬州，官军得之，凡七十八人悉送京师。上怜之，赐衣及钞遣还”。

不过正统至成化时期明政府所代表的中原核心文化圈与朝鲜半岛传播关系还是在积极发展的。正统帝即位之时，不但第一时间遣使遣郎中李约、员外郎李仪通告朝鲜国王李祹“朕初嗣大宝，嘉与天下安于清静，王国朝贡一循旧制，非常贡之物悉止之。因赐祹金织文绮彩币等物”。并且将宣德初年朝鲜人送宫中的朝鲜妇女金黑等五十三特遣中官送回，“上悯其有乡土父母之念……谕其国王悉遣还家，勿致失所”。此举尽显对朝鲜这个明帝国第一外藩的重视。而朝鲜也积极回应明对其的重视。正统六年（1441）十二月，朝鲜国王李祹上奏明廷请留铁领卫军人李相以教习汉语吏文：

> 本国僻在东陲，语音与中国异，凡遇圣谕使臣至国，必资通译，乃克知之。迩者辽东铁岭军李相被虏至国，颇识文墨，语音纯正，合无赐留本国训习语音，以通上国之情。上赐敕谕之曰，比奏欲留李相足见王之谨于事，大诚心可嘉，特允所奏，谕王知之。①

经过土木之变，明帝国东北边疆受到很大冲击，无暇东顾，大量汉人、女真人逃入朝鲜境内。要求朝鲜遣返流民，并对此表示褒扬的谕旨，景泰年间在明与朝鲜的政治交流中出现频率很高的。

此阶段明与朝鲜的信息交流非常频繁，仅以景泰三年（1452）为例：

三月，朝鲜国王李珦派遣陪臣安完庆等入朝贡献方物，明廷“仍以其送回被掳人口，命完庆赍敕及彩缎表里归，赐其王”。

四月，朝鲜国王李珦派遣陪臣李蓄来朝贡海青，明廷发回敕谕：“得奏先有被虏、逃在王国人口已行陆续解送辽东，此具足见王忠敬朝廷之意，王自今当严戒守边，头目但系野人女直交通北虏犯边后，带所抢人口逃在王国后门、斡木河一带地方藏躲者，务须尽数搜寻或设法驱逐，或连被抢中国人口送赴辽东总兵官处交收，毋令因循潜住，浸为彼此边患。”

---

① 明实录·英宗睿皇帝实录 卷87·正统六年·十二月戊戌［M］．台北：“中央研究院”历史语言研究所，1962：1737.

六月，明廷以册立皇太子，派遣吏部稽勋司郎中陈钝为正使，行人司司正李宽为副使，“赍诏往谕朝鲜。赐钝等各金织罗衣一袭，钞五百贯”。

七月，朝鲜国王李珦卒。派遣使臣赴北京来告哀。明廷“命内官金兴、金宥往员祭，赐谥恭顺，遂封其世子弘玮为朝鲜国王，赐冕服诰命”。

在此阶段，政治信息的交流仍是明与朝鲜信息交互的主要内容。

弘治、正德时期，明政府与朝鲜政府间的传播关系开始紧张。弘治初年，力行治理朝政，明廷气象为之一新。弘治元年（1488），出使明朝的朝鲜使臣卢思慎，归国后曾对朝鲜的国王说：“先皇帝（宪宗）或于用人间以私意，今皇帝（孝宗）则铨注登庸一出于正。又性不喜宝玩之物，虽风雪不废朝会，临群臣皆以丧服（居丧期间），惟祀天祭用黄袍，臣等慰宴时不奏乐，不设杂戏，劝花置于床上而不簪。大抵先皇帝弊政一切更张矣。”对于此种变化，朝鲜是颇为关注的。

成化年间，建州卫女真人与朝鲜相仇，至于有掩杀朝鲜贡使于途之事。弘治二年（1489），朝廷整顿边务，命边将于辽东之东八站南别开新道，添设城堡，以便保证使臣往来，信息通畅。

此一阶段对朝鲜的传播的政治信息种类与内容与前朝无大区别，仍以一些重大的政治事件信息传播为主：

弘治五年（1492）三月，以册立皇太子，命兵部郎中艾璞为正使、行人司行人高胤先为副使颁诏朝鲜国王，“并赐国王及既妃彩币文锦等物，璞等各赐衣一袭遣之。已而，璞等奏，前此奉使二国，开读诏书者，其国王俱请留诏书于本国。今预乞成命。从之。”

弘治十八年（1505）八月，孝宗驾崩武宗继立，命翰林院侍读徐穆为正使，吏科给事中吉时为副使往朝鲜国“诏告即位，敕赐其国王及妃其纻丝表里妆花绒锦有差”。

值得一提的是这次出使朝鲜的正使徐穆在朝鲜的表现颇为出色。其人“弘治癸丑进士第二人，授翰林编修，秩满迁侍读，与修历代通鉴纂要，宋元论断多出其手”。作为正使颁诏于朝鲜至国境时，朝鲜国王对迎接诏旨的仪式做出了许多不同于前朝定式的修改，不带领臣下前往王京近郊行效迎之礼，也不在诏旨奉迎进入王京王宫前在道路边跪候的道跽之礼。徐穆熟知礼仪典章，对中朝交流的历史史实也掌握得很好，多次与朝鲜国王派来的臣下就礼仪问题进行论辩，也不接受朝鲜方面的馈赠礼物，坚持原则，到底让朝鲜君臣依据迎诏的因定仪式完成了这次颁诏活动。《明实录》记载：朝鲜国王“不郊迎，不道跽。穆援古证今，反复析辩，卒能以礼屈之。王屡遣陪臣代质疑义，剖析不遗。凡有馈献，悉拒弗纳，国人皆叹服”。

我们需要明确的是，这不是政治上的刁难也不是文人拘泥不化，而是对传播规律的一种尊重。传播活动与其他社会活动一样，存在着形式与内容的统一与对立，但在传播领域内，传播过程中的仪式感在传播致效的达成中的分量是更为吃重的。在一些特定的条件下，传播的致效几乎完全要靠传播发出、接收、接受、反馈中的程序化与仪感来强化达成。“诏告即位，敕赐其国王及妃其纻丝表里妆花绒锦有差”是这次传播任务的主要内容，为新君在藩国树立权威是要达成的传播目的，此非严格传播程序、强调收受礼仪不能达成。早在永乐年间就有辽东千户王得名奉敕招谕出亡朝鲜半岛的辽东军民回居辽东东宁卫，当他来到朝鲜境内时，就要求朝鲜君臣以最高的礼节迎奉这道敕令。当时的李氏朝鲜群臣以敕令宣谕对象不是朝鲜方面而提出礼节上的异议，经历过“越江布告事件”且久在传播一线的王得名坚持不退让，最后取得了招谕工作的成功，这道理是相同的。

但当传播的负责者选择不当时，传播活动不但不能取得预期的传播效果，甚至会产生对中原明政府与朝鲜半岛李氏政府双边关系相当不利的负面影响。明政府选派的使臣就有过这种行为失当影响邦交的情况。早期出现这种问题的多是以宦臣为使时发生的。正德十六年（1521）五月，朝鲜国王李怿请册封世子，武宗以太监金义、陈浩在为正副使出使朝鲜，在朝鲜传布敕令索取“异物及童男女以进”，且其二人奉使朝鲜一路沿途需索，仅在辽东一处就搜刮赃私千余两。为言官弹劾，且认为“今朝廷于诸番国如占城、安南、满加剌等处，遇有遣使者皆用翰林院官或给事中、行人衔命以往，况朝鲜比之诸国，尤为秉礼之邦，乃独遣内臣奉使，其辱国损威甚矣”，并“乞今后遣使朝鲜皆于文职中择进士出身者充之，不宜使内臣辱国命”。此建议为朝廷采纳，所以当正德十六年（1521）八月，即命翰林院修撰唐皋、编修孙承恩为正使，兵科给事中史道、礼科给事中李锡为副使前往朝鲜，颁布登极诏书。

明中前期朝鲜对明中央政府的新闻信息收集与反馈也相当积极。朝鲜对于中原时政新闻相当关注，明帝国初立朝鲜即先于诸外藩入朝。如同当年王氏朝鲜王颛首称入朝大明获得了洪武帝的极大欢心一样，李氏朝鲜的率先入朝也使得永乐帝对朝鲜印象颇佳。靖难之役时，建文帝对朝鲜多用怀柔，赐朝鲜太宗国王诰命，及亲王爵的九章冕服。而与其相厚，又均为夺位而成的明成祖登极之后，李芳远又再次上贺表，请冠冕服饰，于是再次得到了明朝所赐的金印、诰命、冕服、九章、经籍、彩币表里等。注重收集中原新闻信息给李氏朝鲜带来了很大的政治收益，这就鼓励了朝鲜历代统治者都拿出相当大的精力来收集、处理、反馈来自中原的各种新闻信息。

特别于中原战乱之时，这种重视是表现得非常明显的。建文帝四年，三月贺圣节使参赞议政府事崔有庆从当时的京师南京返回朝鲜王京。建文四年正是战事胶着之年，崔有庆身在朝廷多时，获知的消息自然是带统观全局的程度的。崔有庆在回报时认为燕地的军事力量强大，声势浩大，虽然是远来攻坚，但一路胜多而败少。建文方面的军队在数量上是有很大的优势的，但无论是作战声势还是平日训练形成的军事素养都不能与一直身处北部防备一线的燕地军队相比，所以一旦开战，必定失败。同时，崔有庆还汇报了北部边境的消息，因为燕地军队和主要将领南下进攻建文朝廷，蒙古势力借机不断发生小规模拢犯边境的事件，导致北路地区社会动乱不安。这一消息与朝鲜关系更为密切，朝鲜方面加强了相关信息的收集。同月，就发生了辽东的军士朱景从辽东地区逃亡到了朝鲜境内的义州的事件。他带来了更为进一步的消息，这个消息无论是表面上还是细节上看都与崔有庆的判断相同，他声称在二月二十八日北上征讨燕地的建文朝廷部队失败后溃散逃亡，数量非常众多，这些溃兵在他们各自逃回原住地的过程中，对当地的百姓多有侵犯骚扰，导致社会动荡不安。

这条消息被朝鲜朝廷高度重视，马上派出侦查力量进行侦探窥视中原燕地动态。不到数日就有辽东人乘船越过界河鸭绿江来到朝鲜方面的泥城，他们带来的消息也与之前的消息一致，并且更进了一步，朝鲜方面从他们那里获知了南下征伐的燕军接连大胜，建文方面的重要将领开始了弃城投降。朝鲜方面有了崔有庆从明政府中央、辽东逃亡士兵、辽东逃亡流民三方面带来的信息，可以做出比较周全的反应，为了防止战争导致的混乱情况漫延到朝鲜境内，李氏朝鲜政府开始在西北面筑城，并采取三国战争时筑木栅城的方法以期快速筑城成功。当然筑木栅城还有更深的一层意思在里面，如果是筑砖石类的长期城堡，有可能会引起明政府的警惕甚至反应，所以以木栅筑城，作为临时性的防御设置，于明政府方面易于解释，一旦受到压力需要拆除也不会有什么工程上的负担。《李朝实录》记载下了这事信息收集、分析、反应的整个过程：

> 崔有庆启曰："燕兵势强，乘胜远斗，帝兵虽多势弱，战则必败。又有鞑靼兵乘间侵掠燕辽之间，中国骚然。"……丙申，辽东军朱景等逃至义州，言二月十八日征燕军马逃散，不知其数，侵掠民居，故逃还故土。乃遣龟山探候事变。丁酉……辽东人……乘桴越江到泥城，云燕军大兴，卫领军杨大人弃城降于燕，故畏而逃来。……朴锡命曰："今中朝之人率皆如此，西有燕反，北有凶奴，间有草贼，释此不忧，惟逃军是追，辽东总兵之为谋亦浅矣！"……孟六月癸丑朔，与河仑等议筑西北诸州城，河仑等启曰："今中国兵兴，宜筑西北面城。"……金士衡曰："三国战争之里皆用木栅，今中国大乱，我国无事，宜于此时筑城。"上曰："然，待秋遣使筑之。"①

① 吴晗．朝鲜李朝实录中的中国史料·李朝太宗实录·卷2·丁亥七年·四月壬辰［M］．北京：中华书局，1980：223.

从最后的结果看，朝鲜在燕地战乱时期受到的波及不大，几乎可说是没缺失。这次信息收集处理反馈是非常成功的。

永乐元年还有一件事关新闻传播的戏剧性的细节有了一个喜剧式的收稍。一个小人物的故事有了一个完满的结局，也就是前一段落里我们提到的王得名宣布敕令招谕散漫军民事件。在越江布告，引发了李氏朝鲜取代王氏高丽的改朝换代中扮演了重要触发角色的辽东千户王得名、百户王迷失帖这次奉永乐帝的圣旨前来朝鲜进行宣布谕旨。定宗以正式的冠服带领群臣在王京西效进行正式的迎旨。王得名宣读了永乐帝的谕旨，永乐帝先是重复了洪武时期开设东宁卫的主旨在于让东宁卫一带的军民有一个安身之所立命之地。永乐帝把辽东地区出现民众流亡的情况推到了建文时期所谓的苛刻和沉重的赋税徭役上，我们知道建文时期对辽东地区的政策在与燕王不相关的部分是没有做什么根本性的调整的，不存在“建文苦得你每没奈何，漫散出去”的情况，招谕出亡的军民回归东宁卫。因为这道谕旨的宣布主体不是李氏朝鲜的君臣，所以对于是不是要正式以冠服大礼郊迎这次宣谕活动，在朝鲜君臣间是有讨论的。上使户曹典书偰眉寿言就对王得名表示，这道谕旨是面向流亡出逃的辽东军民的，而且不是圣旨而是敕令，是不需要大礼郊迎开读的。王得名从洪武时期就负责对朝鲜半岛的新闻传播，深刻了解如果不让李氏朝鲜君臣对这次宣谕的礼节提高到最高级别，那在之后的流民回归的过程中，李氏朝鲜就不会彻底地执行明政府的政策，甚至会阳奉阴违，做出阻止流民回归的事情。王得名坚持流亡民众现在的实际居住地政府必须正式接收信息传播。虽然礼节上朝鲜君臣做了许多如“上行四拜不叩头，入便殿释服，出行私礼”的小动作，但王得名的坚持还是让这次宣谕传播获得了理想的效果，计有漫散军民总计一万三千六百四十一名，除了已经遣返回明境的男女家小共一万九百二十名，在逃二千二百二十五名，病故四百九十六名外，其他的都进入了送还名单。而前面我们所说的小人物的喜剧就发生在太平馆的使臣宴会上，《李朝实录》记载如下：

春正月辛卯，辽东千户王得名、百户王迷失帖等奉敕书而来，上以冕服率群臣迎于西郊。至阙开读："皇帝敕谕东宁漫散官员军民人等：太祖皇帝开设东宁卫，好生安养你每。后来建文苦得你每没奈何，漫散出去。如今天下太平了，我只遵着太祖皇帝的法度安养，你每都回东宁卫里来住。……听从所便，休要害怕惊疑。若一向执迷，漫散不来，恐久后悔迟了。故敕。"上使户曹典书偰眉寿言于得名曰："此非谕我国之书。且来敕无开读之礼。"使臣曰："虽非谕此国之书，此国乃漫散军之所在，不可不开读。"上曰："此乃敕书，非诏书也。不可以迎诏之礼行之。"……于是上行四拜不叩头，入便殿释服，出行私礼。……得名等以不行迎诏礼，颇有不怿意。丙申，太上王……宴使臣于太平馆，王得名曰："吾于戊辰年来布枋文，侍中崔莹欲杀之，殿下举义止之，乃得生还，殿下之恩，粉骨难忘。……"①

在战争结束天下平定后的永乐年间，对永乐迁都与北征消息的重视与收集是李氏朝鲜对明新闻信息收集处理工作的一个重点内容。

永乐五年（1407），永乐帝发兵往征安南的消息传入朝鲜。同为外藩，朝鲜君臣对此极为敏感，在五月明廷使臣内史郑升、行人冯谨奉平安南诏来之前，即已获得许多安南之战的细节，并就此调整对明外交政策与内部防务。李芳远曾与群臣分析所获消息并商讨应对之策："闻皇帝亲征安南，安南人束手就戮，无有敌之者。……且安南国王奔告于皇帝，则帝此举不得不尔。我皇帝好大喜功，如我国少失事大之礼，必兴师问罪。我则以为，一以至诚事之；一以固城垒、蓄粮饷，最是今日之急务。"而且为了更多知悉内情，派遣判汉城府事偰眉寿以贺醴泉甘露等祯祥为名赴京师。在接到平安南诏之后马上派遣参知议政府事咸傅霖赴京师，贺平安南，目的也在于进一步获知消息。

① 吴晗. 朝鲜李朝实录中的中国史料·李朝太宗实录·卷2·戊子八年·二月丙辰［M］. 北京：中华书局，1980：233.

永乐六年（1408），为了讨好永乐帝，李芳远派世子入朝觐见，获钦赐《大明孝慈高皇后传》五十本、永乐六年大统历日一百本、《仁孝皇后劝善书》一百五十本、《孝慈皇后传》一百五十本、《通鉴纲目》《大学衍义》各一部，法帖三部，笔一百五十枝，墨二十五锭。如此丰盛的赏赐并不是世子入贡的最大收获，李芳远希望使臣今后能够陆路入贡等并没有实现。使臣依旧没有办法将获知消息私下回传朝鲜。重要的政治新闻信息，依然只能从明廷官方获知，即使有所优待，不过准入朝之使自录敕谕而还。如永乐七年（1409），贺正使金铭、副使柳沂回自京师，即钦录诏敕二道："其一，诏明年二月巡幸北京。其一，诏营建北京，诫谕官吏。"

但很快这一看似不可能达成的目的顺利达成了。显仁妃权氏殁后，权氏族兄充贡使入朝，永乐帝钦令朝鲜贡路由陆不由海，这一便利使得朝鲜入贡使臣可以及时向朝鲜密报明廷动态。这里有很个性化的成分和故事性非常强的部分，那就是显仁妃的个人因素。朝鲜与明帝室之间存在着入贡女子以充实后宫或者供帝王下赐王室的传统。而这些被当作政治牺牲品的女子里，显仁妃权氏获得了永乐帝极大的欢心是史料上有正式记载的。所以当权氏早早亡故之后，她的族兄充贡使入朝就获得了优待。但从整个帝国传播的规划着眼分析，显仁妃及其个人相关因素在这次更改路线的事件中只是起到了很小的一个推动作用。

贡路的变化一般是依据当时的政治经济情况进行调整的，在永乐后期，把贡路从海路调整成陆路的条件已经达成，最大的原因还是边境的军事情况，从这个角度看永乐帝的北征还是成功的，当然这仅仅是从传播通道开拓和维护的角度出发去考虑的。在相对和平稳定的时期，使者从海路从朝鲜半岛出发经过辽东前往北京是更为安全和经济的，同时，使者还可以切实地对所经过地区的政治、经济、文化情况有一个第一手的考查过程。在清代前期，朝鲜使臣在入贡过程中自身也成了传播符号。《李朝实录》里有关于前明衣冠为中原人士得见，见者痛哭的记载。永乐后期，朝鲜使臣入贡路线的更改条件已经达成，有没有显仁妃权氏的个人因素都不重要了。

即使是相对平和的时间段朝鲜方面更为关注的还是军事相关信息。

永乐七年（1409）十月，赴南京奏闻使即密报明廷声息："鞑靼皇帝将重兵屯关中口子外，总兵官、沂国公、武城侯御之，败绩，全师被掳。皇帝征兵诸路将以明年二月北征。"这种当属于军事机密的信息对朝鲜来讲非常重要。十一月，通事孔明义回自北京，带来了鞑靼军去北京不远，皇都危窘的进一步消息。西北面都巡问使同时收集了辽东一带来自民间的消息："人有自辽东来者。言王畏鞑靼，尽入城堡。"派往辽东的通事全义也收集了相关情报："辽人密言，朝廷传闻朝鲜助鞑靼起兵，故使寿来入境觇之。入境便佯怒，以察顺逆。"

为了更多了解北征细节，朝鲜派义州通事李龙前往辽东收集情报，从辽东卫军户得知"辽兵一万赴北京，遇鞑靼兵于山海卫，与战败，死伤过半。辽东自正月初二日严兵城守，昼夜不懈"。李芳远召集政府综合分析了以上情报，决定加强边境守卫，令使臣四出"仍探中国声息"。

辽东是李氏朝鲜获得种种军政信息的一个重要来源地，明廷的政令在辽东一经公开发布，朝鲜使臣即刻抄录回传。永乐帝北征捷报朝鲜即由此而得。二月，西北面都巡问使朴言从辽东士人处得到永乐皇帝亲征北狄诏书的抄件，录本进献。七月，朝鲜大臣韩尚敬到辽乐，通过官方渠道抄录了明廷五月二十日颁降的平胡诏书，对战事情报一直有及时把握的朝鲜马上派遣韩大临等奉表笺赴京进贺。朝鲜对明动态消息尽力收集的同时，已经意识到不能重蹈覆辙过于张扬引起明廷的警惕甚至反感，特令制作外交文书时，不得"具录移咨，则以外国知中国之变，实有嫌焉"。

第一次北征胜利后，明廷筹划迁都。北京地近辽东，迁都一事就成为朝鲜信息收集的重要内容。永乐十年（1412）三月，朝鲜使臣郑擢、安省从南京返回，上报朝鲜执政："皇帝于燕都新坑大河通漕运，又经营宫阙以备巡幸。"次年，六月使臣回报："四月初一日皇帝下辇于北京。"一直到了永乐十九年（1421）"全义回自京师，言帝……并建两都，诏告天下，礼部录文与之"。明廷和对藩诸国发布迁都文告。事实上，朝鲜几与中原内地同时了解了迁都过程。当然，李朝在收到这条已是“旧闻”的消息时，还是要走走“进贺使……奉表如京师，贺建都北京及祯祥”的程序的，前面我们已经多次提到了传播程序化与传播仪式感对传播致效在明对外藩、外夷进行政治传播中的重要性，此处不再多加分析。

迁都之后，明廷多次对蒙古用兵，每次朝鲜都积极收集情报，以利自己及时调整边防政策。这方面的新闻信息朝鲜方面的收集都是不遗余力收集细节的。

永乐十二年（1414）四月，朝鲜进贺使柳廷显回自北京，对上一个月皇帝亲征的新闻信息就充满了细节内容，不但有出征的具体时间、出征军马的数量，随行人员的组成，还有皇太子的动向、留守主持政府行政事务的人选，包括其他外藩的表态都在回报内容中。

《李朝实录》记载了他的回报执政：“皇帝于三月二十七日领兵百万北征。皇子皇孙皆扈从。东宫在南京，户部尚书夏元吉留守北京，兼总六部事。北方诸国皆遣使钦问起居。”朝鲜高度关注，马上派出光禄寺卿权永钧①为使入京“以帝北征钦问起居也”。九月，尹子当、通事元闵生还自京师，他们的实质使命就是收集回战争动态新闻，尹子当、元闵生回报了皇帝的归期并且抄回了布告天下的平胡诏书。《李朝实录》所记载的“启曰：六月初四日皇帝亲征，平定北方。至八月初一日下辇于北京，布告天下。”同时抄录了平胡诏书以进。

这方面的新闻信息重要性很高，所以，李氏朝鲜的新闻信息收集也不是只依靠使臣一个渠道带回来官方信息这一种方式的。李氏朝鲜信息的收集是立体的多层面的。也就是上层信息由使臣带回，中间动态由使臣收集或者由边臣从边境收集，下层动态则直接由辽东地区边境军民处获得。这样上中下三个层面的信息收集就保证了新闻信息的全面，更有利于李氏朝鲜做出正确的反应。

---

① 权永钧为永乐帝显仁妃兄，故得以受职明庭为光禄寺卿，仅为虚衔。

永乐二十年（1422）三月，进奏官许昉在北京遣人回报了政府将进行大规模军事行动的消息："今三月十五日天下兵马会于北京。将北征。"

朝鲜即派出通事金时遇赴辽东验证消息的真实性，这就属于用中层渠道去验证上层渠道发回来的新闻信息的一个例证。金时遇的回报补充了军事行动的一个重要内容，就是起因是蒙古侵犯边境："皇帝以鞑靼寇边，于今月二十一日上马亲征。"五月，入京贺正的使臣吴升回到王京，带来了具体消息："鞑靼布满辽东、广宁、山海卫等处，掠夺不已。以……传闻北京以北及西北甘肃等处，皆被其害。三月二十二日皇帝亲率大军北征。诏诸路益发兵马行在所。"

在消息被证实后，朝鲜即遣判中军都总制府事韩长寿为钦问起居使前往北京。十一月，战事平定不久，押解马匹入辽的朝鲜官员回自辽东，获知"帝以九月初八日还都，以……克捷班师诏告天下"。

不出旬日，朝鲜即遣使入京贺平定北方。这种及时侦知消息快速做出反应的信息收集处理几乎形成了一套程序。永乐二十一年（1423），进贺使带回消息："北京西寝殿炎，且鞑靼数万兵入寇中原，帝将欲亲征。"朝鲜政府马上派出通事金乙玄前往辽东探问，得知七月二十四日永乐皇帝亲御六军，北征鞑靼。十一月，平壤通事朱扬善押送马匹①回自辽东，得以謄写平胡也先诏入启。同月，朝鲜遣使赴京师，贺平定北方。

永乐时期，朝鲜对明的信息收集除了政治军事外还有不少是文化传播方面的内容。永乐十一年（1413），朝鲜李芳远令书状官陈遵求《三国志》《苏子古史》等书籍于中朝。永乐十三年（1415）向明礼部求铜人俯仰图以习针灸之道，咨文称"医药活人，实惟重事。本国僻居海外，为缘针灸方书鲜少，且无良医。凡有疾病，按图针灸，多不见效。如蒙奏闻给降铜人，取法施行，深为便宜"。永乐十五年（1417），命书状官学医卜之术于京师，并命使臣将"医方五行卜书及捡金册易换赍来"。

---

① 明庭于永乐间两次征马于朝鲜以供北征，两次共两万匹，分批次于辽东交割。

朝鲜积极收集明廷信息的同时，已经开始对自身的信息安全加以关注。永乐十三年（1415），倭寇旅顺，杀伤军民二万余，掠夺天妃庙，烧毁明军舰船，消息传到朝鲜，朝鲜君臣极为紧张。“倭寇中国数矣，而今也为甚。帝若怒而欲征之，则必有助征之命，将若之何？且我国交通日本，倭使络绎，帝若知之，则必归咎于我国，亦将如之何？”

李芳远的焦虑集中在唯恐其与日本私下交通为明廷所知。朝鲜为此先后整肃了一批“私交王官”，与中原关系密切的臣子，如任君礼，其“父忠彦，汉人也。以译语得参开国功臣”，朝鲜政府即以其“为人贪鄙”论罪斩首，真正目的即防止其与日本相交通之事被其泄露。

可是也有不和谐的声音，朝鲜方面“未闻诏先举哀”引发了明廷对朝鲜破坏传播秩序的不满。

永乐二十二年（1424），使臣朴得年回自辽东，謄写皇太子谕令一本以进，谕令中称：“皇太子令谕天下文武官员军民等；仰惟大行皇帝为天下生灵讨贼胡寇，班师回自榆木川，不幸于七月十八日宾天，遗命中外臣民丧服礼仪，一遵太祖高皇帝遗制，布告天下，咸使知闻。”朴得年同时还收集到了一些关于永乐驾崩的传言如“皇帝与鞑靼相遇交兵，阿录大战死”，“忠勇王自请招安鞑靼，扈驾而行，不知去向。皇帝行在雨冰如瓦，军人或折臂或碎头而死，马亦多折颈而死，皇帝以此劳心而崩”，等等。李祹即率群臣为永乐帝举哀如仪，同时派遣进香使、陈慰使赶赴京师。同月，咨文赍进官从辽东返回王京时抄录回洪熙皇帝即位诏。因为事关重大，使臣辽东往返仅用了十四日，李祹特赐冬衣一袭，以奖赏其行动之迅速。并马上派出重臣领议政李稷赶赴京师，贺登极。九月末，被派赴行在钦问起居的通事史周回自京师，带回官方消息：“皇帝北征，班师至榆木川，七月十八日崩，八月十一日梓宫还京，十五日兵皇太子即皇帝位。大赦天下。”并传写北征诏书以进。

这一整套消息收集与处理，在永乐帝多次北征时朝鲜已经运用得相当熟练了，但这次情况出现了很大的变化。进香使崔迤与陈慰使安纯于九月二十八日越鸭绿江进入辽东界内，翌日便遇明廷使臣于汤站路上。明使询问朝使赴京何事，朝鲜使臣曰“皇帝宾天，以进香、陈慰入朝”。明使问其由何知，朝使据实以答：“护送王天使知三登县事朴得年回自辽东，敬录令谕而来。殿下钦阙皇帝升遐，率群哭临行丧，以哀恸迫切之情，即命陪臣陈慰、进香耳。”明使认为此种行为是“私通消息”，而“以私通消息入朝”本身即是违反纲纪之事。朝鲜使臣以“是非私通，朴得年、赵忠佐在辽东，见大小人民以皇帝升遐，素服素馔，问于都司，答曰皇帝上升，新皇帝即位。”并以前朝“如平定北方及祥瑞等事，进贺不待朝命。皇帝宾天，大故也。殿下既已举哀行丧，陈慰、进香不得不耳”辩解。明使坚持认定朝鲜此举“理然而礼则差矣。今强入归，则非特汝国失次，私通消息者必有罪矣”。朝鲜使臣不得已，退还到义州江边，但仍抱一线希望地以“天使之言固然，某等已受君命入上国之境，擅自留行，于义未安”为借口希望得以继续西行。此举益发触怒明使，明使直言：“不从我言，必欲赴京，诏书开读后，更有进香、陈慰乎？何不顾国家之事欤！盖使人启闻殿下而后行乎？”

至此，朝鲜使臣只得停于义州，等待朝鲜政府议定而行。李祹与群臣商议的结果是“遣知申事郭存中、注书李承孙于使臣行次，请先送进香、陈慰、贺登极三使。李稷、李恪以使臣言，姑留江上”。数日之后，明廷所遣讣告使臣内官刘景、行人陈善至朝鲜境内宣布谕敕。朝鲜政府此时方得以“命吏曹正郎安崇善赍改书进香、陈慰表咨文，追至进香、陈慰、贺登极三使交割”。

当贺登极使臣十一月初四日到辽东时，通过辽东经历王章得知十月初八日封皇后，十一日封太子，谕令已经布告天下时，欲謄写诏书，但辽东官员以前日使臣怒其漏泄讣告等事，皆讳而不示。

洪熙元年（1425）六月，义州通事李成富在蓟州得知洪熙帝驾崩，并謄回送大行皇帝遗诏，上报朝鲜政府六月十二日巳时皇太子登极，改元宣德。经过此一番顿挫，朝鲜执政采取了更为谨慎的态度，一直等到两个月后义州通事金赞奇从辽东返回，带回官方准许的新帝登极诏书謄本之日，议政府方命停朝市七日率百官举哀。

进入宣德时期，朝鲜安排出使之臣俱要上交中原闻见事目，且闻见事目俱要抄送春秋馆、承文院，可见朝鲜对明消息重视之一斑。宣德以后至成化时期，尽管明廷多事，但东北一线相对安稳，朝鲜在注重对明进行时政信息收集的同时对收集文化信息、强调与中原文化传播保持相同水平上的投入开始加强。

宣德元年（1426），正朝使韩尚德在北京以书信的形式通报朝鲜执政："辽东镇抚刘青言皇帝亲征汉王，至鲁安县平之。汉府所辖民人五万九千余民徙于辽东。月初一日驾回北京。"而进献使金时遇则本月奉明赐返回王京，共计五经、四书、性理大全一部，共一百二十册；通鉴纲目一部，计十四册。金时遇同时謄来平汉王诏敕。

韩尚德与金时遇的所为可以说是此一时间段内朝鲜进入中原之使臣主要工作的一个典型。而使臣归报的政治消息，相对重要的均要由李朝君臣商讨出对策而后执行。宣德三年（1428），朝鲜赴辽东之通事驰报赵王叛乱之消息。时值明廷使臣内宦尹凤正在王京，李祹交代臣下"以曩日尽抄辽东军观之，果然矣。然未可的知，不宜令尹凤知之。故曾令代言等勿露其言"。李氏朝鲜自未闻诏先举哀受到明使之指责后，对自身的信息收集工作保密程度明显上升。

在文化传播方面，朝局时政的相对平和让李氏朝鲜对中原文化信息方面收集的力度加大。正统五年（1440），使臣于北京礼部得见新刊之《大明集礼》，世宗李祹即命"今送麻布十匹，听金辛之言，买大明集礼以来"遍购不得，次月再次传命在北京之朝使"如已颁降，即设法得来。若未得文本，传写而来"。

此时朝鲜之译文馆已经经营多年，但为了与大明之文字往来更为顺畅，朝鲜方面于辽东境内延请士人李相训导本国生员。正统六年（1441）十月，朝鲜上奏明廷请留李相于境内："李相粗识文字，汉音纯正，拟合存留传习相应。"李相不但于文字一道熟悉且能知医术，获准得其留居境内后，朝鲜承文院即"择吏文生徒文理通晓者，每日往来李相处学《至正条格》《大元通制》等书……又令肆业生六人来往读书”。

另外，明使赴朝者宣德后半为素著文望者，多有翰林院翰林或科道官员，朝鲜方面也通过向其请教来贴近明的主流文化。天顺三年（1459），礼部官员，文名甚重的陈嘉猷出使朝鲜。世祖李瑈特命大臣将上奏明廷之奏文草稿出示于陈嘉猷，请为之校改。并向陈请教“本国事大文书字体，自古用毛晃韵，今欲用洪武正韵，难可遂改”。尽管陈以“洪武正韵，时皆通用，则虽然正韵亦无妨”为辞安慰朝鲜，为了保持与中原文化的同步，朝鲜之后仍向明礼部请颁《洪武正韵》，礼部以原版在南京，无从给起拒之。最后朝鲜还是专责贡使得以购之于内地。①

可以说为了保持明廷对其“朝鲜礼义之邦，其待使臣之礼，优于他国”的特别待遇，朝鲜方面在文化上是非常主动地接收、接受中原的文化传播的。而且在这方面朝鲜也是相当敏感的，一方面尽力收罗中原之文化出版物，另一方面对可能引起中原反感的己方文字都尽可能地回避于中朝使臣。天顺八年（1464），明朝使臣即将奉旨入境前夕，朝鲜“遣通事张有华于辽东，诇知天使及中朝声息”。同时，下令承政院驰书于平安道观察使“天使经过去，凡我朝所撰书及古文内有东人序跋，收藏勿令示之”。

进入成化时期，中原朝政日驰。每有朝鲜使臣入京朝贡，都尽可能收集各类时政信息，特别是朝局时政与边关警报，是朝鲜使臣关注的一个重点。成化二年（1466），谢恩使回自北京，上奏闻见事目里有关于中原湖广叛乱之事。“前年九月湖广人刘通力能举千斤，自号千斤，称为汉刘之后，聚兵五万余，称帝于水连洞，杀掠州县。今年二月朝遣总兵抚宁伯率禁兵一万及湖广等处土兵六万往讨，拿通及伪总兵、伪指挥七十余人，付于鸿胪寺。皆面缚。帝命锦衣卫、大理寺、都察院于午门外杂治之。后五日斩通于西门外。”整个事件头尾清楚，包括细节都很完整，符合明官方记录的通行范式。但是，仅就明廷政府层面这条消息对藩国来说是没有必要进行传播的，朝鲜

---

① 吴晗．朝鲜李朝实录中的中国史料·李朝世祖实录·卷9·辛酉二十三年·十月乙酉［M］．北京：中华书局，1980：511.

使臣亦不讳言此条消息得自礼部序班陈智。从成化时期起，贿赂会同馆、礼部的接待官员以获得中朝新闻信息渐成惯例，李朝甚至有为此专门拨款之举。成化十三年（1477），奏闻使带回中朝变故："朝中有怪事，皇帝阙内设道观，崇奉道教甚。……给事中及诸大臣极论奉道之非，帝命坏观。"

明帝国政令变更、朝廷议论，朝鲜使臣都有所知闻。这种情况很快引起了明廷的重视，特别严肃外事纪律，于会同馆张榜告示："凡朝贡夷人不许出入市肆，与人交通，透漏事情。"朝鲜人亦依是例。自此，很多敏感问题，朝鲜使臣也只能依道听途说而复命。成化十九年（1483）谢恩使返回王京来复命，上报成宗李娎"闻小王子犯边。正统陷虏中，娶胡女生一子，谓之小王子，率兵来争燕、蓟之地"。小王子，乃达延汗之称谓，成吉思汗后裔，与明英宗毫无关系，此一说法当时中原流传甚广，朝使明显是听自流言。这一颇具戏剧性的说法一直到之后若干年都没有得到澄清。

总体来说，朝使回报的消息在成化朝多为耳闻目睹于坊间吏卒。以成化二十一年（1485）正朝使返自北京，向世祖李瑈回报所闻见事为例。使臣启曰：

> 十二月二十五日有声如雷，疑其地震，乃星陨也。……正月初一日晡时，有星陨于西方，白气如练而下……是夕闻六部尚书诸大臣奔走诣阙，臣问曰："何以如此？"人皆曰："灾异至此，朝夕必有大事"……上曰："声息如何？"对曰："闻达子进兵大同口子，小王子不战退去。"上曰："所谓小王子者真耶？"对曰："朝廷或不谓其真，人或谓其为真也。且小王子为人贤智卓越。"上曰："皇太子嘉礼如何？前闻采女之奇，已令禁婚嫁乎？"对曰："如此之奇，无闻焉。凡到馆事物者皆太监家人，若有如此之奇，岂不腾喧。且天使出来时，伴从人必先期一、二朔，求请甚多。"上曰："皇太子年几岁乎？"对曰："人云今年十四岁。"上曰："皇帝好道佛，然乎？"对曰："未知。但侯公年少之辈，酷好其术，著道士服者甚多，疑上有好而然耳。"……上曰："诸国之人来

朝者几何?”对曰：“建州卫野人及倭人皆入朝，倭人则几至千人，持金银贸贩，其他宝物及戏玩之具，亦多赍来……如此之物皆购之入内。”上曰：“僧人入朝班，然乎?”对曰：“自前而然。”上曰：“视朝早晚如何?”对曰：“不夙则太晚。”上曰：“今天下太平乎?”对曰：“虽似太平，然有星变，有识之人皆有忧惧之心。”①

从问答中可知，朝鲜更多关心的是与自己有切身利害之事，如北虏事、女真、日本人贡事、选采女入宫事等。从使臣的回答中可知，其获取情报的主要信息源除了官方与之的文告外，以“到馆者”为多，但到馆贸易者多为“太监家人”，所见所闻有限且难辨真假，使者只能更多采用自己耳目所见。

成化年间，收集中原书籍仍是朝使的一个重要任务。成化六年（1470），赴京书状官收买朝鲜所无书籍的使命正式恢复。正朝使若闻中原每有新撰书刊行于世，或弘文、艺文两馆书籍帙缺失的书籍令收买回朝鲜收藏补完。成化十一年（1475），《朱子语类大全》二十卷刚于中原刊行，即被朝鲜谢恩使购回国内。成化十八年（1482），正朝使于中原购得《清华集》《刘向新语》《说苑》《朱子语类》《分类杜诗》及羊角书版。此类记载于同化年间几乎年年都有。

弘治皇帝登极后，因成化乱政亦受其苦的朝鲜对弘治帝的执政颇为关注。每有使臣归自中原，成宗李娎无一不亲自引见，备问中朝政局。弘治元年（1488）正月，进香使李封回到朝鲜王京，成宗李娎问：“新皇帝政治如何?”李封回答：“政治严明，内外清肃。”不过旬日，登极使亦回来复命，李娎以同样的问题问登极使李思慎，得到了更为详细的回答：“朝廷安静，民庶殷富，皇帝严明，群臣祗惧。臣前为书状官赴京师，关外民居鲜少，今则闾井稠密。”李娎问：“闻皇帝法令严明，信乎?”答之以：“然，皇帝在东宫时常曰：‘僧人是何物也!’……僧人及道士除职者果皆罢矣。……又性不

① 吴晗．朝鲜李朝实录中的中国史料·李朝成宗实录·卷10·癸卯十四年·十一月乙巳［M］．北京：中华书局，1980：700－701.

喜宝玩之物，虽风雪不废朝会……大抵先皇帝弊政一切更张矣。”同时在这次对话中，李娎又获知了弘治帝在整顿边驿。“边警无矣。且中朝沿路各驿挂榜云：‘凡驿站馆舍毋得题咏杂书，巩启外国轻中国之人！’”这项保护明帝国传播形象的决定在李娎这里得到了很快的反应，朝鲜下令“今后入朝者勿得题咏及杂书”。八月，从北京归来的圣节使蔡寿也接受了同样的询问，并做出了与前两位使臣同样的回答：“皇帝法令严明，中朝人皆称圣明。以先皇老宦者皆移置于先皇陵侧，朝廷庶务皆委于贤大夫。”蔡寿不只带回了这一条信息，作为一名使节他称职地完成了朝鲜执政交与其收集中原各种时政信息的工作。在获得成宗接见时，“仍袖出闻见事件以进：一、也先遗种小王子等声言入朝，于大同城外五十里之地屯住，中朝震恐……而只令一千人朝贡。一、我国人不解汉语吏文，故每行见质正官以质可疑，而质正官等闭于玉河馆，所与接谈者皆市井之人，无所质问。徒为往来烦扰而已……”① 为了解决这一问题，蔡寿推举其于辽东所结交之士人邵奎，欲令译文馆遣生师之以加强与中朝的吏文来往。

燕山君李隆继位后保持了这一传统，格外重视关于明帝王之消息。燕山君乙卯元年，即弘治八年（1495）三月，管押使送贡物返自大明京师，燕山君以“皇帝视朝有早晚乎”询问使臣，使臣答：“皇帝视朝或平明或日高，早晚无节。中朝有人云昵爱皇后，视朝常晏。回回等构乱西方，拨取三十城总兵官三人战死，故会礼宴亦停之。”燕山君对使臣表达了对中朝礼节的好奇：“六部尚书奏事之时，亦有伏地之礼乎？”使臣答曰：“凡奏事之人皆长跪，而无伏地之礼。”

可以说，朝鲜君臣在获取中原信息时是不遗余力的，但是同时对自身信息安全的重视此时又上升了一个级别。弘治十八年（1505），“赴京通事与序班与牙子私相交通，买卖谈话之际漏泄本国之事，则是与叛国无异，若然则身当凌迟处死，妻子并置重典”。朝鲜政府处死以赴京通事，并下令当明使

---

① 吴晗．朝鲜李朝实录中的中国史料・李朝成宗实录・卷10・戊申十九年・八月乙卯［M］．北京：中华书局，1980：716.

入境之后，“凡执事之人毋得漏泄本国事，天使游观时亦勿言设禁标事”。可见其时的朝鲜已经有意识将自己的真实形象与在明人中可能会形成的传播形象加以区分了。

这一阶段，朝鲜从中原获取文化信息的范围开始扩大，种类增加。燕山君曾令千秋使赴京之际购入“弘文馆遗失书册《吴越春秋》《南北史》《三国志》”。礼曹参判金寿童还自京师，进献《圣学心法》四卷，并进言：“此永乐皇帝所编，而训诫子孙者，诚人君所当垂览。”到了燕山君执政的最后阶段，书籍收集的范围已经扩大到了诗文戏曲类的当时的“流行文化”。正德元年（1506），李隆下令“《剪灯夜话》《剪灯余话》《效颦集》《娇红记》《西厢记》等令谢恩使贸来”①。除去李隆个人的原因外，朝鲜力图与中原在文化上保持一致的努力是非常明显的。

正德帝继位之后中原的政局发生变化，对此朝鲜感到非常紧张，且整个正德时期边警日频，民乱初起，藩王谋叛，多事若此，引起了朝鲜上下对中原动态消息的更大关注。尽管此阶段明廷对朝鲜在传播政策上已经有了戒备之心，但关于正德朝局的消息仍源源流入朝鲜。

正德四年（1509），进贺使由北京还国，中宗李怿问中朝事，使臣对之以：“今皇帝荒怠日深，一朔不过一二日视朝，而或午或暮。”而且重要的是此时中朝内部的政治气氛开始变得紧张，使臣言“臣与汉人语，因问时事，则掩口而走”。

获是政治信息的难度随之加大。正德五年（1510），正朝使回报：“臣留皇都五十二日，皇帝只二日视朝，常不御经筵，谏诤路绝。太监刘瑾、谷大用居中用事……称瑾为刘皇帝。陕西监生刘烈称刘后裔，拥数万众以叛。”圣节使回报：“臣等问诸士大夫有识之辈皆讳而不言。往往闻于序班……皇帝不为游猎声色之乐，而常于宫中做达子之嬉。又不喜视朝，臣等留三十七日，皇帝视朝仅一二日，而至有日午不出，午后方出视朝。”因士大人辈已

---

① 吴晗．朝鲜李朝实录中的中国史料·燕山君日记·卷12·丙寅十二年·四月壬戌［M］．北京：中华书局，1980：824.

经不敢公开议论朝政，不能得消息于有识之士，仅能多凭耳目闻见。

正德六年（1511），明廷政局发生重大变故，正德帝诛杀权宦刘瑾，朝鲜正朝使得以购得官方文告以归。“三月辛未，正朝使……启曰：‘皇帝视朝甚稀，百事陵夷。安化王夫妻废为农夫，围内安置。且刘瑾定罪，传谕榜文入梓流布。臣亦得一件而来，敢献。’”能够获得这样重大政治事件的官方文告可以说是正德时期，朝鲜使臣在中原最大的新闻信息收集方面的成绩了。正德十一年（1516），圣节使以中朝消息上奏中宗李怿：“小皇达子入作耗……帝不视朝……或言弘治皇帝亲弟九人，中一人温良恭俭，年可三十五，人心思之。未可凭信。观其势祖宗经济法度，深仁厚泽，浃民心目。又别无奸佞用事，杀戮忠良，体统犹存，特循岁月耳。”其中言及宗室之事，不可能语出士人之口，可知此时仍不得不求消息于吏卒，而言“体统犹存，特循岁月”则是直接出自使臣的直观感受。

自此时起明帝国时政新闻管理日严，通过正德十二年（1517），同知孙仲墩入京朝贡归，不得不以道路讹言上奏的事件可以清楚发现。孙仲墩赴北京时，于三河县路遇一人，对孙仲墩等言道：“天子不在朝廷，其将何以哉?”而入京之后，行望阙礼时只行一拜，孙仲墩故问于序班，当时负责接待的礼部序班告之以：“皇帝今在居庸关外，以权宜行一拜而已。”孙仲墩等人还于玉河馆，细问于礼部序班，从其处得知：“皇帝因达子犯境，于去年八月二十七日号称亲征。只率将卒，朝中无一人扈从。皇帝且令国中曰：‘朕虽亲征于外，外国使臣必因圣节来集于京。一应馆接，悉依故事。且勿以出征之言，使闻于外国也。’”不久即有流言传于馆所：“天子陷于贼中，见拘于达子。达子谓中国人曰：若许银两十万则可以赎还。”不久，京都骚扰，皆声言曰：“皇太后升遐，而不知天子所在何处，当奏禀而后发表。”因此事事关外藩行礼，孙仲墩等即往问于礼部，得知“则亦讹言也。升遐的实，我国当有进香、陈慰等使，故备问其曲，则真虚言也。皇帝居外之事的实”。孙仲墩归国后，将以上所见所闻悉数上奏，自言“而其余皆是讹言，不当书启而书启者，欲使上知讹言耳”。

朝鲜执政对其所报真假难辨不能据以应对而感到困扰，以“圣节使孙仲墩只闻天子陷于虏中、皇太后升遐等虚事而来，不探问天子今在何处而来，不失专对之任，请推”处罚了孙仲墩。这让之后的使臣在收集中原信息时对道路流言不敢轻易采信。次年（正德十三年，1518），圣节使方有宁还自京师奏报：“臣去九月十二日到北京，闻皇帝去七月初九日自宣府幸大同……又闻苏州常熟一县，本年五月十五日，有白龙一、黑龙二乘云而降……男女惊死者五十余口云。然未可信也。……中原亦有地震，其震与我国同日也。奏请使初到上国，呈奏于礼部，太监赍副本赴行在……但皇帝行在远近，未可知也。”当中宗问：“皇帝还期其处人知之乎?”使臣答以：“亦不知。”①其对中原时事的描述尽管也有采纳道路之言的成分，但一再强调“然未可信也”“未可知也”，就是在不能获得官方“入梓流布”的准确消息时不再重蹈覆辙，避免因信息不实而受到处罚。

正德十四年（1519），明帝国宁王起兵反叛于江西，谢恩使其时正在北京，得知消息后驰启回报：“宁王起兵江西，皇帝征诸道兵往讨之。又将自征云。臣往北京闻之，宁王乃弘治皇帝之弟，而有贤闻……今已起兵，天下之事，自此易定矣。”这让李怿非常紧张，在当时朝鲜人心目中“宁王……与弘治同母”且正德“朝政日乱”，认定这场叛乱必将对中原政局产生巨大冲击，且“正德若奔溃而见逃，则必来于辽东矣”。但仅仅三个月以后的正德十五年（1520）正月，圣节使回报的闻见事件中即告之：“皇帝闻宁王据江西以叛，下诏亲征。太监张忠等领兵擒宁王以闻。”三月，正朝使金世弼还自京师进一步带回了事态的发展：“帝在南京，未闻有消息。但朝廷接外国人如帝在京师，而不言其出巡也。宁王反，以高皇帝遗诏，不置于法，而禁锢于一方也。朱明乃帝假子……帝执送北京。……达子乘隙，大行摽掠……”

事实证明，朝鲜方面之前对事态的判断是完全错误的，这应该可以说是

① 吴晗．朝鲜李朝实录中的中国史料·李朝中宗实录·卷14·戊申十三年·十二月庚寅［M］．北京：中华书局，1980：909.

正德朝执行相对严格的对外藩的新闻传播政策的一个明证。

明与朝鲜就倭寇问题上的军事情报传播互动是这一时期军事新闻信息交流的主要内容。

明帝国中前期，倭寇问题对明来说是局限性的边防问题，而对朝鲜来说问题要严重一些，但还没有发展到动摇国之根本的程度，明的重心乃在蒙古北虏，朝鲜也把注意力放在了西向图们江一带“开疆拓土”。然而，由于倭寇之扰边自洪武立国即无时无之，明廷还是比较注意与朝鲜就倭寇问题开展军事情报信息的交流与互动。

朝鲜在这一方面却别有顾虑。因地理位置上的关系，朝鲜不回避自己与日本关系较明与日本关系密切得多的事实，且朝鲜一直以东亚“小中华”自居，以西北之女真与东南之日本为臆想之“外藩”，其与日本交往颇多。而这是不能令明廷知悉的。所以在关于倭寇的信息交互上朝鲜是有所保留的。

永乐十三年（1415）七月，倭寇旅顺，杀伤军民二万余，掠天妃庙，烧毁舰船多艘。朝鲜得知后，太宗李芳远极为紧张，召集群臣，“会议倭寇中国数矣，而今也为甚。帝若怒而欲征之，则必有助征之命，将若之何？且我国交通日本，倭使络绎，帝若知之，则必归咎于我国，亦将如之何?”此次倭乱给朝鲜上下留下深刻印象，凡有关于倭寇的军事情报朝鲜必先斟酌与已之利害，或报或留而后处之。永乐十七年（1419），朝鲜庆尚道观察使上报朝鲜执政：“倭贼所掳逃回汉人金得观等二名到晋阳，言倭贼造战舰，要于三月作耗中国沿海之地。”世宗李祹召见了金得观等人后确定了消息的真实性。但就如何处理这条信息，群臣意见不一，有谓“金得观供状已到，宜先报辽东转奏预防。若不先报，令得观入奏，而倭寇或先作耗，则似为不可”。有谓：“得观若还，朝廷必知我国与倭岛地近交通，不如留之”。最后朝鲜执政府权衡利害后做出决定：“先报供状不可。留得观亦不可，当以急传遣得观入奏。”通过送金得观还国自行奏报摘清了自身的干系。

一般情况下朝鲜对从倭寇手中解救的或者自行逃回的汉人都是如例遣返的。但是也有例外扣留于境内的，目的即是为了自身与日本交通之事不会为明所知，尽可能地保护自己的信息安全。永乐二十一年（1423）的张清事件即为一个极有代表性的个案。

在《李朝实录》里只有寥寥群数条，几百字的记载，但却是一群人的悲剧人生：

《李朝实录》记载：癸卯五年 永乐二十一年，十二月壬申，被掳唐人张清等男女共十二人，自庆尚道乘驿而来。初，清等被掳倭寇，居日本七岁。窃倭船率其徒，渡海而来，冀还本土。清善草书，自言在温州府乐清县读书为儒。上欲解送，大臣止之曰："日本僭拟名号，不臣中国，且侵边境。今清之来也，见我国回礼使于岛中，清还，朝廷必闻我与日本交通之状。不如留之，厚与资禀，给其奴婢，因而娶妻授职，久居我国，则渐忘怀土之情。"上然之。清寓太平馆，书："五柳先生本在山，偶然为客落人间。秋来见月多归思，自起开笼放白鹇。"之诗呈于礼曹。又述请还笺上之。礼曹不启。

甲辰六年永乐二十二年，正月壬寅，上谓政府六曹曰："今逃来张清知文理者，使居京中，予意已定。然朝廷使臣来矣，不可使出见，亦理曲。姑使居外方安心居住。"申商启曰："张清知理，非常人比，使居近道，优礼待之。"

二月戊午，居汉人张清于全罗道全州，又分置汉人同来男女十一名于忠清、全罗道。赐清鞍马衣被及奴婢各三口，令本州择良家女妻之，优给田庄食器，使赴州学读书，又以生徒八九辈传习汉语。清临发，痛哭不肯行，谓礼曹佐郎金填曰："吾等之来，本欲生还故乡。纵贵国遗以千金，思亲之念，何日而已！"遂执填衣呜咽，请上达，卑还乡贯。填开谕本朝厚待之意，谆复良久。已而逼使发程。①

① 吴晗．朝鲜李朝实录中的中国史料·李朝世宗实录·卷4·乙未十五年·七月戊午［M］．北京：中华书局，1980：285.

张清本为温州府乐清县儒士。在倭寇侵扰中，被掳于倭寇，留居日本整整七年。张清不甘于身陷异乡牢笼，一直寻找机会重回故土。他于永乐二十一年（1423）十二月，乘乱率众男女十二人窃取倭船一艘，从日本出发渡过海峡，在朝鲜海岸登陆，被朝鲜方面的官员发现并收执。张清向朝鲜方面表示了希望通过朝鲜回归大明的强烈愿望。但不同于之前的流民遣返，张清一行人被朝鲜庆尚道边将乘驿送至王京。张清的去留在朝鲜君臣中引发了讨论，世宗李祹欲解送其往赴辽东，朝鲜大臣反对此举。

朝鲜大臣的反对理由便集中在信息保密的问题上。当时的日本天皇从名号上就是不符合明廷的统一安排的藩国国君称王的制度的，对中国的礼节也不符合明廷对外藩的规定，日本的倭寇行为实际上有半官方的色彩，这在后期直接发展成了准官方的行为，李氏朝鲜政府对这一点了解的情况是多于明政府的。同时更为重要的是朝鲜与日本之间是有着自己的外交关系构建的，日本对朝鲜有所图谋，朝鲜也以文化上有很大的优势的文化上的“上国”自居于日本。两国之间使臣来往是不欲明政府获知的。张清于日本囚居以及出逃的时间正是朝鲜与日本使臣来往的时间段，所以朝鲜大臣会指出“日本僭拟名号，不臣中国，且侵边境。今清之来也，见我国回礼使于岛中，清还，朝廷必闻我与日本交通之状。不如留之，厚与资禀，给其奴婢，因而娶妻授职，久居我国，则渐忘怀土之情”。

软禁张清不得回国并且通过婚姻等手段使其永远留居于朝鲜成了朝鲜君臣最后的决定。善草书能著文的张清，不同于迂腐书生，为人颇有见识，寓于王京太平馆时即发觉朝鲜方面态度有异，作诗呈于礼曹：“五柳先生本在山，偶然为客落人间。秋来见月多归思，自起开笼放白鹇。”并向世宗进请还笺，这些努力都没有打动朝鲜政府。

次年正月，明使将入朝鲜王京，这于张清是一个回国的大好良机，但他的机会在朝鲜政府来看是自己的一个危机。世宗交代政府六曹：“今逃来张清知文理者，使居京中，予意已定。然朝廷使臣来矣，不可使出见，亦理曲。姑使居外方安心居住。”在同情张清遭遇的朝鲜臣子的说情下，特以

"张清知理，非常人比"，"使居近道，优礼待之"。二月发张清于全罗道全州，又分置汉人同来男女于忠清、全罗道。朝鲜政府为了笼络张清，赐其鞍马衣被及奴婢各三人，并令张清于全罗道择良家女妻之，优给田庄食器，使赴州学读书，又以派学生八九人赴张清处向其学习汉语。张清得知后痛哭不肯行，表示："吾等之来，本欲生还故乡。纵贵国遗以千金，思亲之念，何日而已！"甚至执礼曹官吏之衣呜咽，请上达还乡之意。礼曹官吏"开谕本朝厚待之意，谆复良久。已而逼使发程"。由此可见，朝鲜在此一阶段更多考虑还是自身的信息安全与建立小中华的梦想的。但张清的个案还是特例，大多数情况下朝鲜在军事情报上与明还是持配合态度。而且除了军事情报的互通外，明与朝鲜互遣被掳之军民也是交流的一个重要方面。

永乐十七年（1419），朝鲜送回被倭寇掠去明军士二人，并回报"贼欲来滨海为寇"。结合海宁、乍浦千户所瞭见赭山西南海洋等处出现了倭船数十余艘向东南行这一情报，明廷敕令捕倭都指挥谷祥、张翥，浙江、福建沿海卫所"尔等宜严备之"。并通过辽东向朝鲜查问倭寇的更多情报，朝鲜回报"倭寇饥困已极，欲寇边"，明廷据此"令缘海诸卫严谨备之。如有机可乘，即尽剿捕，无遗民患"。

正统八年（1443）六月，浙江都司海门卫擒获倭寇七名解赴北京，经审讯其供称系朝鲜腊州官莫连公木判官部属，驾船下海捕鱼，因遭遇风雨，飘泊至海门桃渚千户所长跳沙湾地方，被官军连船擒获。明廷考虑"各人饰词脱免，然风涛之患理或有之，已令所司日给糗粮羁候"。并发敕与朝鲜国王"即查勘是否国中之人，明白奏来区处"。同月，朝鲜发来被倭贼掳去的浙江昌国卫军余戴弗等六名。其"自海外历朝鲜至京师，备言倭贼将入寇。上命移大南直隶山东浙江备倭官，严切提备，不许怠慢误事"。

朝鲜与中原的这种军事信息互动尽管在朝鲜是有一定的保留的，但明廷还是给予了相应的重视。正统九年（1444）四月，明专门向朝鲜国王发布敕谕："王嗣国东藩，保障边境……兹复遣陪臣辛引孙等械送擒获犯边倭贼失剌沙也门等五十七人来献……王自今益宜诚约守边头目，严切提备，遇贼出没，即乘机擒剿，仍差人驰报辽东总兵官等防慎。”① 要求加强倭寇情报互通。七月，朝鲜国即向辽东总兵官都督同知曹义传报倭贼声息。“上命缘海备倭官整饬兵备，谨慎提防遇贼近边，相机剿杀，但怠慢误事，俱治以重罪。”

明廷对朝鲜发来有价值的军事信息或者解来倭寇都及时给予传谕嘉奖。正统十年（1445）三月，“敕谕朝鲜国王李裪曰，昔者倭贼出没王境，王已生擒失剌沙也门等解来。今复获其余党沙弥歹剌，遣陪臣唐孟贤械之送至京，盖见王忠诚卫国之心，良用嘉悦。然蠢尔倭寇，恁负海岛，鼠窜狗偷，罔有悛心，王其严守备，以保民生。若复寇边，朝廷必命官军剿灭之。或复侵轶王境，王宜调遣将臣，捣其巢穴，尽俘其类用宁边患，则王之功烈，将匹休于古之贤藩，而垂令誉于无穷矣，王其钦承之”②。可见明廷对朝鲜的鼓励之意。朝鲜事实上却一直在军事情报上对明有所保留，这种不明智的传播政策最终让朝鲜在壬辰倭乱之初自食苦果。

① 明实录·英宗睿皇帝实录 卷115·正统九年·四月戊子［M］．台北：“中央研究院”历史语言研究所，1962：2318.

② 明实录·英宗睿皇帝实录 卷118·正统十年·三月丁酉［M］．台北：“中央研究院”历史语言研究所，1962：2542－2543.

第四章

烽烟回望：万历朝鲜战争中的新闻信息传播

万历朝鲜战争①，由日本在万历二十年（1592）入侵朝鲜引起。万历帝应朝鲜方面请求，两次派军入朝救援，挫败了日本假途入明的阴谋。

丰臣氏统一日本后，为了平息国内武士对土地分封不均的不满，决定对外发兵，以获取更多的土地。他在万历十九年（1591）六月，遣使宗义智通告朝鲜国王宣祖李昖，表示他有意于次年（1592）春天假道朝鲜进攻明国："吾欲假道贵国，超越山海而直入于明，使四百州溶化我俗，以施王政于亿万斯年。"并有"贵国先驱"等语。遭到朝鲜拒绝后即于万历二十年（1592）四月正式开始了对朝鲜的战争。先于釜山登陆，后克王京汉城、平壤。朝鲜"开国二百年，民不知兵，郡县望风奔溃"。全国三百多郡县大多在没有设防的情况下沦陷。其时仓皇西遁朝鲜政府只能把希望寄托在宗主国明的身上，"安南国尝亡其国，自为入朝，天朝发兵送之，安南得复国"成了朝鲜君臣唯一的指靠。

① 在日本方面称之为文禄之役，第二次称之为庆长之役，或合称为文禄－庆长之役，朝鲜征伐，征韩；南、北韩称之为壬辰倭乱，第二次称之为丁酉再乱；中国称为朝鲜之役，与宁夏之役、播州之役合称为万历三大征。

第一节 战争第一阶段的战时新闻信息传播

战争第一阶段的战时新闻信息传播主要内容是明廷入朝作战前的信息准备。

日本与朝鲜之间的矛盾与冲突由来已久，只是以“小中华”自居的朝鲜臆意日本为自己的外藩属国，而在与明廷就其与日本相交通的问题上多有含混。嘉靖二十二年（1543），日本执政府致书朝鲜政府：“敝邦有奸滥之臣与暴逆之徒……偷取珍货并弘治年勘合而去……必到大明伪贡，且又侵陵岛境。贵邦与敝邦乃大明藩篱……劳绍价于贵邦，捧皋札于大明……望速转达赐回帖。则诚所感荷也。曾景泰丙子年亦劳贵邦专价以通书信于大明，盖举其例矣。”朝鲜国王收到书信之后集臣下合议对策。“其招大臣议之”，并参考旧例：“日本国书契事，景泰丙子年无有转奏之前例，惟天顺二年有前例。”朝鲜对日本欲通贡大明异常敏感，非常紧张因自己与日本的关系而受到株连，即所谓：“日本书契所言虽未可尽信，亦不可尽为欺诈。盖以此国远在声教之外，素无诗书礼义之教，其所争趋惟在于利。如图其利，而所求者只在我国，则虽被欺卖，姑容许之，答其远意，良不为过。事非关于我国，而听彼狡诈之谋，以达于中朝，则不但亏损国体，诚虑中朝疑我国与彼交通相好，凡所计虑必相知之。异日脱有责命于彼，则令我国指导，如元祖所为，不可谓无也。……又非王制所载托大国以达于天子，如附庸之例……以前事势之难，不从其请者屡矣，今亦据理以答之，则彼不能咎我矣。”① 以尽可能回避推托为宗旨。而此时向明廷传报的日本情报都尽可能地不把自己牵连其中。

万历十九年（1591）六月，礼部接收到了琉球所报日本异动之消息。八

① 吴晗．朝鲜李朝实录中的中国史料·李朝中宗实录·卷2·癸卯三十八年·四月庚寅［M］．北京：中华书局，1980：1346－1347.

月朝鲜供报日本声息，基本与琉球所报相同。十一月，朝鲜将半年前已知悉的日本情报传报明庭："十一月丙寅，朝鲜国王李昖具报，本年五月内，有倭人僧俗相杂，称关白平秀吉并吞六十余州，琉球南蛮皆服。明年三月间要来侵犯，必许和方解。有旨，着兵部申饬沿海提防。该国侦报具见忠顺，加赏以示激励。"

甚至就在战争爆发前的一个月，朝鲜方面还轻描淡写地在归还内地漂海的汉人时，向明廷"备陈倭情狡诈，耻言向导，顾效防御"。仅就日本入侵朝鲜这一事件来说，明廷最早也不是在朝鲜而是从琉球与江浙防倭守备军中得到的消息。万历十九年（1591）七月，琉球中山王尚宁接到丰臣秀吉令其出兵之书后，即遣使持该书通告明廷。八月，浙江、福建巡抚共报，日本倭奴招诱琉球入犯。且福建巡抚赵参鲁也上奏政府："琉球贡使预报倭警，法当御之于水，勿使登岸。奸徒勾引，法当防之于内，勿使乘奸。岁解济边银两，乞为存留。推补水寨将领，宜为慎选。至于增战舰，募水军，齐式廓，添陆营，皆为制胜之机，足为先备之事。"① 所以当五月，朝鲜国王发咨文与兵部，言称，倭船数百直犯釜山，"焚烧房屋，势甚猖獗"时，明廷根本无法确定信息的真伪程度，以至一度有怀疑朝鲜协助日本入犯的说法。就此一点而言朝鲜可谓自种祸根。

为了获得第一手的真实信息，明廷经过数个月的讨论与考虑，于九月命使行人司行人薛藩渡江。表面上是宣布敕谕："……朕今遣下文武大臣二员，统率辽阳各镇精兵十万，往助讨贼……复敕东南边海诸镇，并宣谕琉球、暹罗等国，集兵数十万，同征日本。……光复旧物，俾国王还都，仍保宗庙社稷，长守藩屏，庶慰朕恤远字小之意。"实际上的目的更多的在于令薛藩侦知朝鲜之战况其实若何。当然其时已经能够熟练运用传播手段解决政治问题的明廷此举也自有其宣传上的意义。其中调兵遣将号令属国伐日即是基于宣传上的一种说法，所以，薛藩特命朝鲜方面："今此敕书斯速颁示于八道。"

① 明实录·神宗显皇帝实录 卷242·历十九年·八月癸丑［M］. 台北："中央研究院"历史语言研究所，1962：2502.

以期鼓励抵抗同时震慑入犯之倭寇。

薛藩停留于义州一日即返还辽东。一入境即于驿站向兵部发出紧急咨文：

> 当职奉敕宣谕朝鲜，君臣莫不感泣，咸谓皇恩垂恤小国，真若覆载之恩，而引领王师又若大旱之望云霓也。据其君臣哀吁迫切之辞，及目睹困苦流离之状，存亡系呼吸之间。顾事之可闷者不在朝鲜，而在我国之疆场。愚之所深虑者不止疆场，而恐内地之震动也。其调兵征讨可容顷刻缓乎？夫辽镇京师之臂，而朝鲜辽镇之藩篱也。永平几辅之重地，而天津又京师之门庭也。二百年来，福、浙常遭倭患，而不及于辽阳、天津者，岂不以朝鲜之屏蔽乎？鸭绿一江，虽有三道，然近西二道，水浅江狭，马可飞渡。一道东西相对不满一对之路。岂可据为防守乎？……职探问平壤地方，倭贼各占人家妇女，配为家室，缮治房屋，多积粮草，为久住之计。职到之日，闻声言向西，观兵鸭绿。朝鲜君臣彷徨罔极。……今朝鲜危在旦夕，然纶音一布，鼓其忠义之心，作敌忾之气，莫不以恢复为念，誓不与此贼俱生。顾念此举，早一日则朝鲜免一日覆亡之祸，迟一日则贻我疆场一日之忧。①

当时明廷兵部尚书石星持议救援，这封前线一手消息的回报使得明廷最后下定决心入朝作战。

战争第一阶段的战时新闻信息传播是在没有特别充分准备的情况下开展的。正是这种没有准备反而体现出明代成熟的官报体系能在多大程度上发挥作用。

明军入朝作战的第一阶段，由于先遣副总兵祖承训不知平壤城内地理情况与日军作战特点，导致军溃将亡，祖承训仅以身免。辽东巡抚郝杰向朝廷

---

① 吴晗．朝鲜李朝实录中的中国史料·李朝宣祖实录·卷26·壬辰二十五年·九月庚寅［M］．北京：中华书局，1980：1590.

发出紧急塘报内称："副总兵祖七月七日攻入平壤城，游击史、千总张国忠、马世龙俱中伤阵亡，被伤官兵颇多。"这让朝廷震动。发出的塘报很快通过明廷的官报发布系统将消息带给了举国上下。九月，辽东右参议邢玠上奏："臣等不胜骇异……臣等不独为辽左惜小挫之师，深为另忧履霜之渐耳。伏乞大奋乾纲，明正失律之罪，善后事宜速为料理。"中原舆论对朝鲜战局之看法至此为一变。

时李昖人在辽东境内之宽奠堡，使臣往来北京颇为便宜，与明朝将领与地方官接触日密，也给朝鲜君臣获得明庭新闻信息创造了有利的条件。朝鲜非常重视中原舆论之走向。九月柳林鼎以圣节使回还，李昖即询问执政："圣节使书状之辞如何?"时任流亡政府执政的尹斗寿回答："善为周旋矣。"李昖明确地表示了对中原舆论的关注："天兵一番挫折而不为更进，则四夷谓之如何?"

在了解了中朝关于对其战败之"过于迅速"的疑问之后，朝鲜除了反复派出使臣外，也将日本威胁朝鲜的书信转呈给明朝，并在所上表章里就开始不断强调"本国境接上国，君臣久荷皇恩，人不知兵，二百余年。猝遇贼祸，群情骇散，望风崩溃"，以唤起中原舆论对自己的同情。十一月陈奏使知中枢府事郑元崐、书状官直讲郑友胜回自北京。还报李昖："臣行到帝京，则朝廷议论尚不定。或以为当御于境上，或以为两夷争斗这必救。当初许弘刚上本力陈不可救之意，今则石尚书锐意征剿矣。……张东又以许弘刚不可救之言为非。臣来时见张东，请见其题本，知张有欲救我国之意也。"除了朝臣议论，其他外藩属夷间有关朝鲜之事的舆论也是朝鲜关注的一个内容："暹罗使臣到上国，上本请救朝鲜，天朝准其请，故明春当发兵往讨日本云矣。"事实上朝鲜君臣都明白："日本，元世祖所不能讨，暹罗何能为?!"这些回报消息中最让朝鲜方面感到乐观的是，当李昖问及："中原不疑我国矣?"使臣回答："今则洞释矣。"李昖表示："此甚可喜。自古无不亡其国，一得恶名，则万古难雪矣。"并非对恶名的恐惧而是对舆论左右中央决策的恐惧让李朝君臣如是想的。

除了对舆论的关注，朝鲜君臣也积极收集之前一直很难得到的明廷报章以分析明帝国举动。因为流亡政府时在明朝辽东境内，接触到的明廷将领比较多，“报稿”与“报草”一经被朝鲜方面获得，朝鲜方面就多角度比对分析以决定自己下一步的对策。如九月初，明军先以祖部五千人始入朝鲜境之时，工曹判书韩应寅于九连城佟总兵寓舍处得其上奏之塘报稿。经过与其他臣下于已经进入朝鲜的查、葛二将处所得塘报草稿对照，发现不差一字，得出盖查、葛所示乃得自佟处报草，由此而知入朝作战的前后方布置基本一致，都是“力战”态度，朝鲜君臣大感宽慰。

朝鲜使臣在辽东得见了大量明廷报抄揭帖，如《李明实录》所收：“本月一十六日经略坐堂，有许宏纲者上本请撤兵，圣旨已准云。经略因此送揭帖于兵部，使之转奏，故其揭帖謄书送上”，“臣到辽东探听，则辽东巡按御史周维翰、广宁总兵杨绍勋相继上书，论经略玩寇费财之状。以此经略则镌免，提督则遞见任云。然不能的知”，等等。

但是在北京朝廷的朝鲜使臣想获得更多的新闻信息则远没有如此便利。在不断获得边将处所示“报稿”“报草”的同时，对中央的一些决定朝鲜还是很难提前太多得知的。李昖曾与大臣商议然若“宋侍郎不来而大军先来乎？宋侍郎通报中有缓救朝鲜之语，以此观之，大军之来必迟矣”。大臣们因无明廷内部动态消息而只能悬揣：“我国不支，则辽左必不守，大军必早来矣。然此旬前无确的声息，亦难恃也。”

对比边将对朝鲜使臣探听消息时动辄答之以“飞报上司，尔可来见报稿”的优待政策，在京之使臣颇苦于不能接触明廷报章而导致的“无详知之路”。尽管使臣对比战前与战时得出“臣在中原，见科道官及兵部题本非偶然也”，但是即使有与朝鲜使臣相厚的明廷官员偶尔流出少量信息，如“密示石尚书、宋侍郎简子”于朝鲜告急使以安其心时，也明确表示“私书绝不可缮”。基于特殊情况下使臣获得的明廷报章都被朝鲜君臣视作重要文件，反复参详。

李昖曾对臣下表示：“卿等见中原给事中题本乎？虽我国奏请不能若是

其曲尽，文法亦好。……长昂事将题本看之可也。”之后数日与臣下又论及：“题本有倭奴欲降我国等语，因此而我国守节益著矣。中原议论如此，而前日刘员外何其峻斥耶?”而不出旬日再次提及：“以题本看，则有沈惟敬通贡之说……”从《李朝实录》所载使臣回报之情况可知两月间仅有此一份报章回传而言之者三。

碧蹄馆之战后，战事胶着。三月，左议政尹斗寿前往见明军后勤主管官员，明军官员与其就时政信息进行交流时问其：“经略欲示通本内圣旨于议政，你得见之乎?”尹斗寿答之以：“着兵部兵马，着户部钱粮，又催兵圣旨亦蒙出示，抑别有他圣旨耶?”明军官员即命门子取出一卷通报。其一辽东巡抚赵耀题本：“据经略宋应昌移咨，续据提督李如松文报催兵事，辽东军七八万，分守要害地方外，仅余二万八千以备多处不虞，势不得出送。奉圣旨令兵部知道。又一本兵科给事中侯廷佩题本：提塘报朝鲜国王李昖兄李见投降关白云云。”尹斗寿当时即对李见投降一事进行了辩白：“此乃下国所无之事。恐经略以为信也。”能够如此轻易地获知明廷的报章——而且是如此重要的关于朝鲜的议论，朝鲜君臣在庆幸之余马上着手开始向明廷进行剖白，避免了对朝鲜不利的舆论的形成。

其时明廷对朝鲜战况多有争议。平壤报捷之后，有山东都御史周维韩、吏科给事中杨廷兰等上本，以为李如松平壤之役，所斩首级半朝鲜人民，焚溺万余尽朝鲜之民。明廷因此令布政使韩就善、御史周维翰等亲至平壤，查验真伪，且令朝鲜方面提供情况说明予以协查。李如松上书自讼的同时主动向朝鲜方面出示了自己的奏章底稿以争取朝鲜所报情况对自己有利。在李如松的奏章里间接引用了邸报之内容“臣驻兵朝鲜……忽接邸报，见吏科给事杨廷兰一本，内开‘平壤之捷，倭奴尝我诱我，斩级千人，半朝鲜之人，焚溺万余，尽朝鲜之人’。又谓‘碧蹄之战，士马物故过半，而报者仅十之一。皆经略互相扶同’。臣伏读未终，如坐针毡，将士窃听，靡不丧气。夫赏罚在朝廷，耳目在朝鲜，公论在天下后世。……”朝鲜为了拉拢李如松积极为其解释：“提督被千万不情之弹……我国不可不具本奏辩。”

之后，李如松对朝鲜态度更加友善，一些之前秘而不示鲜人的新闻信息也渐渐为其所知所闻。如李如松攻入平壤城后，在所俘倭寇中有南京人跪请饶命："愿活性命，千万年更不作贼。"李将其尽杀之；如朝中清议分南北之别，对南将南兵待之以宽，对北将北兵持论以严，等等。情报之丰富使得朝鲜君臣得出"大概南北之事最为可虑，南人多用权，北人势孤，故如此也"这样"内行"的结论。只不过，这种消息上的开放态度是相对战争初期的，在一些敏感问题上以李如松为代表的入朝作战明军官校还是在大体上遵守明对外藩的传播政策的。平壤之役后，李昖于李如松处得知其所习兵法源自戚继光著《纪效新书》，即向李请求此书。但明廷明文规定，兵法、天文、历法、阴阳等类书籍不得贸与外藩，李如松即秘不出示。一直到次年九月，朝鲜方面买通李如松左右，而得见此书。后令入明使臣重金购得。

而明廷在战争的此一阶段本身即很是重视宣传对战况的影响。十二月主力战团入朝之前的十一月，钦差经略辽蓟、保定、山东等处防海御倭军务兵部侍郎宋应昌即向朝鲜国王及侀道发布檄文：

> 今皇帝圣神，抚宁四海，安集蛮夷，独于王国册封，德意甚厚。即今北至鞑靼，南及安南、暹罗诸国，西及哈密诸藩，皆喁喁向化，稽首献琛，惟怀恐后。彼日本国天眇螨鱼，涎处海岛，不复问矣。……况已令闽、广将帅，连暹罗、琉球诸国之兵，鼓艨舰、扬帆樯，直捣日本巢穴。……王其勉哉，振于世世！①

十二月，兵部向辽东、朝鲜八道、入朝部队以及海外藩国发布通告：

> 关白平秀吉倡乱元凶，妖僧玄苏实为主谋，有能擒斩二贼来献者，照前议通候重赏外，平秀次既承秀吉有能擒者，与斩秀吉同赏。其斩平

① 吴晗．朝鲜李朝实录中的中国史料·李朝宣祖实录·卷26·癸巳二十五年·十一月壬子［M］．北京：中华书局，1980：1611.

秀如、平秀忠、平行长、平义智、平镇信、宗逸者，赏银五千，世袭指挥使。若海外各岛头目，有能擒斩各贼来献，许封为日本国王，仍厚加赏赉。①

这份文告的重点在于它所发布的范围“着经略并各镇及朝鲜等处宣示军中。仍行各省直通谕海外诸国遵照，共图剿灭凶残，各安境土，成中外平荡宁辑之治”。可以说从中可知，这件文告，明廷更希望日本方面能够得以看到。

同时，在战争进行的同时，明廷也重视对朝鲜国内进行宣传以鼓舞士气。万历二十一年（1593），三月，明兵部移咨朝鲜方面：“自倭奴摧陷朝鲜，曾无一英雄，且闻纵酒登山，赋诗挟妓，置理乱于不知，付存亡于不顾。王国可谓无人。独全罗道观察使权栗……此正王国板荡忠臣，中兴名将，本部深为可嘉，当合先隆勤劳。王其加之爵禄，以风动本国僚宰。”

第二节　和议时期的新闻信息传播

万历二十一年（1593）六月以后日本因海战失利补给无法送至，加上朝鲜破坏过度，造成瘟疫流行，当地征发粮食不易，以及急于保全占据朝鲜南部四道的战果等因，遂派使节随同明使沈惟敬由釜山至北京城议和。七月，朝廷宣诏退兵以进行日本封贡事宜，于是李如松大军撤退，只留刘綎及游击吴惟忠共七千六百人分别扼守要口。但兵部尚书石星一意主和，再撤吴惟忠兵，结果只留刘綎兵防守。九月，朝鲜国王李昖上表答谢朝廷援救及助其复国。十二月，明廷召回宋应昌、李如松，大兵尽撤。朝鲜战争进入和议阶段。

① 吴晗．朝鲜李朝实录中的中国史料·李朝宣祖实录·卷27·癸巳二十五年·十二月庚子［M］．北京：中华书局，1980：1625.

对于南部四镇仍在日本手中的朝鲜来说，和议本身就不是他们想看到的结果，且在和议中朝鲜作为藩属国没有发言的权利，唯恐自己的利益被牺牲，所以在紧张的情绪影响下格外加强了对议和信息的收集。使臣每与明官明将接触都以获得新闻信息为第一要务。而且将中原新闻信息进行了区别对待，与和议有关的被大加重视，而与和议无关的被相对简略对待。万历二十二年（1594）二月，朝鲜右副承旨李光庭到慕华馆饯别明军参将胡泽、经历沈思贤，在交谈中胡泽透露："昨见京报，科道止本参奏宋李，以为倭贼尚据朝鲜地方，而事未完了，径自回还，贼未过海，瞒报尽去云云。"朝鲜方面立刻命身在辽东的接伴使寻找所提到的京报，以侦后文如何。终于胡泽的下属司书处得京报所录之后文与结果："宋李亦上本自辩……圣旨着户部兵部看了来说。刑科给事中杨东明上本，以为功罪宜明白……功罪相当，宜录其功而赦其罪。圣旨以为：功罪朕以晓了。该部里看了来说。"当使臣回报消息无有与撤兵议和无关之事则草草记之了事，如三月谢恩使金睟驰奏中朝闻见，其中有御史上本参明庭使臣扰害朝鲜地方之事，有科道参入朝之军有观望之事等，尽管都与朝鲜有关但不关和议，即不为朝鲜君臣重视。

明廷对于与日本和议之事一直争议不断，有请封请贡之论，也有主战主征之言，"议罢逾年未结，发言盈庭，朝议夕更，竟同筑舍，年来聚讼盈庭"。朝鲜方面派出的接伴使在与明军将领刘綎接触时即直言相询："封贡事中朝议论如何?"刘綎回之以："朝廷亦持两端，犹议未定。"而在北京的奏问使也获得了礼部主客清吏司提督会同馆主事洪启睿反对封贡的奏文底稿。综合以上情报，朝鲜方面得知中朝就此之争论颇多，其中朝鲜最重视礼部的意见，而礼部因与朝鲜接触较多持"封无益于朝鲜，无关于控制，难同于故典，难凭于塘报"。

为了影响明对和议一事的态度，朝鲜方面开始利用密集的信息通报来证明日本在朝鲜本无和意，只是拖延时间，必将再战。仅七月一月间，朝鲜即向明廷兵部转奏了十三条地方官吏所收集的日本军情动态：金海府使白士霖习报；陪臣全罗道防御使李时合驰启；助防将张义贤飞报；庆尚道兵马节度使高彦伯驰启；庆州府尹朴义长飞报；庆尚道兵马节度使朴晋驰启；咸安郡守安沃飞报；东莱县令金中敏飞报；陪臣诸道巡察使权栗驰启；都司谭宗仁揭报；防御使金应瑞飞报；彦阳县监魏得和飞报；庆州府尹朴义长飞报；等等。

万历二十三年（1595），明与日本的和议破裂，各种消息纷纭杂乱。朝鲜正处漩涡之中，明廷有流言云朝鲜私下已与日本言和。

万历二十四年（1596）二月，陪同明使的朝鲜臣子黄慎驰启执政："本月二十一日，石尚书差人来到天使衙门，翌日还发去。副使差备译官朴俭探听言内，皇京里讹言相传，流入大内。以为天使入釜山而贼不肯退，至于拘留两天使，尽杀选锋，投之海中云云。……议论纷纭，石尚书深以为闷，来问此间事情。两天使即写回帖，详通曲折。副使标下等言，流言所发，本自正使将官及军丁家属在京者，未得详问存没，想疑误传，煽动讹言云。盖正使常时差人往京，不许带人私书，故彼此消息不通，致有此弊粗矣。"三月，李昖获得了冬至使所得到的万历二十三年（1595）的明廷通报，得知兵部科道官郎中及诸御史等皆钦降调外，侯伯以下皆辞职待罪。问其缘由，使臣回之以："臣到通州闻之，则皇帝以东封事必不成，而科道等官不为一言，以此皆降职外调云。而道路之言，虚诞过半，不敢启达矣。"

两条信息结合在一起，朝鲜君臣得出了明廷对其所疑甚重的结论，即正式上奏："念倭贼要得小邦通信，盖欲试臣以义所难从之事，而其为计实属难测。小邦与倭奴隔海而国，固有比邻之义。今既无故兴兵，烧焚屠戮，至于祸及丘墓，仇怨已深，实不忍与伊相通。"明廷好言宣慰，朝鲜方面仍保持了高度警惕来对待任何与己方有关的消息，不断下令使臣对新闻信息进行更深一步的探究。

万历二十二年（1594）四月，李昖得到使臣传回的通报一卷，通报中提及李如松移镇辽东后轻骑出击中伏而亡，李昖以之为朝鲜之大不幸。下令政府尝试探问此事于在鲜之高级官员以探其实。当奏闻使臣沈忠谦回报于中朝朝报中见东征将士皆被参劾，或已经被逮问系狱，其中曾参与平壤之战的参将戚金亦受杖刑。李昖表示东征受劾者半为收复朝鲜三京四道的功臣，命政府向兵部提出移咨申救。经略孙旷被罢职召回后，特进官李德馨向李昖进献了一份文件，为孙旷密抵于胡泽的书揭，李昖询问："卿何从写出耶?"李德馨答以："臣令译官李亿厚礼待胡游击亲进之人，潜图謄书。"对个人书揭朝鲜方面已经不惜重金潜求，可见对中原信息的渴求已经到了何等之程度。

当然在各种新闻信息中，朝鲜方面最为重视的还是明廷官方报章。在明廷将主和派的首领人物石星下狱后，朝鲜方面多方打听与之相关的新闻信息。八月，李昖于南别宫见中朝游击沈惟敬时，李昖将所获知信息向沈求证："奏闻陪臣具成通于予曰'石尚书前致书事出于中朝通报，故謄书以送'云云。此事极为骇愕。大人得闻之乎？大概东封一事，石尚书专主为之，朝鲜地图亦给于关白云，此事极为骇愕。"当沈以此为浮言对之时，李昖追问："此奏文而何以出于朝报乎?"可见，尽管对明廷政事有所隔膜，朝鲜方面对朝报的权威性还是有相当确定的认识的。

第三节　战争第二阶段的战时新闻信息传播

战争第二阶段的战时新闻信息传播是围绕几个大规模战役展开的。首先是丁酉之役中的战争新闻信息传播

万历二十四年（1596），在和议破裂一年多之后，再次集结重兵的日本再次对朝鲜内陆发动攻击，丁酉之役起。明廷同意朝鲜请援，以麻贵为备倭总兵官，杨镐为经理，刑玠为经略，陈璘提督水军，大军第二次入朝赴援。言东事又成一时舆论之热议。很多建言里提到了要积极运用新闻传播与宣传的手段。这其中比较有代表性的是茅明时的平倭十议。被编入援朝部队的浙江指挥茅明时于援军抵辽东之际献议十条，其中四条谈及利用传播手段以期有所作为：

> 檄诸夷。欲传檄琉球、女真等国，令或趋兵釜山，并力征剿，或抵日本，攻其必救。是以夷制夷，莫此为便。一、工间谍。行长、清正二酋久处，疑忌易生，今工为间者，俾其自相矛盾，携心归国。一、招投顺。倭奴营中，半是高丽人，倭髡首以断归路。我又严其禁，以约自新。即有招顺榜示，声息难通，莫若临阵之时，每兵齐带竹筒一方，上书凡我华人，愿归本国者，毋论已削发未削发，苟言语相通，即前有犯罪，悉宥不论。中有能斩倭者，或斩将领首级来投者，赏银世爵如例。悉抛阵前令拾，自相猜忌。一、壮军威。兵取则强，兵分则弱，奈何以天朝之兵，为朝鲜分守乎？惟当专据上游临策应，且令报房传抄某省调兵几万，某省招兵几万，传播中外。以寒其胆。今但分而守之，我以孤军支劲敌，敌不知我兵，故遂轻中国，为易与矣。①

更有廷臣上言要下令京城内外之报房，大张声势，极言四夷之协力将一举入攻日本。

朝鲜方面此次对明廷动态关注程度倍于前次，细节如信息如何获得、获得自何人都要细细研判。万历二十五年（1597）正月，李昖召见大臣时问及沈惟敬是否还在倭营，或已还今在何处，臣下回奏为沈惟敬已奏圣旨回归京城议处。被问及信息出处时，臣下答以见于明军赞画张彦池处所膳写的兵部揭帖。李昖强调："予之所问，欲见兵部所送本草而已。昨日所见，乃如朝报膳书也。"臣下只得仔细回报整个文件的取得过程："臣昨见吴宗道驰到彦池下处，则两人对坐膳书其小帖，故臣亦请见而书入矣。印信公文随后当来云矣。"当入京见告急使以书报孙旷已被革职为民之事时，朝鲜为了防止日本方面若知此事，会有乘时冲突之患，特命备边司隐讳此条消息。臣下以为："中朝之人相互传说，谁不知者。"李昖以告急使所启中朝通报，命内宦传示诸臣，再三严命"于我国亦多所惧，咨帖之间，十分详慎，一字一言，

---

① 两朝平壤录/卷4/日本［M］．台北：台湾学生书局，1969：33.

未可轻下也”。同时令在京之告急使细报所得通报之经过与详情。告急使行护军权侠即将入京之后于何地于何人处获知何种信息逐日状启：

> 臣三月初二日到北京，初三日早朝。提督主事李杜……言赍来咨奏急要先见，可速送来见。臣即将奏本膳稿送之。临夕复送人言曰“即须多膳奏草来，我当遍示科官。然后你可呈本”云。盖科道官等多方论石尚书主和误国之朝鲜，朝鲜不可不救之意。提督与科臣等皆是同辈侪辈，故深喜臣等之来云。臣即膳数件送之。初六日送通事李橚呈奏本。……初七日，又诣兵部臣令表宪告曰：“恐小邦必已溃裂，即未知君父飘泊何处，陪臣等不胜闷泣之至。”仍相与号泣于庭。侍郎摇手曰：“不要不要，此日塘报，别无紧急，你们可放心。”……七日早朝，又与表宪等更进，刑部侍郎……仍按臣民进图逐一考问，极为详细，随所问答，而一一劄记，至日仄乃罢。使入椽房曰：“复有所问之事，姑留待薄晚传说。……十九日早朝，侍郎入兵部，仍使入椽房，屏去左右堂使令之人。然后使一椽吏出示题本稿，盖将昨朝所问答之言具题，以为救我国之策也。……是日臣在兵部闻有圣旨，石星革职候旨定夺，杨方亨回乡永不叙用云云。盖因石星自明之本斥孙赂清正坏封事之故也……大概臣自到京师，闻科道官徐成楚等劾论石星，前后相继，又有杨方亨劾石星议封误国之罪。石星屡上本分疏，仍进杨方亨所遗揭贴十五纸。皇上命九卿科官公同看问。因此，私书私揭转辗坌出，朝着极其不宁。其大略在传报回之通报中。”①

明廷关于东征之事已成舆论之焦点，不但庙堂之上争论不休，市井民间也哄然以谈东事为一时之风气。一旦有边报有倭人动静，朝野议论即纷纭不休，这其中涉及一个信息保密与新闻传播纪律的问题。东事毕竟首先是一个

---

① 吴晗．朝鲜李朝实录中的中国史料·李朝宣祖实录·卷33·丁酉三十年·四月乙亥［M］．北京：中华书局，1980：2383.

军事问题，过度传布东事新闻或者谈及东事时难免带出大量军事情报。其时负责东事的蓟辽总督邢玠在上奏陈情东征之事时即颇为新闻传播中情报屡屡泄漏为忧。传报消息者见倭兵集而不动，就放言以为形势安静，事实上在前线实战指挥者看来很多明显属于日军战术的动作不应进入传播领域形成纷纭议论。“知其动以吓朝鲜，不动以愚中国，正狡倭变幻之术。世岂有贼兵云集，稍一按兵即谓安静乎？倘凭纸上之言，而奸细又从中假捏传播，皇上一疑，则各部必然掣肘，部堂一疑，督抚必然掣肘。请今后倭情容臣小者频报，大者日报，不动则不必报，果撤兵返旆，臣细即报，不拘五日之期。”

相反，一些在舆论上能够对敌人起到扰乱或者震慑的消息应该大事传播，如“声言调南北水陆兵七十万旦暮至，福、广、浙、直水兵直捣日本”，借以达到“倭闻风遂不敢进”的战术考虑。另外，对于庙堂与江湖之上对东事不断热议的情形，邢玠认为应该严肃对待认真处理：“其有兵将造谤及山人墨客星相罢闲诸人求书引用，靡费钱粮者，乞严行禁缉。仍望庙堂以兵事责督抚，以耳目寄巡按，而私揭悉屏不听，使东征文武将吏精神气力不分于毁誉是非之场，又臣等任事者之幸。”明廷对邢玠的上言持完全支持的态度，明发旨意：“朕以东事专付于卿，决不中制，亦不为浮言所惑。中外各该衙门都要协心共济，以图成功。探报但求的确，不必拘定日期，一应兵粮事宜，上紧题复，无得轻听哓言，致令掣肘误事。……游客诸人假托谈兵惑乱军事，在京者厂卫巡城缉拿，在外者各该御史及管关主事访察，不许潜纵出入。”

不仅是前线，将吏朝堂之上对“东事难期，烦言难据”也颇为警惕，“失意奸将与逐流客游言丧败都市如簧，恐烦言一布，士庶交疑恩仇徒群谗，国家反成戏局，乞专敕科臣公同总督熟察情形，备查功罪，虚实公私不辩自明矣”。希望朝廷能明法度以禁乱言，保证东征的信息安全。

这种对东事传播的严格管制没有在很大程度上影响到朝鲜方面对明廷新闻信息的收集与处理。从万历二十年（1592）战争爆发之后，无论是与在鲜驻军还是与辽东地方官员，接触之密切多于往日数倍，朝鲜方面有意培养的与明廷官吏将士的亲密关系，到此时即派上了用处。仅在万历二十六年（1598）二月，一个月的时间内，朝鲜就通过接伴使从驻朝鲜的经理杨镐，总兵陈璘、刘綎等处接触到了数份通报与塘报，其中：

> 经理题本于皇朝辞职，奉圣旨不准；兵部一本倭情事：该蓟辽总督邢玠塘报前事等因到部送司，案呈到部，臣等看得大兵攻破蔚山……谨具题知；圣旨：军前粮饷最紧……不可迟误；仓督侍郎张养蒙一本：春运将开，敬请赞领防护；御史汪先岸上本参杨镐不孝不忠，推诿夺情，削职管事。宋应昌等愚弄本兵，残破属国；邢玠题本：贼酋几擒，外援猝至……即拟乞恩罢免。①

这与朝鲜有关的六条全部被朝鲜方面下交政局以议对应之策。

在各种信息来源中，这一时间段内朝鲜方面接触最多且信息量最为充足的是明廷向在鲜官将所发布的通报。万历二十六年（1598）五月，朝鲜方面得知明廷九卿五府科道官会议朝鲜之事，形成决议后上本万历帝获得万历帝批复，对所议与所复都非常渴望知悉。至七月陪同杨镐的朝鲜方面经理都监于通报中获得了万历帝的批复圣旨，膳书进献："圣旨：东征独遣经理。经理、监军等官员责任甚重。转调兵饷，月无虚日，冀收全胜，以安外藩。乃轻率寡谋，致于丧师……且将士被坚持锐，临敌对垒不避寒暑，倏而死生，奏报不实，俱候勘明处分。其经理员缺，便着吏部公同会推有才望知兵的三四员来看。……该部知道，钦此。"

除了通过通报抄本获知重要新闻消息外，一些与朝鲜方面相处甚厚的明廷官员也会有意无意地主动向朝鲜方面出示一些通报。时任后备官驻平壤的一位明廷官员就曾向朝鲜义州府尹出示通报："六月十四日使部等衙门会推经理朝鲜缺。巡抚万世得、梅国桢二员，兵部举汪应蛟、李植、王见宾三

---

① 吴晗．朝鲜李朝实录中的中国史料·李朝宣祖实录·卷34·戊戌三十一年·七月朔丙戌［M］．中华书局，1980：2520.

员，风力科臣则候庆远云。”尽管只能草草一见，没能抄录下确实的报章，但是朝鲜方面还是提前知道了“杨经理见遞似无可疑”这一重大的人事变动新闻，并在正式通知下达前做好了己方的准备，令右议政李德馨前往开城准备恭送杨镐。当杨镐进入开城后，朝鲜方面安排好了城中男女于轿前请留。杨镐大为感动，“经理含泪有不忍之色，答说：‘代我来者胜我，必能杀贼，你等放心。’”并向李德馨出示了最新一份发到其手中的通报，李德馨得以从容记录下这份六月二十八日所发通报中与朝鲜相关的所有内容：

> 其一说称杨镐初到朝鲜，声势炫赫，国王恐虐，呈上印绶，镐乃悔过引接，王心乃安；其二说称恤岛山阵亡者不下数万，当设祭致慰；其三说称调和南北军心；其四说称塘报宜实。其中说前者内有掣肘阁臣，外有跋扈经理云。盖以劳师动众，靡费钱粮，专归罪此等人也。①

有了通报这样权威的信息来源，朝鲜方面的许多决策即以之为据。九月，邢玠处的朝鲜都监回报回新近一期廷通报内容：

> 即见通报，八月十二日以本国奏本奉圣旨：“杨镐等损师辱国，扶同欺蔽，有旨特差科臣查勘，是非自明，不必为其代辨。兵部便马上差人传与万世德，着他上紧前去经略。仍传与督臣刑阶等官，今兵粮既集，应战应守，速行会同详议举事，以图后效。毋得以行勘推诿，致误军机。兵部知道”②

朝鲜方面马上着手安排经略接伴使，同时，因从这则通报中得知邢玠此

---

① 吴晗．朝鲜李朝实录中的中国史料·李朝宣祖实录·卷34·戊戌三十一年·七月戊戌［M］．北京：中华书局，1980：2528.

② 吴晗．朝鲜李朝实录中的中国史料·李朝宣祖实录·卷34·戊戌三十一年·九月辛巳［M］．北京：中华书局，1980：2531.

时之发言对战守之计影响颇大，便多次向邢玠发出文移并派遣执政重臣与之接触，欲使之主战到底。

鸣梁海战、露梁海战之后，日本溃退，在朝鲜作战的主力四将领向明廷报捷，并录示朝鲜：都督陈璘报称“本府统率诸将抵于露梁……共计擒斩三百二十名颗。千总陈九经生擒倭将一名，自称石曼子。阵亡副总兵邓子龙，统制使李舜臣”，总兵刘綎报称“本府督押四路官兵，于半夜直抵行长城下，三面攻打至寅时……”，提督董一元报称“沈安道新寨难遽攻破……众倭皆散去”，提督麻贵报称“倭奴盘据踞年……今贼惧恸遁归”。

万历二十七年（1599）四月，明军班师回国，万历朝鲜战争以明军全面将日本侵略者逐出朝鲜半岛胜利结束。

第四节　战争结束后的传播收尾

此时有一个值得注意的现象，那就是战争中建州女真的试探与朝鲜方面的反应。

万历朝鲜战争打响后，在辽东地区势力渐强的建州女真虽对日本没有任何现实的敌意，但颇想借此机会对大明与朝鲜加深一下内部认知，遂向明廷请愿欲入朝鲜协同明军作战。其时，建州女真在努尔哈赤的带领下已经将触角频频伸向中原与朝鲜，迥非成化年间被明廷和朝鲜联手几乎灭族的弱小部落了。为更多地了解中原文化，努尔哈赤延请汉人为师教育子弟。朝鲜差官杨大朝奉命通书女真部中，曾见浙江绍兴府会稽县人龚正六，年少时客居于辽东，见掳于建州，尽管在朝鲜差官看来是一个文理未尽通达之人，努尔哈赤仍敬为师傅令教子弟学习汉字，而且极其厚待。此时若能与明军同时入鲜则可尽知明军之内情，如此良机努尔哈赤当然要努力争取。

万历二十年（1592）九月，明军大军在辽东准备集结之时，努尔哈赤即使马三非等向辽东都司上言其部与朝鲜界限相连，朝鲜既被倭寇入侵，日后必犯建州。努尔哈赤自称部下原有骑兵三四万，步兵四五万，皆精勇惯战，情愿拣选精兵，待严冬冰合，即便渡江进入朝鲜配合明军“征杀倭奴，报效皇朝”。对于建州的主动请战，兵部最开始的态度是欢迎的，“据此情词，忠义可嘉，委当允行，以攘外患”。

同时，出于一直以来对少数民族的成见与对边患的过往记忆，“夷情叵测，心口难凭，况事在彼中，遽难准信”，故兵部特令辽东都司移文朝鲜进行询问。朝鲜方面大为惊恐，直言“建州卫老乙可赤来救之言，若然，则我国灭亡矣”。马上回复兵部“当职为照天朝矜愍小邦陷于倭寇，思所救济，靡有余力。虽黠虏凶诈之说而有于救患，则亦当乐闻而许之。犹虑夷情叵测，谓难遽信”，并向兵部强调朝鲜西北一带，与建州三卫境界相连，冲突不断。成经朝征伐之后更是怨恨深结。当用兵朝鲜之时“即有其党马三非等假名征倭，禀告兵部，阳示助顺之情，阴怀猾噬之计。若逐其愿，祸在不测。当职庙社为墟，先墓不保，忧愤成疾，益无以自效。而性命苟存，贼势环逼，只恃天朝终始哀怜救活。乞即明饬凶徒，痛破奸计，扼外胡窥觇之渐；急进王师，快施天讨，宣中国征讨之威。不胜幸甚”。

兵部见此文书即令建州部勿入朝鲜。当丁酉再乱起，第二次大军将入朝鲜之时，建州部此时“多设镇堡，城池器械，无不备造，而蒙古三卫亦皆归顺云，其渐不可说也”，再次表示愿意入鲜作战。得知此消息却没有收到兵部或者辽东移文的朝鲜使接伴使李元翼询问于邢玠：“建州达子请杀倭子，然乎?”邢玠回问：“果有是事。第未知尔国肯许否?”李元翼对之以：“此又一倭子。调达子而杀倭子，是又添一倭也。小邦闻之不胜惊骇。岂有许之理乎?”邢玠回道：“本国之情如此。我当开谕勿许也。”可见随着边疆形势的变化，建州女真部已经成为明帝国本身要正面应对的一个带有敌对性质的存在了。

战争结束了，但对朝鲜而言“与寇为邻”的现实窘境不会因一次胜利而完全终结，这使得朝鲜比之战前更为关注明廷舆论对朝鲜的看法与明帝国内部的种种变化。各类明帝国内部的新闻信息都成为朝鲜使臣需要收集的内容，甚至一些与朝鲜关系不是甚大的明帝国国内时政新闻。

万历二十七年（1599）正月，领议政李元翼回自北京，李昖与之就所得到的中原新闻进行了一番讨论："予见通报中赵（志皋）之上本非欲永撤，请半撤半留，而适以贼退，议寝不行。大概赵之为人如何？"对曰："何得以知之。"当李昖询问："有封太子之报乎？"李元翼表示获得新闻信息难度加大："门禁甚严，异于昔年。主馆之人，亦不肯言。又不见文书，何得知之？既闻册封不远云。"既然得不到朝廷报章，李昖只好将询问的重点再次转回使臣耳目可得的范围：

> 上问："失火殿阁其已复立乎？"对曰："乾清、坤宁宫土役未毕，而样貌几就。"上问："关外达子声息如何？"对曰："臣行到山海关，闻达子再犯，万经理被围于杏山。"上问："李如松何以败没？"对曰："其处人皆为轻进。"上曰："辽东一路疲弊乎？"对曰："凋敝极矣！"①

但是这些闻见事目很明显对朝鲜此时无大用处。战时与明军的良好关系仍是朝鲜方面获是明廷报章最大的可能。数日后，接伴使韩德远以衙门行见礼事到镇江城，于椽房中得见明廷通报一卷。其中有明廷科道本章事关朝鲜，韩德远即将其所得通报謄书送上："刑科给事中丁应泰一本：'恭承钦遣董摘查勘紧事宜，恳乞明旨以便使命事。'"所言事为朝鲜通倭之嫌疑，这对朝鲜而言是其时正需要的信息，李昖马上安排朝鲜政院着手辩白。二月朝鲜国王李昖辩丁应泰疏上明廷：

> 小邦服事之义，天下所知，正统癸亥至嘉靖癸未、癸丑、丙辰等年，俱获入犯之倭，节次献俘，屡蒙奖赏。此皆小邦竭心殚力以尽藩屏之职者也。惟小邦不幸与倭为邻，岁为边患。对马一岛迫近于我，遂因

① 吴晗．朝鲜李朝实录中的中国史料·李朝宣祖实录·卷34·己亥三十二年·正月辛卯［M］．北京：中华书局，1980：2581－2582.

其纳款许其往来。初来之时寓于荠浦、釜山浦、监浦等地，所以有三浦倭户之说。至正统庚午，戕杀佥使李友曾，小邦遂遣将剿灭，自后绝不许居焉。三浦之无倭户已八九十年。乃今谓小邦于万历二十年令世居倭户招引倭同犯，言之不近人情乃至于此。至于《东海记》，乃正统年间因其来使，遣内陪臣申叔舟往日本通谕，验察彼中情形，得其国风俗世系地图，遂因其本稿附以小邦馆待事例，作为一册以为异国奇闻。而今乃以覆瓿之断简，作为陷人之奇货，捃摭流闻，捏造虚词，亦已甚矣。若所谓夹江中洲者，与小邦义洲只隔一水，彼此人民交通贸易，恐惹事端，故嘉靖年间移咨奏闻，立碑禁约。小邦不曾与辽民争讼而乃云争讼，都司不曾以此事断案而却说断案，至曰招倭同犯，夺取辽河以东，恢复旧土，言之罔极，至于是乎。①

因其事先于通报中得以详知明廷疑问所在，朝鲜所做辩白得以有的放矢，自然效果良好，明廷对朝鲜的传播政策又出现了相对放松的态势。

朝鲜战争结束后，明廷方面的传播重心转向利用这次胜利“以彰示四夷”。四月，大学士沈一贯上言：“臣查万历三十年宁夏献俘时，曾颁诏天下，咸使闻知。自东倭发难已经七载，征师索饷远迩震动，夷狄盗贼莫不生心。今既荡平，着颁告天下以昭圣武神威之盛。从之。谕礼部，东倭荡平宜诏告天下，其择日具仪来行。”万历帝接受了这一提议，正式升座午门，接受总督邢玠等献上的日本俘虏六十一人，“付所司正法”，并将之传之九边四方。同日，接受百官朝贺，祭告郊庙。次月（闰四月），颁平倭诏诏告天下：

奉天承运，皇帝诏曰：朕缵承洪绪，统理兆人，海澨山陬，皆我赤子，苟非元恶，普欲包荒。属者东夷小丑平秀吉，猥以下隶，敢发难

① 明实录·神宗显皇帝实录 卷331·万历二十七年·二月壬子［M］. 台北：“中央研究院”历史语言研究所，1962：3104.

端，窃据商封，役属诸岛。遂兴荐食之志，窥我内附之邦，伊歧对马之间，鲸鲵四起，乐浪玄菟之境，锋镝交加，君臣逋亡，人民离散，驰章告急，请兵往援。朕念朝鲜，世称恭顺，适遭困厄，岂宜坐视，若使弱者不扶，谁其怀德，强者逃罚，谁其畏威。况东方为肩臂之藩，则此贼亦门庭之寇，遏沮定乱，在予一人。于是少命偏师，第加薄伐。……百年侨居之寇，举一旦荡涤靡遗。鸿雁来归，箕子之提封如故，熊罴振旅，汉家之德威播闻，除所获首功，封为京观，仍槛致平正秀等六十一人，弃尸稿街，传首天下，永垂凶逆之鉴戒，大泄神人之愤心。于戏，我国家仁恩浩荡，恭顺者无困不援；义武奋扬，跳梁者虽强必戳。兹用布告天下，昭示四夷，明予非得已之心，识予不敢赦之意。毋越厥志而干显罚，各守分义以享太平。……咨尔多方，宜悉朕意。①

并且一直到该年九月间仍有“以东征成功……播告中外，用敷大庆”之举。如此大张旗鼓地通告天下重点即在于宣扬东征之胜利，用以警告四方。“满朝臣子莫不举手而相庆，亦不动色而相勖。”内外藩属之国也纷纷上表称贺，在明廷上下，甚至朝鲜看来，这一目的是达到了，“倭夷已遁，属国全复，我之义声已著天下矣”。

但是历时数年的战争使朝鲜变成废墟，致此社会、经济发生混乱，且在人口流动、身份变迁，以及兵制、税制方面发生很大变动。且战争庞大的支出使大明帝国加速疲弊也是无法否定的事实。女真势力在战争中得以对明与朝鲜加强了了解，尽管没有进入朝鲜作战，但是对日本这一遥远的存在还是有了现实的认识。战争是传播手段中最为强力的一种，在朝鲜战争中，大明、朝鲜、女真、日本这几个对东亚世界意义巨大的实体有了一次全方位的接触与彼此之间的传播互动。之后在东北亚传播政策上，清朝统治者的选择可说是朝鲜战争的一个附加结果。

---

① 明实录·神宗显皇帝实录 卷334·万历二十七年·闰四月丙戌［M］. 台北：“中央研究院”历史语言研究所，1962：3209.

第五节　战后明对朝鲜与日本的信息互动的掌握

朝鲜战争是三大征伐中代价最为高昂的一次征伐，战后明政府加强了对朝鲜与日本的信息互动的掌握。

嘉靖前期倭寇于中原是癣疥之疾，中后期渐成中原东南之巨祸。万历朝鲜战争之前，每有朝鲜助剿倭寇之举即奖谕宣传，以取激励之功效。嘉靖三十五年（1556），倭船四艘自浙江沿海大败而还，漂泊至朝鲜境，朝鲜遣兵逆击于海中，得以全数歼灭。获得了中国被掳之人及从倭为乱的汉人三十余人。获胜后遣陪臣沈通源等入贺以闻并送归所俘。明“嘉其忠顺，赉银币仍赐玺书褒奖，通源及获功人李润庆等，皆厚赐而遣之”，意即宣扬同仇敌忾之气，取同心协力之意。而且一直相当重视朝鲜传报来的关于日本的动态消息。万历二十四年（1596），兵部以“辽左之势，倭犯山海，旅顺为冲，必须添设水兵”。而经过再三朝议决定“惟候朝鲜报警之后，而复州兵将移之金州，金州兵将移之黄骨岛。……新筑一城，名曰镇江，以为备倭之计。”重视朝鲜消息之态度甚为明显。

万历朝鲜战争之后，明廷关于日本的信息更多地采用朝鲜的传报。曾有辽民朱勇归自日本，向辽东守将及兵部上报了其所见所闻，言称日本有意再次入寇等等。兵部以“口谈情形，先后矛盾，迹近涉虚，惟是倭情难料，防御宜周，应行沿海督抚，加意训练，期备缓急”，指示辽东边将注意将消息发与朝鲜以求证实。而当朝鲜传来倭情时，明廷则立即布置反应，无有所疑。如万历二十九年（1601），朝鲜国王李昖上奏对马岛倭求和。而其所据也是流民口谈之语：“先是，朝鲜人俞进得等自日本脱归，言倭酋平秀吉将死，令其将家康领东北三十三州，辉元领西南三十三州协辅其幼子秀赖。倭将景胜据关东以叛，家康悉兵往击。景胜、辉、行长等诸将入大坂城合兵拒家康。家康攻破辉元，尽诛行长等诸将，倭国内乱。对马岛倭主平义智及其将平调信悉遣降人还朝鲜，遗书乞和，且言家康将运粮十八万石为军兴费以胁朝鲜。”明廷对朝鲜其时之处境非常明了，“朝鲜与对马岛一水相望，对马岛地并山冈，不产五谷，资食米于朝鲜。兵兴后绝开市，百计威胁。秀吉死，我师尽撤，朝鲜倭情滋甚，与倭通款久矣。又惧以通倭开罪于我也，使陪臣来请命”。但对其所传消息依旧大为重视，安排“总督万世德熟知倭情，职在经略，宜令酌议以闻”。同时，由兵部远遣密探，不论有无倭警信息，密探均每两月一报镇江游击衙门。如有重大情形，则马上驰闻。

镇江堡之设与密探之遣使明廷对倭寇与朝鲜之动态不再一味依赖于朝鲜的传报。日本数次遣使往来对马、釜山之间，与朝鲜多次通书，互相刷还人口不绝，朝鲜犹未与之开市，这些情况都在明的掌握之中。德川家康遣使朝鲜，自言“已代秀吉为王，尽反秀吉所为”。并缚送战时盗发王京丘墓之贼人，这些举动不待朝鲜上报明廷自然已经了解。所以当朝鲜僧人松云自日本回归朝鲜，代德川家康向朝鲜执政传话“曩自平秀吉要挟朝鲜，犹以割地、求婚、质子为词。我则不然，愿两国通好而已。往者壬辰构衅之时，吾在关东，不与兵事。师入王京，关东将卒无一人渡海者。而相视若仇，岂不谬哉”时，朝鲜不敢擅自通好，即以倭情条陈上奏。对日朝交通情况悉已知之的兵部即复之以“相机以御，及时自固，审利害察情实，在该国自计，难为遥度”而已。朝鲜与日本遂于三年后正式互市通好。

明廷对朝鲜与日本的交通往来还是有所担心的，万历三十七年（1609），朝鲜请蓟辽总督代其向明廷请下敕书于对马岛倭酋，以断绝其入贡之心。明廷朝议以为“倭之得志朝鲜，虽师老兵疲，其心未尝一忘。该国主少国疑，人心未附，恐终费朝廷处分。当事者不妨便宜一札，以折其谋。仍即诏该国毋得徒恃天朝。督令集兵浚湟，整甲峙饷自为固计”。此一论断之得出全凭对朝鲜与日本之交通往来全盘掌握使然。

朝鲜自与日本通好后，对于其与日本之交通及日本之于明帝国的一般作为情况不再一一上报明廷。日本入侵琉球之消息即由浙江总兵官杨崇业奏报而非由知情更早的朝鲜上达。针对此种情况明廷曾对朝鲜有所警告。

万历四十六（1618），朝鲜釜山镇水军佥节制使吴大男呈文兵部，称朝鲜差役回自日本带回被虏人口三百二十一名，传报消息称德川秀忠继位，欲与朝鲜正式通文友好，“拒之恐成仇恨，因依前差送员役之例报答”。

兵部回复以：

> 朝鲜与倭仅隔一水，分律以与国之谊，释旧怨而修新好，岂非至计，但倭奴诡谲叵测，当秀赖新灭，位号未定，频请信使以相夸诩，若其往来频数，乘我不备，俱未可知。兹据该国疏称遣使报答，彼国欢顺。但被虏原称三万七百余名，今刷还者才三百二十一名，即此便见倭好难凭，所探事情果否是的。但已通好，势难拒绝，惟是外示羁縻，内严备御，则该国君臣事耳。况迩来该国协力计贼，内或空虚，安知倭不旁睨而生心，合候命下移咨该国，务要愈加提防，毋使岛奴通使频烦，得窥虚实。亦毋使奴酋潜通声息，至为响应，庶氛祲消而箕封可固。①

此时明廷对朝鲜与日本之间的交通虽有掌握，但辽事已亟，无复有精力顾鸭绿江东之事。而万历以后，后金立国于明与朝鲜之间，明与朝鲜之通信渐不能保，对日本与朝鲜之消息则完全断绝。

① 明实录·神宗显皇帝实录 卷574·万历四十六年·六月辛酉［M］. 台北：“中央研究院”历史语言研究所，1962：4251.

第五章

江河日下：明末东北亚地区的陆路信息传播系统的崩溃

明中后期中央政府对东北亚地区的陆路信息传播管控开始出现老大帝国垂暮之年有的颓态。虽然明帝国在中国历史上是一个本量相当巨大的统一王朝，但是，比之之前的大一统王朝，比如汉朝与唐朝，明朝是一个收缩的帝国，放弃了之前的大一统王朝不断进击的姿态。

永乐之后，明帝国的陆上疆界开始稳定起来，西北方面、东北方面不是没有异民族的困扰，但是明帝国再也没有组织过永乐帝时期集合全国武装力量全员战备皇帝亲征那种规模的对外征伐战争。明武宗时期有过天子临边的战争，但规模不过是扩大化的边境冲突。更不提土木之变导致的边疆政策整体转向了。所以进入嘉靖时期，对东北境内少数民族的宣传工作的重点从“宣谕远人，使之来归”之不运用武力，但是仍然保持了一种积极态度的传播政策转移到稳定边疆，创造民族认同感上来，也就是通过政治传播、文化传播用认同感创造一体感，保有之前获得的稳定的东北边疆各民族的稳定状态。

而此阶段东北女真族经过百余年的发展，已经不再是元末孱弱零散的状态。特别是在辽东地区，海西女真完全结束了游猎渔牧的状态，开始从事农业生产，建立成规模的定居点的同时开始有系统地设置自己的官吏管理体系和有组织化的军事力量。这种情况引起了明政府的重视，明政府的君臣根据海西女真的发展状态，认为不能对女真再以其蛮族身份对其进行差异化对待，把海西女真培养成为辽东地区的武力屏障，并基于这种考虑开始提升对女真的各种待遇："辽东海西夷室居田食建官置卫，颇同中国，而中国待之异等，行有馆谷，居有赏赉，势虽羁縻，实成藩屏。故厚夷所以厚中国也。"以此为指导思想，加之女真族中几个强势部落的出现也迫使明帝国开始调整自己的东北传播策略，尽可能以弹性的传播政策来收服其心，比如提升政治传播上女真人的信息传播接收级别以区分于其他少数民族，比如文化上放弃文化歧视开展一定程度的汉文化输入以实现价值观上的同化，而非如同成化年间一样动用武力。从嘉靖时期到隆庆时期对东北边疆地区的新闻传播与信息输出政策的确是收缩了，但还是相对稳定的，却没能成功地遏制东北亚边疆地区的传播乱象初起。

第一节　万历末年用兵建州之际的战争新闻传播

自嘉靖元年起，明廷开始提升东北女真首领的待遇等级，给予已故女真头领例外加赏，通过赏赐"谕祭"的方法使之"传布贤名于国中"，这可以视作是对女真首领的笼络，也是对东北事务在传播中对应级别的一种形式的上升。载于《明实录》中的嘉靖年间的谕祭多达九条：

嘉靖元年四月丁亥，赐海西兀者卫都督佥事翰黑能谕祭，从其孙头克循例请乞也。

嘉靖元年十一月庚午，肥河卫都督佥事加哈察、亦迷河卫都督佥事赛哈死，诏以彩缎，便其归祭之。

嘉靖二年三月丁未，海西益实左卫都督佥事台束病死。赐谕祭如例。

嘉靖四年三月丙寅，赐海西弗提卫故都督佥事亦把哈祭。

嘉靖十三年三月乙酉，赐故塔山前卫都督速黑忒、考郎卫都督同知章失、建州左卫都督佥事撒哈等祭。

嘉靖十八年五月甲戌，赐建州卫女直都督纳速、左卫都督佥事秃儿昆，海西克默尔河卫女直都督弗当哈各谕祭一坛。仍降敕抚谕其子，并宴赉奏讨夷人如例。

嘉靖二十二年四月乙未，海西益实等卫为其故都督把里哈等三员乞祭。诏如例给之。

嘉靖二十五年八月壬寅，赐建州左右卫都督佥事锁鲁答察哈答祭如例。

嘉靖三十四年四月癸巳，赐建州卫女直都督佥事干黑纳等六人祭各一坛。仍赐诏抚谕其众。

在明廷的经营下，东北女真部也的确开始在心理上与行动上向明朝接近，也就是明朝所谓的“诚心向化”，嘉靖九年（1530），女真都督速黑忒以诛杀猛克向明廷请功，求赏蟒衣玉带、金带、大帽等物。值得注意的是所求之物，在这里女真人向明政府要求的物品里没有金银或者粮食，而是象征身份的衣冠服饰。女真这一时间段的物质生产能力还是薄弱的，但这种请求不能完全看作经济上的要求。《李朝实录》在这之前的更早的一个时间段里就有过女真部落的首领向李氏朝鲜求装饰性银饰腰带的记录。女真人把衣饰上的文化意义理解为文化身份认同是很有可能的。当然这种文化心理上的靠拢于明政府而言是非常喜闻乐见的。

猛克乃是开原城外山贼，常伏击入朝后返乡的女真各部以夺其赏。而速黑忒部世居松花江畔，驻地距开原四百余里，为迤北松花江流域女真人入贡必由之路，人马强盛，在当时女真人中最为强大。考虑到在之前的入贡活动中，速黑忒部在其他部族观望犹豫之时，独自进入京师入贡的前绩，这次诛杀的又是对朝贡入晋路线产生重大威胁的猛克部，对平定整个女真地区对入贡安全的怀疑有很大好处。“往年各夷疑阻，速黑忒独至，顷又有功，朝廷因而抚之，示特赉之意。”不但有物质奖励，明廷还以此事为典型向其他入贡之少数民族大加宣传，将这一事件向当时在会同馆旅居的各个外藩和少数民族进行传播，希望能够经典型号召起响应，突出明政府对远地控制权的不可动摇和奖罚分明。“且遍谕在馆诸夷，即万里外有功必知，知无不赏云。”明廷诏赐其狮子彩币一袭、金带、大帽各一。

此时间段明廷已经无须派出使臣远涉山水，前往北疆宣谕了。恰恰相反，受招入朝者人数年年增长。这种增长是长时间的国国泰民安的一个必然结果。但入朝入贡者的数量增长却不是全然如同表面上表现出来的那样单纯。入贡者中不乏追求文化上的进步与政治上的正确的向化者，但是就当时女真部落有一部分对于文化政治等毫无概念，入贡行为考虑的只是经济上的直接收益。而且这种收益还不是马市等边境以物易物产生出来的经济收获，而是获得赏赐或者劫杀使者。这种情况，主要负责女真事务的外交通事就有第一手的认知。嘉靖元年（1522）三月乙卯，负责女真人事宜的女直通事王臣即上言，“海西女直夷人阳顺阴逆，贡使方出，寇骑即至。今会同两馆，动有千数。臣等引领约束，颇知情弊，谨条陈上请”。建议加强对东北女真入贡与升赏的管理。但当速黑忒、牙令哈、阿剌哈等几个女真主要部落的尊长自称有招抚边夷功绩时，明廷仍皆与升赏。

但是诸部“纷纷来朝”到了后期已经不仅代表宣谕传播上的成功了，宣德年间即已经出现的入贡过滥的情形到此时愈演愈烈。到嘉靖六年（1527），礼部统计了当时一年入贡的人数与赏赐开支，“礼部言，番僧人及女直夷人例应一岁及三岁入贡者，不下五千四百人，赏赐彩币不下五千四百余匹”。礼部自陈其因，“先是，夷酋褚羊哈等听抚入贡，朝廷例外加赏。于是，海西夷竞相慕效争以贡，入数溢其旧，几至一倍。甚有洗改敕书易置别卫，概以听抚为名，混进徼赏者”。“诸夷入贡，勋满千人，一年数过，诛求无厌。”

明廷的应对之策只能是令辽东边将严审资格于外夷扣关之时，并遣通事省谕各都督严束各部，不得冒使骗赏，别无良策。“嘉靖九年三月庚寅，先是，夷酋褚羊哈等听抚入贡，朝廷例外加赏。于是，海西夷兢相慕效争以贡，入数溢其旧，几至一倍。甚有洗改敕书易置别卫，概以听抚为名，混进微赏者。……此后宜令辽东审遏于扣关之时，仍遣通事省谕各都督严束各部，毋得诈冒。”而且朝廷不得不在之后进行有关人员的减少投入，如《明实录》记载：“嘉靖七年五月丙戌，兵部覆议巡按山东御史张问行条陈革弊五事。……一言辽东各衙门差用人役，除额设吏典外，复有掌房主案识字算手舍人各倚势生事，宜悉查革。……一言辽东海运已废。倭患稍息。而旅顺口、望海窝等处，犹设驿递、守御等官，宜量裁省。……诏如议。二月壬子，兵部议女直、建州、毛怜等卫夷人升袭事例。……海西、建州、毛怜等卫朝贡夷人查有情犯内地者，宜于宴赏之后，礼、兵二部宣谕恩威。使之省戒。如无罪可指，不必每次申谕。自致轻亵。诏如议行。”也不能解决实质性的问题，加强的也是更多地强调文化传播的重要性。如《明实录》所记载：“嘉靖八年四月壬申，设辽东广宁等十八卫阴阳医学。六月癸巳，以四川、湖广、陕西、山西、山东、辽东、河南、南北直隶灾伤，遣太常寺官赍香帛祝文，令各该巡抚官祭山川之神。升提督四夷馆太常寺卿成文……巡抚辽东。”

其时于辽东的地区的传播已不如明之前期得心应手，概由国力之不敷，不能开源仅能节流。辽东各衙门差用人役除额设吏典外，尚有掌房主案识字算手舍人等与内地相同之编外人员设置，明廷认为“各倚势生事，悉查革”。根据明初定制的相关人员编制安排原则，这些中下级吏目的设置是不需要从中央政府申请的，中央财政里也没相应的名目，一概由地方财政自筹自支，自行解决。但作为没有太多地方财政收入的辽东地区，地方政府筹募资金的渠道也是有限的，事实上许多地方财政的支出项目是地方相关的官吏用转嫁名目的方法从中央的财政拨款里直接划出来的。也就是说，同为编外人员，本来不占用中央财政开支的，却不能和内地富裕地区一样保留这些掌房、主案、抄手、算手、舍人等的名额原因正在于此。中央与地方在这方面是互相都很了解对方的态度的。

辽东地区农业活动的季节性强于内地，所以在风调雨顺之年都不可能实现军与民的口粮完全自给自足，何况是荒年。辽东不同于其他地区之处就在于它始终是前线，不可能不养兵，民无食可以弃地出亡，士兵的口粮则必须保证，而且出亡的民众越多，前线的情况越难以保持安定，所以无论军与民都必须突出保证粮食配给不能低于底线。之前因辽东饥馑，明短暂地开放过辽东海禁，许由登莱籴谷入辽东。既而辽商因海道之便，私载货物，往来山东。海禁渐驰，朝廷恐或有后患，不久即加禁止。于国家安全至关重要的粮食运输都到了这种地步，更何况生发依附于实体物质活动线之上的信息传播有形的通道了。辽东海运已废，明政府即将旅顺口、望海窝等处驿递、守御大加裁省。驿递之缩减自然等同于传播线路之萎缩。

嘉靖末期隆庆初年，女真部落已有犯边之举，但明廷仍与之开市厚赐其入贡，根由即在于其能传报北虏之动态，而边将收集北虏信息无力使得与女真互市于边境之安全实利多于弊，但明官员向中央政府汇报开原与广宁地区的少数民族进入边境物贸交易的时候，间或发生各种各样的侵扰的情况。这两种一种属于朝廷鼓励的，于边境防务非常有益处的行为，而另外一种是大则可能引发边境冲突，小也是破坏了边境地区社会安宁的破坏性行为，为中央和地区都深恶痛绝的，而两种情况都是时有发生，不是说有了平和的互市就杜绝了扰乱边境，或者说是一旦扰边就不再互市。今时互市明时扰边复又互市都是让边境守军非常头痛的问题。或谓一刀切地阻止互市可以解决这个问题，但有一个重要的原因让边境主持事务者宁可忍受少数民族扰边之苦也要坚持开放互市。这个重要的原因就是互市于中方没有经济上的好处，但却是信息沟通互动、获得大量动态信息的绝佳平台，百年边境传播的成果是可以充分证实这一点的。《明实录》所谓：

> 开原广宁之虏有时入市，有时入犯，安能识其面貌，辨其顺逆。然行之百年不罢者，藉其传报，稍有足凭互市。交相为利耳，臣闻虏来求市，宜令宁前亦如广宁例赏之，不必拒绝。如或诡言互市，而实聚众入

掠者，即整兵固守，不复与通。①

当然，至为重要，也抵不过国力不复当年的影响，互市于信息传播获得方面明政府已经不能得其全效了。而这一时间段的东北招谕工作的变化也体现了东北传播的萎缩。之前的招谕是向北向东招谕少数民族入贡，此时边将转而招少数民族入住辽东边城及招抚漫散汉人还归乡土，这一方面说明了东北人口的不断流失，一方面也体现了传播工作对外时已经没有了与异质文化碰撞的冲击力量。这不是文化传播内容方面的问题，而是文化传播所搭载的信息传播整体框架没有进一步的发展，进入了衰退之前的平台期，如《明实录》所载：

隆庆六年十月庚申，兵部奏辽东招降夷人并回乡人口。赏巡抚张学颜银币，总兵李成梁升一级，开原参将郭梦征升一级。②

最为可悲剧的是到了这一时期的最后阶段已经出现了为了讨回被掳汉人而进行的宣谕，如《明实录》所载：

隆庆六年十二月丁丑，辽东巡抚张学颜奏，建州夷首王杲遵奉宣谕，约海西夷首王台送还所掳人口一百四十九名。请加赏免剿。……兵部覆奏赏王台银币。③——实质上不再是政治上的传播攻势而是一种以宣谕为名的赎回，已然失去了传播上的意义。

---

① 明实录·穆宗庄皇帝实录 卷56·隆庆五年·四月丙辰［M］. 台北："中央研究院"历史语言研究所，1962 年版校印本，第 1650 页.

② 明实录·神宗显皇帝实录 卷6·隆庆六年·十月庚申［M］. 校印本. 台北："中央研究院"历史语言研究所，1962：1670.

③ 明实录·神宗显皇帝实录 卷8·隆庆六年·十二月丁丑［M］. 台北："中央研究院"历史语言研究所，1962：1675.

嘉靖时期边境的整体政治与军事表现为一种收缩的态势。当明帝国进入万历中后期，朝堂之上，君主不再出现在郊外的各种农业祭奠上，不再出现于祖庙节庆典礼上，甚至不再出现在每日的朝堂之上，即所谓的“不郊不庙不朝”，作为当时世界上最强大、最庞大的帝国依靠政府的行政框架与帝国运转的惯性在向前运动。

这样的情况下，在东北亚地区，不可以再出现亦失哈九巡极边的壮举，也不可能再有由宣布敕谕而招来万千百姓归来。东北亚地区的不安定因素里蒙古的侵略已经被女真的扰边取代。东南有倭寇之乱，东北有女真之患，是帝国边境真实的困境。在这一时间段却出现了大量的战争胜利宣传，政府多以边将捕斩之功，几乎每一年都在宣布传播着胜利，真实的情况则是从君主到臣下都在一层层地夸大战争的胜利，用虚幻的功绩在自我安慰、自我催眠，《明实录》里在这一时间段里无数次的宣捷告庙论功行赏不过是君主与臣下、中央与边疆的互相欺骗，仅仅在万历帝二年的一个月里就有一次胜利两次进行最高等级的战争胜利消息发布行为：“万历二年十一月丙子，蓟辽总督杨兆奏，总兵李成梁攻剿建州卫酋王杲，斩获甚众。……上命择日宣捷，祭告太庙。壬午，以平建州王杲，遣英国公张溶告太庙。……次日上御皇极殿。鸿胪寺宣捷，百官致词称贺。”——也就是宣捷告庙，向世间人民宣布胜利也向列祖列宗汇报胜利，事实却是“无岁不宣捷颁赏，君臣以功伐自欺，以进号蒙赏，靡费国财，互相愚滥”。

东北地区的宣谕工作事实上已经停止，对少数民族的政治传播也随之中止，官方不再进行文化传播的努力，仅存的边境地区女真能接受到的汉文化影响开始由个人完成，在这一方面女真努力寻找传播渠道的态度是比明政府开辟传播渠道的态度积极得多的。努尔哈赤带领的建州女真势力兴起，开始试图在中原与朝鲜之间形成自己的传播区域。

第二节 明廷对辽东舆论的整顿与对新闻保密工作的加强

到了万历年间，东北地区，特别是经济文化相对发达的辽东地区已经有了自己的一个舆论场域，辽东地区的一些官员士人也开始利用传播手段影响舆论以达成自己的目的。这一在中原地区早已经出现多年的传播现象，在边疆地区是滞后了。但是与同时期的其他边疆地区相比，辽东地区的传播舆论场都是最接近中原汉文化核心地区的。这是从洪武年间就坚持下来的重视辽东地区地方教育的一个正向的成果，却并不具有完全健康的作用。

汉文化核心地区，从唐代出现士人传播起就负有向其他社会阶层进行文化宣传与教育的义务，并以此获得其扩大影响形成次一层级传播场域的一种可能性支持。明代中后期，中原文化核心地区出现的社会自发生成的舆论场也是有这方面的社会功能的。

在《万历邸抄》里有许多对于地方事务的描述与汇报，大量的细节显示这些信息的收集上报者不可能是明政府的正式地方官员，因为从之前的史料里我们可以得出明政府在地方官员人事编制上的“刻薄”。所以这大量的社会生活细节收集、整理与上行汇报完成者自然是另有其人，那就是组成了地方舆论场中下层次的士绅们。

《万历邸抄》里关于土地争执的记录不少，其中可以窥见信息收集者的立场和态度，《万历邸抄》里关于民风节义的记录也不少，其中可以发现信息收集者的生活“半径”，比如前任重臣之女白日飞升、公鸡生蛋、牛马生角之类很明显的市井流言蜚语，这就很明显地暴露了信息采集者的身份，而值得玩味的是上报者的态度。我们在开始就论证过邸报作为中国古代正式官报的权威性，当这些看起来荒诞不经的愚夫愚妇下里巴人的言辞与庙堂之上经国正论与至圣纶音出现在同一文本时，我们就不能不思考邸报在这里传达出的是一种怎样的传播效果希冀：传播政策的制定者和执行者在试图通过邸报的文本传布出一种从上至帝王由下至农夫的社会一体浑然共处于大明帝国的深层次的感觉。所以说负责地方舆论上行导引的中间士绅们必须完成这一使命。

本文涉及的传播与舆论场研究在地理空间上是限于东北亚地区的，所以在这里不做详细讨论，但这两类信息已经足以证明我们前面的结论。而辽东地区的士绅舆论场对社会义务的不作为是可以从几个相对较大的舆情事件里获得证实的。

万历二年（1574）十二月，巡抚辽东都御史张学颜参劾管督粮储户部王念通同管粮官侵盗边饷，张学颜的巡查地区是辽东，至少在程序上张学颜的弹劾是成立的，同时张学颜至少掌握了一条完整的证据链条，官粮如何从户部的账户上进行划拨，又如何进入东北地区由地方粮官进行分配，作为地方一线主管官员，张学颜的弹劾是不会完全属于空穴来风的。我们之前在记载这一时间段史实的《明实录》里屡次见到张学颜的名字都是在对招抚或者军务的表扬通告里，张学颜至少可以当得起“实心任事”的评语的。被弹劾的另外一方管督粮储户部王念通同管粮官并没为自己所谓的清白提出任何有益的有力证据，反而是王念通将这一事件直接导入了东北当地的舆论场，采用的方法是不经过任何公开的或者官方的手续自行将这一事件以自己的立场为标准重新写成私人揭贴，但并没有按正常的处理方法投寄给任何有关人士或者有关方面，选择了用多次刻印之后直接将其推到大众传播领域的方式。王念通私自刻布揭帖，内容是极口诬讪诋毁张学颜。两个对辽东地区政治事务影响很大的官员间的冲突在整个辽东传播得沸沸扬扬，根据《明实录》的相关记载这次舆论风波后是一直传播到北京的。

这一事件里看不到对社会舆论的正向的积极利用，反而激化了边疆地区内部的紧张空气。此类利用舆论相互攻讦在万历二十八年（1600）在辽东亦有发生。这一次的事件与北京的中央政府关系更为密切，当时的中央重臣阁臣沈一贯接到辽东总督多封揭贴，内容都是讲述辽东地区的总督与巡抚、文官与武职在许多方面都有形形色色的不同意见，这些层出不穷的意见相左直接导致了在处理具体政务时，各职能部门之间无法协调，甚至有互相掣肘的情况发生，矛盾的双方情绪都非常激动，特别是当时的辽东总兵采用自行刻制揭贴，在城市广为传布的极端方式。这一史实见载于《明实录》："皆言辽东抚臣镇臣意见不合，事事参差，蓄疑成愤。以致总兵揭誓通衢。"辽东地区在军事与政治上是有其特殊性的，若然发生了这种极端的舆情事件，甚至可能诱发边境对立军事力量的扰边行为，所以沈一贯将此事上奏万历，言称"此等光景，不但不能勠力防边，恐互相乖剌，互相倾陷，祸不可言，伏乞圣明留意，亟为处置"。可见明廷对辽东之舆论的重视程度已经类于中原，但控制难度又超出了中原地区。

这种难以控制的一个重要的因素是万历时期建州女真崛起于辽东，成为东北亚地区形势中一个越来越难以控制的变量。万历十七年（1589），明廷正式任命建州夷酋都指挥努尔哈赤为都督佥事，这标志着努尔哈赤的力量已经在明代的政治舞台上拥有了独立的身份。既然拥有了独立的政治身份，那么经独立个体形式进入东北亚的政治传播体系也就有了可能，当然于当是时，这也只是一种可能，拥有的是独立的身份但却不可能在当时就能作为信息传播者介入东北亚政治传播体系。事实上这一完全的转变，也就是从与东北亚地区其他少数民族作为一个不存在本质差别的大的整体单纯地接受招抚类信息，到在明廷拥有了本民族自我面目的信息接收接受个体，到主动寻求、接受先进的异文化的传播单元存在，一直发展成为可以生产出对系统内其他信息传播单元个体有意义的新闻信息的传播单位的这一整个过程中，女真部族的进程此时只达到了第二个层级与第三个层级之间的状态，也就是介于独立存在的信息接收接受个体与主动接收传播的单元个体之间的状态。

接受明政府任命的次年，也就是万历十七年（1589），努尔哈赤率建州等卫女真人一百零八人进贡到京，明政府对其宴赏如例。此后，努尔哈赤多次入京朝贡，如"万历二十年八月丁酉，建州卫都督奴儿哈赤等奏文四道，乞升赏职衔冠带敕书，及奏高丽杀死所管部落五十余名。命所司知之，并赐宴如例”。“万历二十五年五月甲辰，建州卫都指挥努尔哈赤等一百员，进贡方物，赐宴赏如例”。“万历三十九年十月戊寅，颁给建州等卫补贡夷人奴儿哈赤等二百五十名，各双赏绢匹银钞。”

一直到万历四十三年（1615）总计共八次入京朝贡，这种入京朝贡的频率比其他地方的少数民族的首领高了许多，一方面我们可以把他的积极入朝解释为履行其地方官的职责，但有一些朝贡行为仔细考量其由头就会发现并不是非不为不可的，因此显而易见，努尔哈赤频频入贡是借履职之机亲身侦知中原情形。

努尔哈赤势力的兴起引起了中朝臣子的警惕，不过，女真的政治结构尚可称之为原始，经济方面只能渔猎自给，明政府经营东北亚百年不可能只以一人出结众部就提高对女真部族的警示级别，也就是说此时的建州女真尚不能为明之心腹患，所以，明廷臣下的担心多是事关中原政治与军事信息安全的，严肃汉族与少数民族之间的信息传播纪律与秩序，想方设法在安全区域的极限点设置守备力量，使东北亚地区包括女真部族在内的各个少数民族不能随随便便探知内地中原的各种动态信息，即如何“严界限以制华夷，议设法远去守口，毋致夷人习窥内地”。

在当时明廷的对外传播概念中四方的少数民族与外藩是有严格的等级划分的，这种划分不是依据它们在地理空间上与中原文化核心地区的或远或近，也不是依据它们与中原经济交往的体量，而是以文化上汉文化的接收吸纳程度作为唯一标准。

与中原互动密切，衣冠文物制度执行中原王朝统一标准的琉球、暹罗、朝鲜三国被视作是第一等级的外藩，“贡夷琉球、暹罗、朝鲜冠带之国”，对此三国，明政府的传播政策主旨是可以言礼义可以教化，其入贡乃“慕义向化”。从文化标准出发，建州女真部族没有接收汉文化的前例，无论是部族政治结构还是具体生活方式里都找不到汉文化传播的影响，基于此，明政府对女真人评价是非常低的，在各方面的政策都是从防御其为中国害乱的角度出发的，包括在之前的历史上一些成功的对女真族的招谕活动和入朝纳贡活动，明政府也怀疑这背后是流亡东北地区的中国人所为，目的在于窥视中原以图为乱，即：“三卫海建女直先后辐辏，计九百人。三卫悍而纵横无忌。女直诈而狡横百端。……三卫女直夷人，半系中国强梁亡命代捧敕书而来，透露消息，挟众肆横，莫可谁何。”

重点在于这种情况即使没有到需要武力解决的程度如成化之征剿，也不能再仅靠宣谕等传播手段如永乐时期的宣谕来安抚边地。有一部分明廷官员对此表现出消极态度，认为切断与建州更多的联系能够解决问题，认为建州女真的存在是一个边患的源头，虽然建州女真在入朝纳贡的方面表现是积极的，但是女真人崇尚武力，面对中央政府时并没有循驯的表现，整个部族的定居性不强，随时可以复归到游猎的状态，攸而远遁，与其他少数民族相对更为危险的一点是他们对中央政府是相当熟悉的，为祸程度必然严重于其他“北虏”。明政府主管外交的礼部即持此意见，“建酋屡为边患，近虽入质，然来而悍不可驯，去而杳不可闻。又熟视中朝，徙生玩愒。将焉用此。合无照北虏故事，留贡于边，亦赉赏于边”。

只不过这一提议与明政府在东北亚地区实行了百年的传播政策是完全不同的，所以出于各方面的考虑当时明廷主持军事的单位与礼部意见是不相同的，特别是在东北亚防务一线的军事将领，还是倾向于更多地用政治传播的手段来平缓建州女真带来的问题。

时任总督蓟辽兵部右侍郎薛三才的提议是此类观点的代表，一方面他承认东北边疆从蒙古问题一家独大发展到了女真问题越来越棘手，用武力完整解决女真问题不是不可能的，但东北亚地区形势复杂，鉴之永乐时期永乐帝以皇帝之尊数度携百万雄师劳师远征花费之巨，此时绝无可能再行，若征女真，蒙古又祸乱边疆，轻则军事接踵，重则国家动荡。薛三才认为更为合理有效的方法是将政府的民族政策整理成正式的文告，以朝廷二品大员的身份，前往辽东女真地区进行传布谕令的工作，使女真能充分认识到不断扰边的后果，放弃与中央政府明里暗里的各种形式的对抗，如是则可以保有其作为顺夷的政治上的经济上的各种好处。而且薛三才对宣布传谕的工作还是有一定信心的，并表示愿意多次前往以强化效果：“奴酋之穷凶日见猖獗如此，用辽中事势又未易言兵，臣谨修文告，往谕祸福，至再三矣。如其怙终，即欲讳言兵而不得矣。”

这样的建议从正面看是符合明政府在东北亚地区军事防务布局传统的重视西北的传统的，从反面看，当时的政府上上下下已经不复洪武永乐时期的开疆拓土不避锋镝的勇气了，而且从经济的角度看这几乎是完全的惠而不费，从之后的史实看，更多地运用政治传播的方法是被明廷接受的，需要注意的是这种相对保守的边境政策主张是需要有军事部署来托底的。

洪武朝可以仅仅以一纸越江布告就引发了王氏朝鲜的崩溃，究其最根本的原因是因为在一纸布告后面，是刚刚将百年蒙古帝国逐出中华，平定四方的强大的明帝国。此时之明帝国在军事上震慑力经过了一系列如土木之变等打击，自然不可能一如从前，且女真，特别是建州女真，与辽东汉族即使不能说是共同生活也必须承认是接触颇多的，信息的交流程度也不是明初期的状态了，女真对内地的情况拥有了三个层次的了解渠道。其一是通过首领人朝纳贡，一路耳闻目睹，到达京师之后留居馆舍朝晋拜见，由是获得大量信息。其二是互市贸易，经济的流动于物质层面是不可能不搭载信息的流动于其上的。第三是由传播中最活跃的人的因素来完成的，比如流入东北女真人地区的汉族人，又如进入辽东与汉人共同生活的女真人，他们就是女真族获得中原信息最有效的渠道之一，而且这三种方式还不是单一运作的。

我们仅看一个女真人的活动轨迹就可以看出女真族在获取中原信息上如何操作的，这个人就是女真族的首领努尔哈赤。努尔哈赤的父祖与明在辽东的驻军关系良好，却不幸身亡于明军的军事打击活动中，因系误伤明军亦有所愧于少年努尔哈赤，除了在政策上和经济上给予扶助和补偿外，对少年努尔哈赤也多有照拂，使他得以出入辽东主将李成梁身边，这就是我们刚才所说的第三种信息获得方式。努尔哈赤成年后，据《满文老档》记录，多次互市贸易马匹与粮食，这就是我们刚才所说的第二种信息获得方式。而第一种通过亲身入朝纳贡获知消息的情形前文我们已有过论述，不再赘言。

在这里值得注意的是，信息的传播是双向的。在中国古代的传播大环境里，从秦汉时代开始就存在着信息传播的双环结构。上层信息环是政治军事经济新闻信息从中央政府流动出来传播导向官员层（有一个时期是门阀士族阶层），再经过官员层的重新加减流向乡绅士人层，再次被加工后由乡绅士人层流向社会底层，社会底层的反馈不会进入这个上层信息环流动的过程，乡绅士人层本身的反向流动回官员层的是自身的反馈，官员层将收集到的反馈信息进一步过滤然后以章奏的形式返回到中央政府最高层。下层信息环是社会最广大的农民在自身生活中产生的信息在本阶层内部传播，其中包括有限的上层信息环注入的新闻信息，信息在这一信息环流里是半封闭的，之所以会有流言形成社会级恐慌就是因为与这种半封闭的特性有很大关系。之前我们分析的东北亚新闻信息传播更多的是考虑上层信息环的传播情况。而东北亚此时的信息已经进入了相关地区的下层信息环流了。

建州女真的崛起也给中原，至少是地近辽燕的京畿一带造成了一定程度的民间恐慌。万历四十六年（1618），有游民张文经父子自行刻制宣传文告，于京畿一带民间散发，为了增加神秘性强化传播效果，张文经制造了一颗印章，去掉了其中一个角，向众人宣传说这一个小角被送到了建州，所有人可以通过将两个印符合并，在有所兵祸里得到豁免，这充分说明了当时民间对建州情况的认识：不但了解了建州女真的存在，对他们的崛起也有充分的感知，非常恐惧建州女真可能对内地相关地区带来的战争破坏。“审其妖书，诞妄不经。又造本印一颗，截去半角，谓半角原寄建州，但取半印，彼此合符可以免难。以此耸动愚民。其他所称祭风避火朱符杂呪，不可殚说。”明廷将其以捏造符印图谶罪处死，同时加强了对辽东新闻于内地传布的管控，明白地进行相关信息的发布，以行政手段提醒民众对相关信息进行区别接收与接受，即《明实录》所谓“明示晓谕内外讥察，不致为奸民煽惑”。

但这种谣言是产生于第二信息环流里相关信息的严重缺乏上，政府不从这个源头出发是不可能从根本上解决问题的，而且不只是在关于建州女真的问题上，在中国古代封建社会里，第二信息环里的谣言问题基本上都是产生于与第一信息环之间交流的不通畅上，直到封建社会结束这个问题也没有得到解决。万历四十七年（1619）明军于萨尔浒战败后这种民间恐慌已经无法再用传播的手段平抑了，而此时建州女真也脱离了明帝国的内属序列，并与之成为敌对关系。

当然这只是在第二信息环里发生的情况。在第一信息环里，明政府的传播手段应用效果还是明显的。我们可以通过考量在平息辽东兵变中明廷传播与宣传手段的应用来证明这一点。

明初的社会结构之前我们分析过，是众多短线串联而成的，或者说是一种短线"编织"而成的，特别是在军队的补给上。所以在王朝边事日多，三边有警的时期，中原地区的驻军情况还可以，边地的驻军就问题多发了，嘉靖年间兵变多发，规模较大的有五次：甘州兵变、大同兵变、大同二次兵变、辽东兵变与南京兵变。嘉靖元年（1522）正月，甘州士卒因为不满以粮代饷银，比率甚低，而引起兵变，主事的甘州巡抚许铭被杀。嘉靖三年（1524），大同兵变。士卒痛恨巡抚与参将之苛虐而尽杀之，占据大同以抗王师，直第二年春才告平息。嘉庆十二年（1533）十月，大同再次因苛责重役激起兵变。嘉靖十四年（1535），辽东辽阳广宁相继兵变。嘉靖三十九年（1560），南京募兵营士卒因无饷粮而杀主管兵变。也就是在嘉靖元年到嘉靖三十九年间，五次兵变，从东到西从南到北，从一直处于防御蒙古第一线的大同甘肃，到监视控制东北女真活动的辽东，甚至到中原腹地政府的第二中心的南京，处处有士兵哗变。甘州兵变杀巡抚杀参将，大同兵变中大同被乱军占有直到次年，南京兵变直接发生在募兵营中。相对比而言在这五次大规模兵变中，辽东兵变可以说是平息最快，血腥程度最低的，与甘州兵变相比，兵变中朝廷官员无有被杀者，与大同兵变相比，城池安好，城防仍在，平乱无用重兵攻城野战，破坏边疆防务。这里有一个重要的却一直被忽视的原因，那就是在辽东兵变的平乱过程中，传播的手段被多次用到以抚安士卒，平定民心，所起到的效果明显。辽东地区军民比例中军士与军户的比例是很高的，一直以来重视对边疆地区宣谕招抚自然也提升了当地军民对信息传播接收的效度与对信息本身的信度，可以说，利用新闻信息传播的手段平定辽东兵变是此时间段内明廷在辽东军事新闻信息传播管理的一个缩影式的展现。

辽东兵变的始末通过对各种相关史料的收集对比大致可以完整地勾勒出来，没有什么疑点或者重大的事实不清楚。

嘉靖十四年（1535），巡抚辽东御使吕经在辽东执行严苛政策，对士兵的各项待遇多方克扣，致使军士生活竟然达到了难以为继的程度，所以对巡抚吕经的众怨一日甚似一日。当时，根据中央政府一直以来的规定，百年沿用的定制就是在辽东诸卫所服役的每军户，平均一人配给一定军粮，多余的非战斗人员帮助他们完成充当自己粮饷的农业劳作任务，这个配给名额的定员是三员以助屯田，辽东军户所拥有的军马也享有自己的配给，那就是每匹军马按照常例规定，配给的是牧田五十亩，这两项规定从正统年间即已执行，已经成为辽东驻军的基本制度。而吕经到任辽东巡抚后，表示要兴利而除弊，他向辽东地区的驻军发布文告檄文，宣布大规模压缩人员军马的配套待遇，军士配给多余的非战斗人员帮助他们完成充当自己粮饷的农业劳作任务的名额的定员从三员压缩为一员，根据之前的规定配给经减员多余出来的人员全部编入徭册按人数征银，解送广宁库。辽东军户所拥有的军马不再配给牧田五十亩，追缴军马牧田还归辽东地方官府所有，由官府召佃户前来租种，如果军户不想归还牧田那就需要按面积纳租，租金概归入府库。待遇下降规模之大导致军士怨望甚重。

嘉靖十四年（1535）三月，吕经巡视辽东边务到达了因减降待遇怨气极大的辽阳地区，他对这种气氛一无所知，在到达前后依然发布檄文与辽阳将吏，下令让他们修筑辽阳地区围墙以及配套的站台。辽阳地区的主管将吏为了讨好吕经，督工的时候态度特别严厉，不断催赶工程进度，不让士兵休息，辽阳被征来进行工程的诸军于是发生兵变，军士停止了城墙修缮加固工程，在低层军吏的带领下，聚众冲入巡抚所在的办工行院，向巡抚的代表提出要求，主要是两点，一为停止修筑辽阳地区围墙以及配套的站台，一为停止军马牧田按面积纳租。当时在巡抚所在的办工式行院的是都指挥刘尚德，刘尚德是吕经的亲兵，很得吕经的信任，当时的一个普遍的说法就是吕经所行之事多出于刘尚德之建议。军士冲入巡抚所在的办工行院之际就是由刘尚德出面呵斥诸军的行为，并下令其解散。刘尚德态度恶劣，语言里全是恐吓之意，全然不理会士兵提出的任何一条请求，诸军对刘尚德下令其解散的要求也就置之不理。吕经大怒，下令自己带来的亲兵鞭打为首的军士。在场士兵益发愤怒不可控制。他们竞相暴起，殴打攻击刘尚德及随同的指挥使李钺。吕经在仓皇中，抛弃了随身携带的敕书，逾墙离开办工行院逃走，藏匿于苑马寺的一间空室中。

哗变的军士情绪越发不可控制，他们击毁了办工行院的大门，冲入内室，搜寻到了相关的服劳役以及其他类与这次压缩待遇相关的名单，放火烧毁了这些徭役籍名册，然后鸣钟击鼓召集众人，很快就将辽阳城内的兵士大都集中在一起，在兵变率领者简单动员后取得了下一步行动的一致。士兵们关闭了辽阳各个城门，并且打开了辽阳城的监狱，找到并放出了之前因故被关下狱的前游击将军高大恩，想要拥高大恩为首领。紧接着包围苑马寺，搜得吕经押赴都司公署。

镇守总兵官刘淮得知此事后，因吕经在乱兵手中，不敢有任何举动，只能将此事上报明廷。中央政府的主管部门兵部因为对事件的经过没有进行专门的查勘对其中的是非原委掌握不清，所以表示难以在一个短时间内遽然下定议。中央政府的第一个命令是让当地的巡按御史会同总兵官从实查勘。兵部的具体指导意见是辽东总兵从实查勘的第一步是命令副总兵李鉴进入被乱兵控制了的辽阳等城，把朝廷的处理主旨对士兵进行宣布，一方面树立政府威信明确纪律，要求参与哗变的士兵认识到自己哗变与侮辱主官的过错，各自回归相应的军营，从而保全自己的身家性命。对于事情的起源在于吕经的苛政，副总兵代表总兵表态，承认吕经之前的政策太过苛刻，执法过严，存在开始的时候过于轻信下属的建议导致边疆防务出现问题，而事情（本次兵变）发生时只知道保全性命全无官常，损伤了朝廷的威信，朝廷是会对其进行调离降职等处分的。并开脱参与兵变的士兵是饥寒交迫不得已而为之。兵部要求这一处理方式要进行宣谕发布，在更大范围内强化宣传效果：

> 先令副总兵李鉴入城，宣布恩威。令众军悔罪守法，各归营伍，以保身家。毋得稔祸怙终。官田仍令照旧，管业不许变乱，以生事端。都御使吕经莅政多苛，奉法太过，始则轻信寡谋以启边方之衅。终则退缩不掇，以损重臣之威。宜取回别用。辽阳军士饥寒切身，据其哀鸣不为无故。宜行文省谕，各军各安生业。①

兵变发生之时，巡按辽东御史曾铣正履行职务巡查金州、复州。当他接到辽阳发生兵变的消息和兵部的处理意见后，立即按照兵部的指导意见形成了自己的处置方式，他计划将朝廷的基本处理意见，也就是明确责任在于吕经苛政，开脱士兵责任，要求哗变士兵回归军营等相关内容写成榜文的形式，进而命令相关职能单位发布这些榜文，用当时当地传播覆盖面最大的揭榜的形式向辽阳地区的军士及军户家属进行宣传，以安抚乱军。

曾铣认为榜文里应当宣布凡吕经所行苛政无论是征发劳役还是催赶工期，包括对军马牧养田亩的税收的强制执行悉数取消，这样就能从根本上解决兵变的问题，同时也要在榜文里发布命令，要求各级将吏督导率领军士照常操备守御，尽快恢复东北边疆防御不致“外夷”有乘机扰乱边境的事情发生。曾铣的建议得到了兵部和各个职能部门的支持和执行，当榜文传播的信息被辽阳城的哗变士兵接收到以后，哗变士兵极度紧张的情绪得到安抚，于是，乱军稍为安定。经过哗变士兵的内部讨论最终辽阳城门被打开，政府收回了辽阳城防的控制权。游击高大恩主动代表哗变士兵向曾铣投降。曾铣接收了高大恩的投降之后，按照之前辽阳城的正式城防布置，将士划拨防守辽阳城的九个城门及钟鼓楼等处，组织军士对辽阳城进行巡警，恢复了辽阳

---

① 明实录·世宗肃皇帝实录 卷173·嘉靖十四年·三月乙丑［M］. 台北：“中央研究院”历史语言研究所，1962：1468.

秩序。

之后，曾铣按照他在榜文里表明的态度，上弹章参奏都指挥使刘尚德逢迎吕经对军士态度过分直接触发了这次兵变，“失抚字状，而为军士乞”。兵部接受了曾铣的意见对刘尚德进行了处分，认定这次哗变的发起者不过数人而已，着由曾铣调查取证后拿问收押，不得扩大对哗变士兵的打击面，吕经被调离，都察院左佥都御使韩邦奇为右副都御使代理辽东巡抚的职务。并要求当地将对这次兵变的处理经过和结果以榜文的方式，悬挂在辽东地方广为宣传，“终以铣言为是。谓即悬榜省谕，操备如故。其开端喧哗者不过数人，听巡按御使查实逮问。上从部议。升都察院左佥都御使韩邦奇为右副都御使，代经巡抚辽东”。

吕经被曾铣解救恢复自由之后，接到了他的离职命，随即返回广宁，整理行装打算回京接受调查。吕经在广宁任命的中军都指挥袁璘平素一直以向吕谄媚作为进身提升的渠道，他揣度吕经不会因这次的事件受到彻底的弃用，今后仍然会在仕途上于自己有益，就打算克扣广宁诸军当月为战马配给的草价钱款为吕经置办行装。消息泄露为广宁当地的军士得知，此举激怒了广宁士卒。以低级士兵于蛮儿为首的士兵，对辽阳前事已经所知甚多，他们以辽阳兵变作为借鉴，也弃防务离开军营聚集在一起，“起而鼓众倡乱”。

以于蛮儿为首的哗变士兵破坏抚院大门冲入其中，他们直接扣押吕经，并当面历数痛斥吕经之过在于剥夺之前的助劳丁役名额，夺走军马牧田，同时还把沉重的防御工事修造任务强加于士兵头上，不断催赶工期，导致非战之时从事农耕自给的士兵无法进行生产：“非尔汰我余丁征徭银耶，尔夺我牧马田耶，而复能虐使我筑墙种树，终岁劳苦，不遑耕织耶?!”然后将吕经关押起来，哗变士兵据守广宁城的五座城门，断绝了广宁与其他地方的交通。他们在城内为了泄愤纵火焚烧了吕经的个人物品与抚院的文书，大火失去控制延烧到了广宁公署以及广宁儒学东庑，公署与学馆在大火中俱成灰烬。广宁哗变士兵将所有参与者分为四部分，不分日夜鸣钟击鼓声势激烈。将吕经与袁璘关押进广宁狱，威胁管粮郎中李钦，向他索要吕经所减粮饷，并威胁镇守太监王纯、都督刘淮等上奏朝廷中军都指挥袁璘依附吕经苛刻士兵才引发了这次兵变，镇守太监王纯、都督刘淮还在压力下将吕经所做之事里最为士兵切齿痛恨的十一件事一一列举，镇守太监王纯、都督刘淮代哗变士兵请求将吕经由离职改为逮捕，回京处理，并要求由总兵郤永、侍郎周述前来辽东解决这次的事件："璘阿附经激变，数经十一罪，请逮京问理而乞遣故总兵郤永、侍郎周述赴辽东镇抚。"朝廷同意了王纯等的请求。正式派遣官校逮捕吕经，并将袁璘及各官有罪者一概由巡按御使逮捕查问。

与此同时，抚顺也发生了兵变，基本的原因与之前的辽阳兵变、广宁兵变没有太大的不同，大体过程也是相似的，抚顺城备御指挥刘雄对士兵克扣得厉害又执行严刑峻法导致士兵怨气深重，当辽阳兵变的消息传到抚顺后，抚顺的士兵也和广宁的士兵一样竞起仿效。结果抚顺城备御指挥刘雄和他的儿子刘勋被他的部卒王经等抓获并囚禁在空馆之中，抚顺士兵也是关闭城门断绝交通并威胁指挥使黄震等上奏兵变是由刘雄激起的，要求合理解决。这次的兵变危机又是由前面解决辽阳之变的曾铣解决的，他发布了檄文，宣布由定辽指挥使胡承恩取代刘雄："雄以棓克敛怨，经等见辽阳倡乱，乃纠众乘夜拥入其室，尽掠其囊箧。执雄及其子勋，连颈反缚之，置诸空馆。闭城门，鸣钟鼓以掠众。胁指挥使黄震等以激变闻。御使曾铣檄定辽指挥胡承恩代雄。谕诸军操守如故。"这里使用檄文而不是使用榜文表明曾铣认识到了榜文悬挂宣布的传播范围的确广大，但传播效果不可控制，辽阳平乱中立有功劳的榜文宣布，在广宁和抚顺之变里成了诱因，所以这次他采用了向特定人或者群体发布的檄文的传播形式。

兵部以辽阳广宁等地在不到十天的时间里相继发生兵变，派遣大臣前往辽东查勘。为了更好地调查出深层原因，特别任命前往辽东调查的工部左侍郎林庭昂兼职负责官常风纪的左佥都御使以行。也就是在此时山海关守臣报千广宁之乱的详细内容的揭帖送达兵部。主事之臣建议："一，乞发旨意榜文以安人心，令事首候勘，被胁者安生，毋听鼓惑，自取诛夷。二，催都抚臣赴任以安地方，兼程赴镇，毋候交代。三，选择司官府员以备委用。"三条中兵部唯对“乞发旨意榜文”格外慎重，认为：

> 请给榜文一节，事在彼中难以悬断。且罪有重轻，必俟参详，若遽从所请，遥为轻重之说，出给榜文，揭挂二城，则不惟是非诪张，无以服反侧之心。抑且议论先持。适以掣勘官之肘，宜行本官钦临面鞠。提吊紧关人卷，从公据实查照律例，分别等第，具招奏请，一应未尽事情，悉听便宜处分，庶于整体允当。①

终未擅给榜文与兵变二城，这与曾铣平定抚顺兵变时用檄文而不用榜文的思路是一样的，最后是由曾铣先行宣谕后入城收拾乱局，擒首恶安人心余者不问，使得兵变最后平息。

反观整个辽东兵变的平乱过程，无论是变起之际立行“行文省谕”还是曾铣第一时间“布揭榜安抚乱军”，明廷与边将最先想到的都是先利用传播平息辽东漫散的紧张气氛，保证不致为别有居心者讹言广布祸乱难收。特别是兵部对张榜安谕乱卒一事的持重态度，从中可见传播之手段在明为代表政府发声之利器，不轻用擅施之方针。

万历时期及之后关于东北亚传播中浮夸的战争宣捷与对军事信息管控的加强成为突出特点。自嘉靖后期，军事上在全国范围内呈现一种退守态势，故此，为了在国内形成一种舆论上的平衡，军事上的各种胜利朝堂之上多以之为宣捷之由。一直到万历前期，这种宣捷之举多半名实相符。辽东名将李成梁等于万历二十年（1592）前在辽东之战果也与宣捷之荣耀相符。万历中期则小有胜利即行宣谕告庙以掩国事之衰颓。而到万历后期宣传上的敷衍即不再行，以宣传手段鼓舞辽东之事已不可为。

隆庆五年（1571）十二月，北虏一部入寇辽东，总兵官李成梁等率师于卓山等处大破之。捷报上奏，礼部因东西二边同时报功，上疏请隆庆帝择日

---

① 明实录·世宗肃皇帝实录 卷 175·嘉靖十四年·五月辛未［M］．校印本．台北："中央研究院"历史语言研究所，1962：1471.

宣表受贺。三日后，隆庆帝亲临皇极门，由鸿胪寺官员面向群臣宣布辽东捷音。次日文武百官吉服行五拜三叩头礼，并向隆庆帝致词称贺。这种将捷音大为宣传的处理方式此后被后继者屡屡使用：

万历二年（1574）十一月，蓟辽总督杨兆奏报总兵李成梁攻剿建州卫王杲部，斩获甚众。“上命择日宣捷”，“以平建州王杲，遣英国公张溶告太庙。……次日上御皇极殿。鸿胪寺宣捷，百官致词称贺”。

万历六年（1578）二月，鸿胪寺奏辽东捷，“上御皇极门。百官以辽东大捷称贺”。

万历六年（1578）十二月，蓟辽总督梁梦龙塘报辽东大捷。万历七年（1579）正月，“上以辽东大捷遣英国公张溶祭告郊庙，御皇信门宣捷”。

自此以后，几乎年年因辽东之小大胜利而告庙宣捷。

万历八年（1580）正月，宣示辽东红土城大捷。“是日遣官荐告郊庙，于御前宣捷，百官称贺。收回脯酒赐三辅臣”。

万历八年（1580）四月，“以辽东大捷荐告郊庙，于御前宣捷”。

万历九年（1581）三月，以辽东大捷“遣官奏告郊庙。鸿胪寺宣奏捷旨。百官致词称贺”。

万历十年（1582）三月，女真速把该部入犯义州，总兵李成梁主动出击斩获颇多。“上喜，命宣捷祭告如常仪。”六月，宣辽左大捷。十一月，“上视朝，鸿胪寺宣奏岭南、辽左大捷。文武群臣称贺”。万历十一年（1583）二月，李成梁诛阿台部，捷报上达之日“上御皇极门。宣辽东大捷。百官称贺”。

一直到万历二十年之后，宣捷仍频频有之。

万历二十三年（1595）八月，兵部以广宁总兵官董一元捣巢大捷，请择日宣捷祭告郊庙。“上……遣公徐文璧、侯吴继爵、驸马侯拱宸致祭于郊庙。收回脯醢酒果，颁赐四辅臣。”

关于辽东的宣捷告庙如此之多，辽东的实际边疆防务情形却并不乐观，事实上在隆庆六年（1572），出巡辽东的兵科官员即上疏称“总辽东边报，其伤残伶仃之状，甚可酸恻”，在宣传上的大事声张正是为了掩饰辽东问题的严重性。

万历政府对辽东的实际情况自然有其知闻，实际上也是非常重视的。北京作为政府所在地与辽东之间的距离相对而言是太过接近了，辽东有警京师震动是必然之事。万历政府对辽东地区女真势力日强，抗衡中央的行为的警惕之心自从成化年间进行了针对性的征伐之后即不曾全面地真正地松懈过，至少仅就对辽东地区的军事新闻信息传控而言明政府在三大征之前还是相当重视的。

万历二年（1574），蓟辽巡抚刘应节向兵部条陈防御四事，其一即向防务地图上相对边远遣哨探，差派军丁混入前来互市的少数民族“北虏东夷”之中，专门收集各种各样的动态新闻信息“住探缓急传报”，兵部接受了刘应节的建议。当是时，兵部对辽东军事情报的要求是在传播上不能有程序上的延误，在对待信息的重视程度上不能降级“烽火相联，柝炮相闻”。兵部对各镇的具体要求是在非战争时间段也给予信息收集者消息传递者以丰厚的待遇，只有这样才有可能在足量的信息中及时获得有用的情报，保证战争的胜利：“在平时则厚间谍，远哨探，期得虏情，一闻警报，则报烽燧扼险要，务大挫贼势。”对待墩台及夜警则有格外优恤，“恤墩夜。墩夜二项，瞭哨传报。其险苦艰难，比之别军悬殊。若非厚加优给，何以责其用命。今将冲边墩军及远哨夜不收，每名于月粮外加一倍，即于本兵本折内通融支给。”这样就间接推动了东北边境地区信息传播者的传播意愿，推动了特殊时期新闻信息在东北亚的流动传布。

除了加强边关哨探警报机制，中央政府对辽东军事信息在此一阶段也是相当重视的。万历三年（1575）五月，首辅张居正等上奏称接辽东巡抚张学颜等报称蒙古方面集合了大约二十多万人意图进犯辽东地区，蒙古人的前哨部队已经到达了大凌地区，请求中央政府向相关地区派驻军队增加粮食输送：“达贼二十余万谋犯辽东，前哨已到大凌。请兵请粮，急于星火。”而就在接到辽东巡抚张学颜这一报告不久之后，内阁又接得具体负责辽东地区军事与防务的蓟辽总兵官戚继光的揭报，在他的报告内称“诸酋已解散，时下正议撤兵”。内阁在收到这样两份报告之后，既没有匆匆下结论也没有盲目相信其中之一，而是结合了从宣府密探那里发回的报告西虏青把都动静的相关信息，西虏青把都一直以来都是向西部游牧，是没有向东的意向的。“本酋一向在巢住牧，未肯东行。”中央政府据此得出结论，辽东巡抚张学颜所报二十万蒙古军队进犯的消息应为当地少数民族为了从中央政府获得奖赏虚报之言，“属夷逛赏之言，绝无影响”。且一连数日没有接到辽东进一步的消息，内阁即将此事压下不再提及。但边报一入京城上报中央，就进入了正式的官报传播发布体系，政府处理之后的臣下章经由六科发抄，汇成邸报，经邸报的发布由中央而地方，由官员而属吏，而属吏而庶民，最后必须是通国皆知，已然是“上动九重之忧，下骇四言之听”。

万历帝特召兵部尚书谭纶等于会极门，手诏询问整个事件的始末，问：“前报虏贼数十万欲犯辽东。前哨已到近边。朕心日夕悬虑。今经旬日。如今又声息杳然。不知前贼果否入犯。该镇有无失事。你部里如何通不以闻。着从实说来。”兵部尚书谭纶奉旨回奏，称之前辽东巡抚张学颜所上报的消息，乃是根据明政府自己在东北边境的探卒、三卫定居的“属夷”和在辽东与汉族互市的“市夷”之言得出的推论，不是确实的消息。真实可靠的信息是总兵戚继光、雷龙、巡抚吴兑发回朝廷的消息：“今据总兵戚继光、雷龙、巡抚吴兑揭咨，前来诸酋委俱解散，止有长昂一枝尚留辽边窥犯耳。”

兵部对待边地战区信息的态度慎重有余而处理效率低下，对此类信息进入邸报发布全国一事会引起的种种问题全无考虑，没有任何事后的解释信息发布出来，这一点让万历帝大为光火，下圣旨指责兵部对信息的重视程度不够，不考虑信息传播的成本与更大范围内的社会影响问题：“这所报虏情前后异辞，止是借听传闻。无端为一虚声所动，周章调遣自先疲劳。”要求兵部对各种渠道获知的消息要有综合处理的程序，信息的发布也要慎而再慎：“要再厚遗间谍，的探虏情。毋但依边臣奏报之言，漫尔区画，致乖举措，轻取外夷之侮。”

内阁也对兵部这次的反应感到不满，题本上奏万历皇帝，称兵部对于边务消息的处理态度消极，处理进程滞后，在蒙古女真等少数民族相继危害边疆安全的情况下还是对边疆信息处置迟缓，使上至君王下至百姓忧心忡忡，社会上普遍产生不安情绪，终有一天会酿成大祸而危害国家。“彼已虚实，茫然不知，徒借听于传闻耳。似此举措，岂能应敌。且近日虏情狡诈，万一彼以虚声恐我，使我惊惶，疲困于奔命，久之懈驰不备。然后卒然而至，措手不及，是在彼得先声而后实，多方以误之策。而在我顾犯不知彼已，百战百败之道。他日边臣失事，必由于此。故臣等以虏之不来为喜，而深以边臣之不知虏情为虑也。兵部……一闻奏报，遽尔张皇，事已之后，又寂无一语，徒使君父日焦劳于上，以忧四方。……臣等谓宜特谕该部，诘之虏情虚实之由，使之知警。且秋防在迩，蓟镇之间近日为虚声所动，征调疲苦，恐因而懈怠，或至疏虞。尤不可不一儆戒之也。”

内阁的题本经由六科发抄进入邸报，起到了一定程度的安抚效果，为了进一步平息辽东巡抚张学颜初次上报二十万蒙古犯边可能引发的社会动荡，兵科都给中蔡汝贤也以“辽东镇报虏情虚张不实，参论侍郎张学颜”。整个朝堂之上的反应都充分证明了对辽东军事信息建设的重视。

重视就意味着发展，对这次边报处理不当，明政府的重视从一个侧面反映出了明代的官报传播体系到此时已经发展到了何种程度，但是明代官报体系的一个重要的结构性缺陷也随着整个体系的发展突现了出来，那就是明代发达的官报体系不能对新闻信息进行专业分类，导致明代官报体系进行新闻信息发布传播时的一个副作用就是新闻信息中经常出现情报外泄的情况。万历十五年（1587），兵科相关官员即向朝廷上言“慎几事以预庙谟，而制胜于朝廷。重特遣清冒滥，而储待于塞下。谓逆酋蓄谋报怨，并吞海西。该镇议图剿处。军机重务，不宜抄传预汇”。此条建议当时即被接受，明廷特别出台相关法令“今后机密事情，各衙门十分慎密，如有传抄泄漏者，厂卫严拿重治”，但却没有达到相应的效果。

进入万历后期，辽东多事，而信息由邸报泄漏至敌方之事不但没有杜绝，反而愈演愈烈。到万历三十七年（1609），军事情报不能保密已经成为边事积弊：

> 抑计画预泄，兵家所忌。辽左宣大之间，按臣科臣各持议论，军饷之缺乏，地里之险易，人情之反复，累累千言，悬之纸上，毡裘之庭，何须间谍，而坐获中国之机宜矣。且如辽左之三十万，屡请始得，建酋岂其不知。倘乘间而动，或击其未到，或持其已尽，席卷而来，何以应之。①

导致“建酋猖獗，两镇仓皇，不知平日所为何事，而致兵马军饷决裂溃损至此”。朝堂之上对此也无有有效的方法加强新闻信息安全，只能以“愿中外诸臣慎密边事，章疏之中可自含混，何必显列”。而这根本不是解决问题的办法。邸抄朝报为外敌所用，使明军在战场上大吃苦头。

到了建州女真大兴而明之大军覆没于辽东萨尔浒之后，朝臣反思败绩，更加清楚地明白了军事信息通过新闻传播泄漏之影响的严重性，明廷官员再次提议严格信息安全的管理。“一禁交通，国家有私通外夷之禁，法久人玩。甚至贪虏重贿以诚输之。请各边隘，严文讥防。但有私通边内之情，即按交结境外之律，不论军民，立时悬首。其该员役，一并严惩。至于讲事夷使，毋与行户潜通。一禁泄漏。军中情形，安危攸系。一有泄漏，祸败踵至。若锋镝未交而事机先露，部署甫定而虚实已传，此兵家之大戒也。”明廷也承认“御虏安边实政，内策应侦探交通泄漏诸款，于边事尤为切要”，而其中辽东最为重要，即“边事唯建夷最为可忧，九塞空虚唯辽左为甚”。可积重难返，此时的明廷已经不能通过制定更为严格的新闻传播政策来挽回军事上面临的辽东危机了。

在万历政府热衷于告庙宣捷的万历十八年（1590），兵科上言“近日辽东之捷，督臣上功，按臣验级，岂不甚详。顾道路传闻，有谓卤掠甚惨，俘

---

① 明实录·神宗显皇帝实录 卷191·万历十五年·六月辛未［M］．台北：“中央研究院”历史语言研究所，1962：1844.

众不足补亡者，有谓搜捕他虏以邀功，而首功未必尽实者”。明廷即令辽东巡抚加责核对总镇塘报与其他类型的军事信息。这一责成没有收到实际效果，加之辽东日益多事，军事信息传播不但没能重新复立规矩，反而愈发陷入僵化失灵的地步。

万历三十九年（1611），辽东的新闻信息传播情况已经相当堪忧，廷臣所谓“辽所以坏者，马倒于驿站之公差，军掊克于将帅之科役。惟有大加存恤。而明哨探、谨烽堠尤为急务。盖辽之地势固为战场，虏无地不入，尤无地不款。奴酋狡悍，列帐如云，积兵如雨，日习征战，高城固垒摆塘报。中国无事，必不轻动。一旦有事，为祸者必此人也”。即使认识如此，对建州女真的相关信息收集还是相对有限的。

万历四十二年（1614）正月，努尔哈赤征服叶赫统一女真后，亲赴抚顺致书明廷，即《满文老档》所载：

> 聪睿恭敬汗之兵，攻取叶赫国十九寨后，叶赫国之锦泰希、布扬古告之于明国万历帝……聪睿恭敬汗遗书曰：“此乃我等诸申①国之战也。……我征讨叶赫。至大明国，我以何故征伐耶？”书成，聪睿恭敬汗出行，拟亲送抚顺城门。十二月二十五日晨，……由此前行，于二十六日辰时抵抚顺城。抚顺城李游击出迎于三里之外，于马上拱手相见。遂至教场下马，授与此书，即刻返还。②

辽东巡抚张焘将努尔哈赤所进文书上报朝廷，并将其原件投往兵部。明臣认为：“状中所云，大体忿恨北关赖婚匿婚，开原人不当助之，词多不逊。奴酋从来未入内地，一旦躬率其子亲赴抚顺见备御官李永芳等，哓哓诉苦情形，顺逆不恃智者而后知矣。”由此可知明廷对女真之消息隔膜甚深。努尔

① 诸申，满语，意即女真人。

② 满文老档，第一函 太祖皇帝丁未年至乙卯年/第三册 癸丑年至甲寅年，中国第一历史档案馆，中国社会科学院历史研究所译注［M］. 北京：中华书局，199：23.

哈赤亲身入贡赴北京已经有八次之多，而谓之以“从来未入内地”，北关即叶赫，海西四部至此只北关仅存部分独立，努尔哈赤之势力已经大到成为辽东巨患，而朝中以为其“哓哓诉苦”，对辽东的形式认识整体性错误。而形成这一局面的正是辽东地区明帝国传播系统日渐崩坏的反映。

此时之辽东已然是“夷汉一家，墩台俱废，哨瞭不设，夷人假入市洞伺虚实，汉人亦出边透露消息。且闻高淮一撤，参随司房等役，半投东夷。与近年惧罪脱逃之人，俱以奴寨为窟穴”。

到了万历四十六年（1618），努尔哈赤以七大恨告天起兵，内称“天建大国之君，即为天下共主，何独构怨于我国也？今助天谴之叶赫，抗天意，倒置是非，妄为剖断，此恨七也！欺凌实甚，情所难堪，因此七恨之故，是以征之”。与明对抗之意清楚无疑，明廷却仅以为“建酋差部夷章台等执夷箭印文……声言求和。传来申奏一纸，自称为建国，内有七宗恼恨等语。……及求南朝官一员，通官一员，住他地好信实赴贡罢兵等言”。

明廷对辽东之情势之不清以至于此，可以说是侦探墩台俱废的直接后果。“蓟镇旧有直拨横拨。直拨深入虏穴，察其情形。横拨沿边瞭望，接续飞报。自款贡日久，虏帐渐徙，直拨往往赍米布托处属夷帐中，凭其口报，其横拨又狃小利，或散而采木采菌，多为夷所扑捉。”同时，关于东北消息的混沌不明的另一个副作用就是军中士卒对辽东之女真极为恐惧，甚至有“调到援兵，皆伏地哀号，不愿出关。又传塘报帖言，钻刺将领见奴氛孔亟，都哭而求调”的荒唐一幕出现。

从嘉靖到万历，尽管辽东变故颇多，但文化传播与教育发展还是基本上按着明初既定框架稳定地发展，到万历后期才被战乱中断。

首先是教育发展与科技传播，辽东的学校教育到了嘉靖年间已经形成了一定的规模，学科得到了进一步的完善。嘉靖八年（1529），明廷于辽东广宁等十八处卫所的官学加设阴阳与医学科目。至此，辽东官学的科目设置已经与内地基本相同。嘉靖十年（1531）时，由辽东赴京就试的生员日众，特令“辽东卫学生儒听辽东巡按御史考试就试顺天。先是辽东生儒有诣阙赴试不便者。礼部覆请。从之”。

到了嘉靖中期，辽东的学校建设已经发展到了“辽东各城俱设学校”。明廷官员出巡辽东时发现在辽东生员名册里独无广宁右屯卫所的生员，原来因广宁卫无学，“俱寄籍镇城。相隔百十余里。宜照海、盖等卫，一体建学”。其建议被明廷快速接受，八月，即“诏建辽东广宁右屯卫儒学”。至此，辽东诸卫所全部建有儒学学校。

到了边事纷乱的嘉靖末期，中央政府在考虑“经略东方事宜”时，对“广文教”依然相当重视，“应设官吏师生，令御使将辽阳都司儒学见在方形生员量行考拨。该学肄业，置教授、训导、库官各一员”。

到了万历时期，发展起来的学校不但成为一方文教之中心，而且通过当地学官的努力建设已经成为移易风俗之源。中央与当地政府都非常重视。万历四年（1576），时任蓟辽总督杨兆、巡换张学颜将学校所附学庙及附近城郭田地划归学校所用，以其收益作为师生赡养费，“庶荒服之区变礼仪之习”遂为定制，终明之世，学校对学官与生员的待遇一直优渥。明廷中央政府对辽东的教育也从政策上予以优待。万历十九年（1591），因为“辽东生儒许附顺天乡试，量加额五名，皆为内地所占”，故有御使“请于卷面注边字，阅时少加宽收”。朝廷认为如此偏厚辽东难免会引起其他边地之不满，“宣府、辽东均试顺天，今独优处辽士，似难轻议”。但仍“以惟合将下第硃墨卷转发各处，照文理厚加奖赏”。尽可能以政策性优待来鼓励辽东文教之发展。甚至到了辽事渐坏的万历末年，仍有“万历四十六年闰四月丙寅，仍传谕辽左官民，令联属宗党，自为战守。有功者依议升赏。其诸生暂停一科。准其来科补中五路。……举人照旧会试，监生承吏停选送及超拔技能等”①。

从嘉靖到万历，辽东的文化宣传渐渐由兴盛转为无力，受战乱与民族关系转淡的影响比较大。嘉靖元年（1522）八月，辽人以马云、叶旺有开拓辽境之功，而王翱尝总制辽地，有功德于辽人，特向辽东边将请求将三人合

---

① 明实录·神宗显皇帝实录 卷569·万历四十六年·闰四月丙寅［M］．台北：“中央研究院”历史语言研究所，1962：2146.

祀。这是在辽东地区立祠之汉大臣之最后纪录。明廷常有之祭祀山川之纪录最后出现于《明实录》中的为“嘉靖八年六月癸巳，以四川、湖广、陕西、山西、山东、辽东、河南、南北直隶灾伤，遣太常寺官赍香帛祝文，令各该巡抚官祭山川之神”①。之后，辽东之地山川祭祀不再出现于明廷合祀之名单。

明帝国中后期在文化传播中热衷运用的旌表在后期对辽东的关注也越来越少。嘉靖时期，辽东之人还与中原其他地区并列旌表名单之中，如“嘉靖二十九年六月癸酉，旌表节妇六人，浙江慈溪县举人陈原妻冯氏，辽东盖州寻军余高实妻毕氏，定辽中卫生员朱玑妻张氏，金州卫舍人马钏妻孙氏。云南广卫旗丁朱震春妻张氏，洱海卫百户妻舒氏”。而到了万历年间，只有微微寥寥的几条纪录，如“万历元年八月庚午，诏辽东建一门忠节坊，表故军郎杰家”，“万历四十年正月壬戌，旌烈妇二人。沈阳卫民张浩妻刘氏，以死殉夫”②。

除了战乱的影响，辽东地区建州女真兴起后，开始出现有边地特色的文化气氛，开始与之前对中原文化传播的一味接受有了不同，也是一个重要的原因。

第三节　明末对朝鲜地区维持传播的努力

嘉靖年间在对朝鲜的传播政策上又进入一个相对宽松的时期，这也是明对朝鲜传播政策的一个常态。一般在没有比较严重的边患或外寇时，在传播政策上明廷对“礼义之邦”的朝鲜还是相对其他内外藩属要宽松得多的。各

① 明实录·世宗肃皇帝实录 卷102·嘉靖八年·六月癸巳［M］．台北：“中央研究院”历史语言研究所，1962：1445.

② 明实录·神宗显皇帝实录 卷491·万历四十年·正月壬戌［M］．台北：“中央研究院”历史语言研究所，1962：2084.

部贡使至京师后入住公同馆皆有防禁，只许五日一出馆，游观或者贸易，平日里是不得擅自出入的。只有对朝鲜、琉球的使臣关防颇宽。在嘉靖朝的一段时间也只令五日一出。朝鲜国王李怿以五日之禁乃朝廷对外夷虏使的政策，而自认朝鲜为冠裳之国，而耻与虏同。特向礼部申请复旧制不禁出入，明廷即应请解禁。到了隆庆年间，礼部采用鸿胪寺建议，停止了四夷贡使御前引见的礼节。而礼科都给事中张国彦等认为朝鲜乃是文明之国冠带之邦，不同于诸夷，应对此特别优待以御前引见，以示优礼。明廷对这条建议也是欣然采用的。可见对朝鲜之不同与礼遇。特别是在传播政策上，无论是政治传播上还是在文化传播上，凡有所请无不俯从。在万历中期之援朝抗倭，万历末期之宗系辨诬两事件上，明廷对朝鲜几乎是信息开放的状态，殊为难得。

对朝鲜学习中原礼乐文明的请求明廷的态度都是相当欢迎的，借此正可以强化中原儒家文化在朝鲜半岛的传播效果。所以，嘉靖三十一年（1552），朝鲜国王李峘以洪武、永乐年间所赐乐器敝坏，上奏求明廷赐以律管，并请准许遣乐官赴京学习，以遵圣朝礼乐之制时，明廷准许并令归回国之明使携朝鲜之乐工同行。万历二十九年（1601），朝鲜国王李昖以顷遭倭寇，皇朝所颁诰命冕服因变沦失奏请下赐诰命冕服。明廷以朝鲜世笃忠贞特赐全套诰命冕服，中原内藩亦不曾有如此之优遇。特别是在朝鲜宗系辨诬的过程中，明廷对朝鲜无意中透露出的对中原信息的了解程度时，仍全然不以为意。这若是换作任何一个外藩都难逃窥探朝局的指责的。

万历四十三年（1615），朝鲜国王李珲差大臣闵馨男等入京贺冬至。同进上本奏称于使臣买回书籍中见《吾学编》《弇山堂别集》《经世实用编》《续文献通考》四种书籍内，有记载该国事迹与其国史实及《大明会典》不相同之处，而且属于严重错误，乞为删节改正。礼部回复“该国奏辩‘李成桂世系出自李子春之裔，不系李仁任之后。春抚有三韩，由国人之拥戴，不由弑逆节’。经累朝诏旨改正，会典所载自明。釜山对马岛招倭之说，亦属讹传，该国以四种书为辩，无非耻作逆党而自处于彝伦效顺之邦。乞悯其诚，将原奏付史馆为纂修成案，抄传海内，俾无不白之冤”。其时已不甚视事的万历帝特谕“该国世系诸事，屡经辩明改正载入会典。其釜山招倭之说与野史所传，原不足据。今次奏词，着抄付史馆，以俟纂修。仍赐敕与王，慰其昭雪先世之意”。

事实上以日本“对马招倭”之说是有所依据的，朝鲜与日本私相交通一直是对明有所隐瞒的，而明廷此时对朝鲜给予了高度信任，对朝鲜不利的信息被屏蔽在帝国传播的范围之外。

明廷对朝鲜的传播系统在万历末期渐趋无力，万历末期建州女真兴起带来的一个直接后果就是在明与朝鲜之间渐渐出现了一个人为制造的信息传播障碍带。明廷与朝鲜都想通过各种方法解决这一问题，如改变贡路等，却都不能从根本上解决问题。从万历末期起，明廷对朝鲜的传播系统渐趋无力。

从努尔哈赤以七大恨告天立国起兵抗明之后，朝鲜与明廷的使臣尽管仍然可以经由辽东互通来往，但是使臣，特别是朝鲜朝贡使臣的安全已经不能得到全面的保证。而且之前赴北京使臣探听消息派遣下人潜书回报，是朝鲜获知明廷重要且保密级别较高的消息的一个重要方法，此时使臣之安全已难保全，何况下人。

万历四十六年（1618），辽东巡抚多次题请，宜添兵防守朝鲜入贡之道。问题在于无兵可以敷用。此事通过邸报发抄，引起了明廷臣子的忧虑。时任辽东经略兵部右侍郎右佥都御史熊廷弼在舆论压力下只能从关内调发兵将添于镇江堡等朝鲜使臣必经之处。但一直到了丁卯胡乱（1627 年，明天启七年，朝鲜仁祖五年，后金天聪元年）之时，这一计划仍旧只是悬于纸上的空谈。

后金势力东进，给朝鲜形成了巨大压力，朝鲜不得不与后金建立起了官方的信息沟通互动。这在明帝国的外藩管理中属于“暗通胡虏”之举。朝鲜只能一方面向明廷请谅下情，一方面尽可能在文字上保持与后金的“距离”。

万历四十八年（1620），朝鲜国王李珲遣臣上奏“臣惟奴贼敢仇视天朝，藐视小邦，先通书肆其骄喝。小邦既不能斩使焚书，姑令边民答谕，厥后伊又送凶书，悖逆狂戾，有不忍言兹者”。希望明廷能够体谅其处境，对其与后金之交通不与深究。同时，向辽东派去“告急之使凡六七至，所以通报敌情而求援者”。朝鲜告急，明廷朝臣交章上奏认为应遣官宣谕，“但荐行人刘时俊才智可使，宜敕往谕”。同时拟派水兵暂驻义州，监护朝鲜以壮其声势，使之成为辽左犄角。宣谕为朝鲜所喜，但驻兵义州则事干朝鲜国机宜，朝鲜不愿，整个安排包括遣使宣谕之事不得不中止。朝鲜国王李晖得知明使罢行后，非常惶恐不安，“闻天朝停宣谕之使，踞蹐不惶宁处”。上疏语气怨艾悽惋，请必仍遣官宣谕，称明使赴朝宣谕属国上下方得心安。明廷上下就其展开讨论，最后以“曾不思天朝为联属小邦之举，所以议遣。天朝有体恤小邦之意，所以罢遣。其议遣也，固非谅该国请之而行，其罢遣也，亦非尽由陪臣之而止。堂堂圣朝，赫赫明攸，攸而行，攸而止，今又攸而复行，非所以重君命而耸视听也。其勿遣官使。上从其议”。当然明与朝鲜都清楚这只是表面上的一种说法，真正让明廷放弃遣使朝鲜宣谕安抚的原因是在急转直下的政治困境中传播的手段已经不能扭转东北之变局了。

第四节　明末朝鲜维持对明廷的新闻信息收集与反馈的努力

明中后期朝鲜对明中央政府的新闻信息收集与反馈还是一如从前地积极。

比如朝鲜对嘉靖大礼议与嘉靖朝局之关注。

正因为在正德朝，朝鲜对中原的政局信息出现了一定程度的隔膜，所以，正德十六年（1521），明廷派出翰林院修撰唐皋为正使，兵科给事中史道为副使前往朝鲜宣布哀诏时，朝鲜方面刻意与之交往，诗文唱和，“假译频通语，开言每诵诗”，以期将与明帝国信息交互的范围在个人身上找到突破口。但让朝鲜失望的是，在明帝国的传播规范下，个人的作用相当有限。

次年，即嘉靖元年（1522），入明使臣出在北京因购买书籍受到处罚。“通事金利锡买官本书册，礼部郎中孙存见之怒执牙子，著枷立街上三十余日，以序班不能禁，并移咨刑部论罪。禁本国人不许良出于外。”① 可见此时对朝鲜的传播政策还在沿着正德时期的严格管理进行。所以，当进贺使由北京返回王京后面对宗李怿关于中朝政局的一连串问题：

> 中朝事，卿可详闻而来。皇帝即位后政治如何？其从有司之言与间有睿断事，可闻见。且朝廷纲纪如何？朝臣奏章，随所闻书来。唐、史二天使回京，将我国事何以表达？而天子如何发落？于其僚中亦何言之？其不遞前职与否？达子声息比正德年如何？朝廷无问罪之举否？诸国朝贡之使，往来比古如何中？此等事非必强问，卿其所闻来启。②

使臣根本无法一一回答，只能以耳目所见含糊应对。李怿因没有尽获其所欲知，不得不传令于政院使之更询于同行之下吏：

> 招前来通事，更问以前闻皇帝同生公主择驸马，今已择选乎？畿内诸王常来朝乎？圣节日衣冠之国来朝者几何？皇帝逐日视朝乎？我国人随班可得仰见皇帝乎？其总髻与前所见同乎？③

对身份之见重于中原的朝鲜，君主直问于下吏可见对中原消息的渴求程度，而明帝国此时对朝鲜新闻信息管制之严于前代也可见一斑。

另外一件可以证明朝鲜这一阶段获取中原新闻信息难度大增的是关于大

① 吴晗．朝鲜李朝实录中的中国史料・李朝中宗实录・卷15・壬午十七年・二月庚辰［M］．北京：中华书局，1980：976.

② 吴晗．朝鲜李朝实录中的中国史料・李朝中宗实录・卷15・壬午十七年・五月壬申［M］．北京：中华书局，1980：980.

③ 吴晗．朝鲜李朝实录中的中国史料・李朝中宗实录・卷15・壬午十七年・五月癸未［M］．北京：中华书局，1980：990.

礼议事件的信息收集。嘉靖帝登基之后不久，大礼议事件爆发。大礼议事件可以说是明帝国由盛而衰的开始，但作为外藩第一的朝鲜直到嘉靖三年（1524），四月，嘉靖帝追尊兴献帝曰本生皇考恭穆献皇帝，上兴国太后尊号曰本生皇母璋圣皇太后之后，方得知此事，且知之不详。嘉靖三年（1524）十月，圣节使方轮回自北京，李怿令“问中原事书启”。方轮向朝鲜执政汇报了三件事：“一、朝廷请于加上尊号，勿去‘本生’二字；一、在同宣府军有厌其役苦，杀其参将贾鍠，朝廷议论遣官招抚事也；一、广宁总兵官白怀求请满花席一叶事也。”而其时，去“本生”而上帝后号已经过去了数个月，朝鲜使臣明显在北京时也没能得知事情的具体进展与结果。即使如此，议礼之事细节还是通过其他渠道流入朝鲜，那就是朝鲜方面从中朝获得的通报。十二月，李怿下询于政局：“见通报，则以武宗为皇伯考，以献帝为皇考云。其将以献帝祔于太庙与否？……”而其时议礼事件中最大的廷杖群臣事件与称宗祔庙事件都已经过去多月了。

大礼议事件对同属中华儒家文化圈的朝鲜来说震撼颇大，而且朝鲜王室多血腥的伦常之变，所以对明帝国宗系、礼法方面的事件格外关注。李怿下令入明使臣多方收集大议礼方面的新闻信息。嘉靖四年（1525）三月，进贺使许淳等于入朝中原时得到官方修定的《大礼会议》一卷，进献李怿，李怿即发下示执政之政府三公，并令继进贺使之后发行的正朝使再寻议礼诗词方面的新闻信息。嘉靖五年（1526），正朝使于北京时于明庭官吏处得《大礼纂要》归而入献，李怿“下（所献）于政院，曰：‘……中朝之事，不须讲究，但群臣会议，其是非邪正，必有所归，故云耳。’”中宗李怿对议礼的关心一直持续，圣节使还自北京，李怿于引见之时问：“中朝政事与初无异欤？”圣节使答以：“……无日不受朝，只二日以雨免朝。日御经筵，未可知也。……其听政勤矣。且海内未闻有梗化之人。……献皇帝祔庙事是非已定，……故无他间言。”一直到了嘉靖七年（1528），圣节使还自北京，李怿于引见之时问嘉靖皇帝视事情况，正节使以“朝廷别无他事，但兴献皇帝加号事……然只闻于下人之言也”应对，明确了对于大礼议这一重大的政治事件不可能再有更多的信息获得了，此后朝鲜执政者才不再继续这方面新闻信息的收集。

为了扩大对明帝国时政新闻信息收集，朝鲜想通过向明礼部求赐时政之书之补不足，但是“天文、历法、兵法等书，乃中朝所禁，礼部若求贸名册，则不当”。不得以，其后入明的使臣便不顾嘉靖元年因私贸而获罪之事，再次加大了私购书籍的力度。而且此时之中原出版兴盛，“中原之人……虽微小之书，以开刊转卖为荣”，通过私下贸易新版书籍，李朝得以部分弥补不得更多获得时政新闻之缺憾。

嘉靖七年（1528），正朝使洪景霖回到朝鲜之时，不但向政府进献书状官金舜仁抄录来的一些中原臣工上疏奏章草稿，还得以新近中原政目开刊印出的《缙绅一览》以私贸而来上献。朝鲜政院特以此为功褒奖使臣。这也为之后的使臣开了一个先例，嘉靖十一年（1532），冬至使回还即献新刊《缙绅一览》、明廷臣子上疏一册、闻见事件二册。嘉靖十八年（1539），工曹参判郑顺朋出使回还以北京所得《皇明政要》《辽东志》六卷进献。在这些进献里私书易觅而疏章不易得，嘉靖十四年（1535），圣节使回到朝鲜后即上奏执政：“臣赴京时，凡中朝弹章疏劄觅不事有教，而未有所得，只记闻见事而启之……”

此时所得中原时事中所占比例最大的还是使臣之亲身所历耳目所闻。嘉靖十八年（1539），李怿询问入明使臣：“闻见事件见之矣，然欲详闻也。皇帝所为之事如何？”万钟曰：“皇帝多颠倒不中之事。而游宴之奇则是专未闻也……安南国事（叛乱之事），莫登庸（其臣姓名）以权臣叛乱其国，非与上国叛也。……”次年，使臣回报“皇帝不视朝，只于圣节日亲受朝贺……皇帝之病，九重之事，下人不言，故未详知”。因不得要领，使臣渐渐又以道路所闻上言，嘉靖二十年（1541），圣节使的回报里即有辽东所闻的传言“臣到辽东，闻四月间天火焚九庙，皇帝下诏罪已。行人司行人今擎诏书来此云”。而实际情况是并没有奉旨前来开读的行人，而是明廷下旨“今后凡有礼制诰告天下者，遇有朝鲜国朝贡回还，即依式膳黄诏书一道。该国使臣赍奉回国，径自开读行礼，庶以彰华夷地一统之盛。其恭遇国家大典礼，应该遣使诏谕者，仍遵照旧例施行”。

到了嘉靖中期，朝鲜获得明帝国时政新闻的另外一个重要渠道明廷通报也不再易得了，这对朝鲜来说影响不小。嘉靖二十年（1541），李怿询问千秋使书状官李安忠：“皇帝至今不视朝乎？”李对以：“不视朝累年云。权臣郭勋囚禁而照律事，载于闻见事件矣。以一罪照律入奏，而未知发落。来时闻之于路，则减死而征赎马八千匹云。前者通报，例于玉河馆门为之，故给人情，则易得闻之矣。今则主事以为外国闻见之处有为不当，故于北阙通报，而未易得闻矣。……”

嘉靖中期开始朝鲜对从明廷获得的各种新闻报章非常重视，甚至以之为自己政策制定之重要参数。嘉靖二十一年（1542）正月，千秋使书状官李安忠回报朝鲜政局：“辛丑年十月二十八日阴留玉河馆，是日得通报二道，始面书之曰：兵部看了来说。提督四夷馆太常寺少卿韩径一本：‘请大振天讨，急逐贼虏事。’”政局得此取告大为紧张，就其中“此闻见事件，则其称俺答阿不该、吉囊乃北虏酋长，兵马二十八万，奉小王子阑入腹里忻州，小王子乃天顺皇帝之孙”进行了仔细分析，得出“忻州去帝京不远，彼人必知皇帝一不视朝……朝廷空虚，而敢行称乱”。为了应对可能出现的变局提前布置西部关防，“中朝若有大变，我国自古受弊。西方防备之事，必须预度而处之。幸若安静则已……幸有大变，则我国西方之受弊在前为重。西方关防之道，所当百倍为之也”。同时再派使臣入北京以探听进一步的事态变化。四月，陈慰使在北京以书信回报：“臣等在北京时，得见提督主事所览朝报，则兵部题本内议备虏患有曰：‘大同荡无捍御，三关骚扰，前年八月既犯太原，九月又犯石州，向非迎绥人马及早调到，则西可以下平阳，东南可以逼临清以至京城在。请发辽东、山西等地方兵马三万防御’等语云。欲闻阙后措置之事，无由得闻。”得到了明廷的防卫布安排的朝鲜随之调整了自己的布防。

朝报上所载军事新闻对于朝鲜来说有百分之百的权威性。朝报上的时政新闻在朝鲜官方看来也是最有可信的。特别是有重大政治事件发生时，若无邸报、通报作为信源的消息在朝鲜方面都是存疑的。同为嘉靖二十一年（1542）四月，嘉靖后宫发生宫女杨金英弑君事件，在京之千秋使以书状回报。朝鲜方面则中宗李怿以“中原之奇，至有骇愕。我国虽无可为之事，然是大事，不可在家议之。政府、礼曹、堂上全数命召，予当引见”。领议政尹殷辅等承召赴阁门之外，中宗以千秋使书状下发众人令其：“卿等细观入议。”十二月，千秋使权应昌回自京师，上启李怿：“皇帝一不视朝，宫中之变，曾已大概闻见，皆是道听，不可取信……”① 朝鲜更为信任之朝报邸抄全无所得，遂命使臣加紧收买或者探听，此举很快为明廷所知，并对朝鲜进行了警告。嘉靖二十三年（1544），谢恩使回报朝鲜执政：“皇帝康宁，视事则依旧不为。……去四月初八日，臣在玉河馆，通事金钧言：‘昨日朴历挟持银两与牙人买卖，而为伴送所捉，告于主事前矣。’”而且在合同馆曾得合同馆主事民给告示两则，使臣拟将其携回朝鲜，但只隔一日“十五日使馆副使来言：‘前给告示宜先还。’臣等不知其意，各袖告示而去，主事置案上，无有复与之意。臣等言：‘黍辱使命，罪当万死。当持启国王处以重罪。既与之而又何速还也？’主事答曰：‘非为尔国人而告示，疾牙人争利而然也。’臣等恳请瑞三，犹不许。”可见明帝国又一次收紧了对朝鲜的传播政策。

明宗李峘继位后，与明之关系渐有疏离，史书评之以“幼冲践祚，母妃临朝，政由外家，群奸得志，良善多被窜杀，主势孤危。暨亲政之后，犹未免宠信戚畹，昵近刑余，朝政日紊”。每有使臣归自朝鲜其评价总是概不如前之类，而朝鲜也开始警惕明廷对己方内政的了解，嘉靖三十六年（1557），承文院特别命令出使大明臣下“闻见事件及先来通事书契中，凡皇帝失德、中朝大臣过恶，或以言语启达，或于还来别录以启，俾无意外之患”。隆庆之初号为新政，朝鲜执政特关照使臣“嘉靖皇帝崩逝，新皇帝即位，中原必多事，而庶政惟新，风采必严肃矣。凡大小闻见之事，备细来启”。但明廷

① 吴晗．朝鲜李朝实录中的中国史料·李朝中宗实录·卷22·壬寅三十七年·十二月癸巳［M］．北京：中华书局，1980：1339.

并没有改变嘉靖中期以来对朝鲜相对严格的传播政策，使臣难得接触邸报而明廷又不再以通报示朝鲜，相对嘉靖时期，朝鲜所获信息更为有限。

万历登极后，千秋使带回“皇帝性禀英明，亲自听断。凡章奏命下该司，该司奉圣旨施行。别无垂帘摄政之事。先朝废斥之臣多被召用。民性颀幸，以为年虽幼冲，非隆庆比”的评价。朝鲜此时国王宣祖李昖，颇希望新君初立会改变明帝国对朝鲜的新闻传播政策，在入贡与朝礼方面格外注意。万历元年（1573）三月，李昖得知正月中朝发生阑入殿陛之事，即指责使臣没有用最短的时间把消息传回朝鲜：“中朝阑入殿陛之贼至为大变，使臣虽不可状启于中土，岂不可越江而即状启乎？见朝报则尊号使李希俭昨日入来书启曰：‘今年正月十九日皇帝将视朝，有不知名男子，假内官服饰，入于乾清宫门外礓阶下，要往上走……自遭变以来，门卒着甲，手持稜杖，稍有森严之意’云。”而且之后的使臣对这一产生了很大影响的政治事件也重视不够，圣节使书状官回报的闻见录里重心在描述中朝心学与理学之争：“中朝有邪臣魏时亮，请以王守仁从祀文庙，南京御使石槚奏中极驳王守仁之邪淫，宜斥去。其为正道立赤帜者也。”全然没能把握当时明廷的政治重心之所在，所以，回传的时政新闻信息价值非常有限。

一直到万历朝鲜战争爆发之前，朝鲜都没有机会再接触到明廷的官方新闻报章。只能由使臣寓于会同馆时偶见一二。这偶见之通报回传回朝鲜之后都引起了相当的重视，如万历十九年（1591），朝鲜冬至使传回书状：

> 中朝别无紧关奇别，既到京城，更加闻见，则玉河馆副使序班礼部胥吏等皆曰明年造办诸事，后年春册立，已有圣旨云云。又得通报以见，则去年十一月初五日内阁接出圣谕，册储事明年传与各衙门造办钱粮，后年春举行册立，再不许诸司骚扰，愈至迟延云云。……今则因圣谕通报内分明写出，虽未知果行与否，而事系重大，姑随所闻为先驰

启矣。①

朝鲜执政马上将这条书状下发到政院，并准备好派遣进贺使的相关事宜。万历年间的立储之事本身就是明廷当时最大的政治事件，而且消息得自通报朝鲜方面自然会如此重视了。

万历朝鲜战争之后，朝鲜经历了壬辰倭乱与丁酉再乱的打击，军事上朝鲜处于对明帝国完全依赖的状态，因此对明政治动态极为关心。而战时朝鲜能够相对轻易地得到中朝新闻信息的情况于战后却发生了变化。驻朝明军对朝鲜的信息共享告一段落，使臣于赴京之时也不能随意获得明廷官方新闻报章。朝鲜使臣对明廷政治与中原情形的信息收集又恢复到以耳目所见为主。如万历二十八年（1600），谢恩使李好闵回传回朝鲜的中朝闻见事目里提及中央及地方多处之变局，如：

> 中原地方，近以矿、税、盐三课，民怨骚然，物货不通，关津萧条。淮、扬之间，剧贼赵抚民、赵元古、唐元峰等妖术聚众。朝廷之连章累牍，率皆留中，大珰横恣，干预外政。至本国方物，前则验纳礼部，礼部自为谨护，内监不为谁何。而今则渐加刁蹬，方物解运之日，公然出票叫去通事，又哄礼部曰："今后不可不验于内监。"前可之事可虑矣。②

但是当李昖问及中朝政局的一些重要细节及巡东出现的金得时起义事时："……封太子事如何？两宫修完亦几何？一路有何奇乎？清河堡处妖人聚众，故至于祖总兵伐之去，是如何人也？其奇如何?"其中有一些明显超

---

① 吴晗．朝鲜李朝实录中的中国史料·李朝宣祖实录·卷25·辛卯二十四年·正月辛亥［M］．北京：中华书局，1980：1532.

② 吴晗．朝鲜李朝实录中的中国史料·李朝世宗实录·卷4·甲辰六年·二月戊午［M］．北京：中华书局，1980：309－301.

出了使臣的耳目闻见，使臣只能答之以“（辽东）马市罢后，达子大事抢掠，无日无之”。而关于万历帝册封太子之事直至万历二十九年（1601），礼部接圣谕正式诏告天下时才由圣节使赵挺驰启：“九月初八日皇上下谕内阁皇长子封太子，余四皇子并封王事入启。”

朝鲜如此紧张明廷册立事是自有其内因的，其时李昖数请于明廷废长子临海君改立次子光海君，而数请不得，与明册立之争大有关系。即朝鲜史书所言：“时中朝虽立太子，而皇上意在福王。故我国册封奏请，正犯所忌，每为礼部所阻，谓福王就国后来请，则可从云。故赴京之行，每为打听。”

万历三十一年（1603），谢恩使南瑾驰启曰：“臣等到玉河馆打听奏请使，而中朝缙绅间议论，无路得闻。只问礼部下吏，则以为从与不从在朝廷，请与不请在尔国，连续来请，未为不可云云。中朝别无所闻，皇上如前不视朝。十月十三日福王自厥内搬移外第，十六日上冠，明年正月十六日成亲云。”

得到了这条消息的朝鲜政府马上开始准备再次遣使入京请求册立之事。可是一直到宣祖李昖病逝，事实上的世子光海君嗣位，明廷都没有给予正式认可。光海君不得不以权署国事的头衔，再次请求册封。万历帝恶其专擅，但鉴于新兴的女真势力对明帝国构成了威胁，为了确保东北边疆无虞，需要拉拢朝鲜方册封李珲为朝鲜国王。

册立之曲折让朝鲜与明廷关系出现僵硬，加之朝鲜受命与女真交战一触即溃后不得不私下与女真议和，所以光海君多次令使臣小心信息往来，窥视朝局又尽可能不为明所知。泰昌元年（1620）七月，在北京的朝鲜陪臣李廷龟向政局驰报了万历驾崩与太子继位的相关消息：

> 二十一日酉时崩逝……是夜御使四员巡视皇城，严守卫、禁出入。臣等锁在馆中，百官及馆夫等皆在阙晨，门禁益严，无由出入。二十五日皇太子即皇位，皇太子令旨大概：……中外洽然耸动。初三日，大学士方从哲以亟补阁臣事上本，礼部以十一日万寿节事上本，又一本请册

立东宫以培国本事，礼部上本峻辞诣寝……①

朝鲜派出进香使前往明廷探听消息并先行书状官探听之事由冬至使译官携回。在冬至使译官归途至镇江堡时，书状见夺于镇江游击。朝鲜方面对此“极为惊骇。急移咨镇江游击于推还事。令备边司从长议处传教矣。两起使臣先来书状，不知有何说话，其间岂无转启中朝消息可讳之语乎？若使镇江传播辽阳各衙门主，则日后不无惹起事端之患矣！”朝鲜方面的惶恐充分说明了此时之朝鲜自知对明廷探听消息的程度已经超过了藩属国的底线，但明廷自身政局之波折动荡，辽东局势之紧张让其已经无暇调整对朝鲜的传播政策了。因为对明政府而言最大的边患就要爆发了。

第五节　后金征服朝鲜对东北亚地区陆路信息传播与交流的影响

明末乱局以东北为边患之最，万历三大征之宁夏播州之役各二年余，倭寇朝鲜之役进行了七年余，费饷八百余万。而东北建州兴起用兵三年，费用已两千余万，战争开销几倍于朝鲜之役；三大征动用兵力十八万，是三方面作战，而东北仅仅一地所动用军队数量即达到了二十八万。明人以为辽东地方的乱局，严重程度是远远超过了朝鲜战争的，即所谓：“辽左之乱，切于朝鲜；奴酋之悍，倍于关白。”如此之大的内耗外伤致使人心浮动，舆论驳杂，新闻信息泄密事件屡有发生，明廷一再收缩对东北地区的传播政策到此时逐渐失控。

万历四十六年（1618），明廷将用兵东北。大军尚未入辽东，而事由邸报传布全国，于是一时之间倡言辽事者众多。而其上书奏闻间多引军机内情

① 吴晗．朝鲜李朝实录中的中国史料·光海君日记·卷51·庚申十二年·七月丙午［M］．北京：中华书局，1980：3118.

以助立论，为此时任辽东经略的杨镐特为上本：“近见论东事者逗汇事机，亏损国体。曩征倭时经略邢玠以是为言。彼时邸报非旨不敢抄发。况奴酋专用内地之人窥觇虚实，是不可不为严禁。”万历帝以之为是，即行谕令“近来言东事者多掇浮词，无裨实用，相应禁止。如有游客诸人妄言荧惑及擅自传播抄泄露军机者，在内着厂卫城扑衙门，在外差御史及管关主事严行缉访重治”。杨镐即表示“臣受命东征，一切虚报，不敢腾说，以炫听闻，亦不敢以军中机宜，显然传布运迩。即皇上责臣以驰奏征剿方略，亦必待出师旬日之前，方敢奏闻。……至若悬赏规格，题章钦依，已经榜示昭然。中外耳目传播夷地矣。复行罚约备款榜示者，又行明白宣告，使共听闻。……随密谕各总兵二月二十一日，各依限先后出边。务期尽贼而还，谨具奏闻”。

何类消息当广为传布，何种新闻当密谕不宣，似乎对信息安全做好了万全之准备。可大军初启之时，杨镐即以各部详细之塘报集而报闻。事后其以“总兵杜松违期先时出口……至二道关。突起伏兵约三万余骑……遂致溃败”。然则“师期已汇，奴备我矣。先期与如期，皆败道也”。

三月间，大量辽东战事新闻消息涌入中央，经由邸报发抄传报于全国。仅三月初四一日记收：杨镐塘报总兵杜松等师出抚顺关陷没；援辽总兵刘綎塘报；把总崔茂先塘报；副使张铨呈文；铁岭拨夜口报；安乐知州张文炳禀报；开原道佥事据夜不收蒋兴所称塘报……一时之间朝廷之上，大小臣工，无不骇愕。而民间尤甚。“加以山海关又有虏报，人心愈益恐怖，讹言四起，各思奔窜。……至于奴酋奸细，处处有之。”甚至有京城内外小民有为讹言所扰，移家远徙者。明廷对此进行了反思，五月间山西道御史冯嘉会的上言可以说是这种反思的一个集中体现：

兵法曰善攻者动于九天之上，藏于九地之下，又曰出其不意，攻其无备。皆言示人以不可测也。近日四路进剿，出揭发抄，以致逆奴预知，在在设伏，三路败衄，职此之咎。又闻奴酋狡黠异常，不但辽左事机尽为窥瞰，而长安邸报皆厚赀抄往。盖奸细广布则传递何难。职愚以为一应章疏无干边事，照常抄发。至于如何用侦探、如何行反间、金白作何笼络、憨酋作何诱饵，与夫战守何策、出奇何计、设伏何所，凡此之类除具奏外，宜送内阁兵部都察院及兵科各揭帖一本，不必抄发。谟谋着数，不敢预汇。①

此时万历帝的统治行将终结，朝堂之上已然无暇顾及传播政策之调整了。

万历四十八年六月，经略熊廷弼上奏，得“奴贼招降榜文一纸，内称后金国汗，自称曰朕，皆僭号也”。后金建国，与明帝国由外藩而敌对，对东北地区一直以来的新闻传播格局彻底改变。明廷始对辽东舆论进行整顿，并对新闻保密工作进行加强。

进入天启时期，时之大患，无逾辽左。而朝野舆论关于辽左却是争论颇多。天启元年（1621）正月，朝中议论即以为辽左督抚不和，互相攻讦于国家之元气、辽左之士气影响颇大。群臣交章论整顿舆论之重要。河南道御史谢文锦上言认为辽左之事统一舆论为优先之要务：“公论，国之元气。关系最重。……一人有一人之本末，不可执此以盖彼。一事有一事之端委，难容混异。以为同局相残，而必更论历久而自定，则何不沃洗肺肠，铲平畛域，和衷励翼，矢同舟共济之谊。”

礼科给事中汪庆百陈议以褒扬死难之将士，弘忠义之气于东北边地当为东事之先行：“恤忠义。辽左先后死事诸臣若刘綎、杜松、潘宗颜等之死战，张文炳之死守，有何疑惑而查勘二年未报闻。将抑锐进之杜松为杨镐分罪，伸逃死之马林与刘綎比烈。岂事久之定论，抑局内之私心。”

不论二人之议有何同与不同，均以舆论之整顿为重点之事。两章报闻之后借邸报之行而获知于天下，以为正论者众多。三月，兵部会议，从严格传播秩序入手。“固根本。言讹语流传，人心易动，宜令五城御史督卒兵马，

① 明实录·神宗显皇帝实录 卷595·万历四十七年·三月甲申［M］．台北：“中央研究院”历史语言研究所，1962：2347.

编行保甲，使互相查诘。且可擒缉寇盗。”都察院受命“东事方起，警备宜严。其传布流言，匿名粘贴，煽惑视听，即系奸民，擒拿重治。一切巡警事宜刊示晓谕，务令安固人心，以靖地方”。

四月，河南道御史张捷上言：“今日有当速下之诏，有当速寝之事。顷辽阳失事文武诸臣，杀身取义，生气凛然。甚至坚处东山，困处海岛。嗤嗤小民，知有君父。陛下何惜此尺一之诏，不以表扬死事。使远近闻之，必有唏嘘感慨，当死力报朝廷者。”

吏部请给殉难诸臣诰敕：“以慰忠魂，以彰风化。山东辽海东宁道右参政今赠太仆寺少卿顾颐。……诰敕。命共十五轴。”礼部将辽阳书院改为忠臣祠，祀故辽阳死难文武诸臣，经略袁应泰、巡按御史张铨、兵备高邦佐、何廷魁等，总兵刘綎、张承胤、杜松等，副总兵颇廷相、童仲揆等，游击等官梁汝贵等共七百二十四员名，俱镌碑傍庙从祀。以上建议，政府公议俱执行无碍，至少在天启之初的一二年间小有效果。

但辽东积弊已深，统一舆论较振作士气更为艰难，时至崇祯末期，仍是督抚不和，攻讦之语通衢可闻。于一事一人之论即有抚臣以功经臣以为罪，互相之间各造声势。诚以所谓“近经抚疏报书揭，遍满长安，明明告人以牴牾之形。然则将割河西闭山海归报君父乎”。连传播安全本身都成为舆论斗争之牺牲品。“扑杀奸细，纷然见告，而左袒经略者，扑皆巡抚之人。左袒巡抚者，扑皆经略之人。甚至喑哑孤儿，立杀受赏。”

辽东官方舆论之乱象直至明亡都没有得到完全控制。这直接影响到了东北之战与和，即“春夏间邸报咸谓工臣足系辽之重，因其病去，奴始生心，至有岳飞班师之举，今之再出，将非兀术恸哭之时耶，则何不处之近辽之地，以向之威望再申镇压乎”。其持论未必正，其以邸报泄露臣工为和而致外夷生心则是无疑的事实。

外夷习窥内地由来已久，但随着建州由外夷而为外敌，窥边与探报之事成为威胁中原安全之大患。努尔哈赤重视通过收集明廷报章以侦探中原军政情报，“满酋厚赂，密布奸细”，“奴酋贿用汉人，尝间关探事，不纳恐伤王度，纳之惧薮奸人”，且归降建州之汉官明臣对明廷报章的价值认识更为深刻，天启二年（1622）四月，蓟州缉获奸细杜茂即受命于李永芳潜探消息。而且，“辽人丛集津门……若反面事夷，则舟中敌国，将潜伏而不觉，或探我之情形，或驰报我之虚实，或作入犯之向导，于我最不利”，直使得明廷颇为焦头烂额。即下令禁抄发军机。可以说明廷上下均知“兵机忌泄，我未举事，邸报已传，此兵家之大忌”。

提塘官刘保通夷事件即充分暴露了明廷传播体系中的问题。

刘保作为明兵部的提塘官，其职责是在地方与京城衙门之间投递往来文件。被后金收买后，他窃取明廷的邸报，秘密送至广宁，他和他的两个儿子与李永芳保持着秘密联系，建立了一条直接送达努尔哈赤的信息渠道，使得明廷之邸报成为后金之作战参考。刘氏父子的间谍活动于《三朝辽事实录》中多有记载：

> 伊子刘于简供称，亲为父亲答贺世贤书，内开：宗功到，已知事体停妥，但三岔河①兵马不多，此时乘胜前来，谅民无败理。如过三岔，广宁更易，山海愈便，如或取胜京都何难。目今兵马畏怯，调赴不前，大兵速速前来可也。兹韩宗功回辽，忙中草此密报，如有示下另闻。

后被巡视中城御史梁之栋缉获刘保通夷，拟坐谋反大逆之律。磔刘保于市，并诛其子刘于翰、刘于简。

这件事给明廷上下震动颇大，至此“奴贼奸狡百出，我之叛将逃兵可用，提塘官又可用，能保万余溷杂之中，别无借蠹之术”，仅仅发摘奸细已经不能全然弥缝，只有严格传播纪律，从源头上封堵新闻传播于情报上资敌之可能。五月，明廷遣御史方震孺奉敕谕辽东文武将吏军民人等：“军情密秘，囊封奏达，不得一概露闻。”天启三年（1623）三月，明谕内外衙门通

---

① 今大辽河下游。

行申饬军情机密奏章不许抄传。直到天启五年（1625）仍有军情禁之传抄之命令。

明廷于天启年间起，对东北战时新闻管控的一个重要内容就是整饬邸报抄发环节情报外泄的问题。登莱巡抚袁可立上奏辽左海防各岛守冻淮兵已报开详等等辽左军事，朝廷即明谕“海上传报情节虚实不得发抄”。兵科给事中沈应时上疏议论“狡奴情形叵测，当关备御宜严”。其间大量摘引回乡塘报，并建议登莱与山海关严为之备，推荐毛文龙胞弟云龙，等等。被夺俸三月，仍戒之以不许擅自抄传塘报与轻言边情疆事。御史夏之令上疏陈言毛文龙孤军客居海外，难于济急当撤回。天启帝以其泄事辱国，传革职为民其原本不许传抄。即使朝廷重臣揭奏间接带有东事军情的，亦严控抄发。夏之令获罪后，大学士叶向高等揭言申救，谈及“毛文龙在海外，兵力单弱，接济甚难。朝鲜情形又不可知。……之令之贬抑文龙虽为太过，然其深忧远虑不可谓无见出。乃以为与吴甡、沈应时会同辱国，泄事于外，不亦过乎。贺世贤沈阳之败，竟无消息……传者多谓世贤实系战死。俟有的信，尚当褒恤。乃以为与之令交通，不愈枉乎。之令巡视中城，拿获奸细辇毂之下，方赖以肃静，忽以一言之失，遽至削籍。以后虽有弥天奸恶，亦不敢问。此其干系不小也”。此类文书亦得旨“原本不许传抄”。

东北战事大起之后，明廷强化信息探查“我欲知虏情全在哨探……虏之聚兵常在一月之前，某夷统领，某口入犯，先期探报，我得早知，扼险堵截，自难深入”。令兵部于广宁一线“令各镇摆设塘马，昼夜侦探，闻警即行赴援，不必候部檄也。其逃兵勿放一人入关，入关内地震动或随带奸细深究严诘”并于京畿地区“出示晓谕，各宜安静”。于舆论上，“览道官屡疏，纷嚣全无正论。辽左继陷。皆因经抚不和”令吏部与都察院“再有仍前乱言溷淆是非的，决不姑息”。于军事情报上，“严烽堠以严瞭望，远哨探以通消息”。以上措施并不能解除辽左危局，但是第一时间至少镇定了舆论传播上的东北乱象。

建州女真兴起立国后金与明廷对抗，对明廷与朝鲜之间的信息联通影响巨大。陆上交通颇成问题，直接影响了传播速度，而且军事冲突大起增加了传播的难度。

泰昌、天启两帝短时间内相继登极，明廷依惯例以登极诏命翰林院编修刘鸿训、礼科给事中杨道寅前往朝鲜开读宣谕。并赐朝鲜国王纻丝十表里、锦四段，王妃纻丝六表里，锦二段。使臣于仲春受命而往，六月抵达王京。国王李珲率群臣郊迎使臣，“入国宣谕颁赐，一时东人快睹汉官威仪”。不久即闻辽左失陷，归途梗塞。使臣“不得已一国王商议航海且国，此暂通贡道，以无失外蕃恭顺之节。国王遂具舟楫缮兵卫，俾由安州登州，并遣陈慰、陈谢二起陪臣附行。至海口遇风，臣与陪臣舟没者九只，正使则越泊铁山，舟覆，几溺。至旅顺方得易舟。因退泊平岛，以俟风霁”。使臣到达登州时即超过了出使之时朝廷所立复命时限，只得于途上奏“乞宽复命”。此后只得从朝鲜国王李珲之请改朝鲜贡道自海至登州，直达北京。

时值明廷于辽左布置三方建置，即明军从南，叶赫从北，朝鲜从东联合绞杀后金，即使不便，但为了用兵后金，“宜亟发敕谕慰劳该国君臣，使尽发八道之兵……又亟发诏书悯恤辽东官军士民之逃鲜者，招集团练，以成一旅，与丽兵合势”。仍以道臣梁之垣、光禄寺署丞范光裕前往朝鲜宣谕敕书。其时光海君在位，因继位之事对明廷暗怀不满且奉行实用主义外交政策，在明与后金之间持骑墙态度。仁祖李倧为代表的传统势力对光海君进行猛烈批判，打出亲明旗号，重新回到以名分为本的“原则主义”外交路线上来。

天启三年（1623）四月，皮岛总兵毛文龙收到朝鲜王权更替后议政府所发文移，即行向明廷揭报。同时朝鲜向明廷上疏解释废立之事：“朝鲜昭敬王妃金氏疏称，李晖积为不道……而其罪尤甚者，悖天朝卵翼之恩，怀枭獍豺狼之虑，阴通奴贼，谋我勇夫。”原本属国自由废立经由宗主国册封的国王是大犯忌讳之事，但事连东北用兵之事，且此时之大明通朝鲜之路已然艰难于平日，遂发布明旨“得旨，废立大事，干系非轻，但该国素称恭顺，李晖若有通奴事情，罪亦难逭。尔部还会同兵部计议。差官查明定夺”。

朝鲜抓住明廷态度上的缓和，借皇子诞生之机差陪臣李得洞奉方物赴北京谢恩进贺皇子诞生，并奏请颁降诏命冕服。明廷于天启四年（1624）二月，差使册封朝鲜国王李倧，颁赐诏命冕服。次年（1625），再遣翰林院编修姜曰广、户科给事中周洪谟奉诏宣谕朝鲜，厚赐使臣各金罗衣服一袭，盘缠钞一百锭，在表面上恢复了与朝鲜正常的政治信息交流。但这仅仅是表面上的一种恢复。当天启五年（1625）平辽总兵毛文龙揭报，光海君李晖之党徒李适、韩明琏等起兵昌城，直奔王京，失败后其余韩润、郑梅等逃入建州，向努尔哈赤求兵以报父仇。努尔哈赤遂传令以今冬大举犯鲜。此时明廷已经不能再以万历朝鲜战争时的国力来为朝鲜排忧解难了，只能着朝鲜自行处理。仅仅这样是不能够让朝鲜“坚守臣节”的。尽管仁祖李倧上台之后积极倡导“协力讨虏”，但是，统治集团利益的调整、客观国情的衰颓，使得国家状况没有重大起色。仁祖在高举“原则主义”的同时执行的还是光海君时代的“现实主义”政策。明廷与朝鲜之间的政治信息传播渐渐名存实亡，成为一种仪式性的存在。

自万历时期建州女真的势力开始对朝鲜形成压迫。壬辰倭乱时，努尔哈赤欲进入朝鲜助兵抗倭之举让与女真夙怨深重的朝鲜极为惊惶。当兴起的女真开始试图与朝鲜建立官方信息交往时，朝鲜的拒绝态度激怒了建州女真。双方的边境关系僵化。朝鲜方面加强了对建州女真的信息收集。

万历三十一年（1603）八月，满浦佥使洪有义向政局呈报：“近来老酋动静多方访问，则言老酋，移驻新城。……自前撤移之胡，非徒怀其故土，厌其役苦，多有叛心云。黠虏之言，不可取信。更为闻见计科。”朝鲜方面分析之后得出的结论是己方的压力较小，建州的重点在于向西攻略。遂采取骑墙观望的外交政策，光海君在位时期尤甚。

为了更好地保护自己，朝鲜着重收集明与建州双方消息的同时也加强了对己方信息传播安全的保护。遇有中原兴兵事，即“天朝征讨奴酋等事，以秘密出入，切勿出朝报”。万历四十六年（1618），明廷将用兵建州际，朝鲜派出使臣入关拜谒杨镐，希望从其处有所获知。使臣详细回报了所见细节：

> 奏陈使朴鼎告状启："本月初十日夕，经略招表廷老……进于阶上……经略微哂曰：'你国之兵虽不能满万，宣声言数万矣。'仍取通报一册，自以朱笔点出示臣等，乃刘綖所上一本也。其朱笔点处则曰'皇上使经略杨镐联络北关，鼓舞朝鲜，一以示羁縻，一以为声援，而堂堂天朝兵力，岂可恃此'云云。瞥眼所见，未详首末，而大略如此。臣等欲觅得謄书，而其后经略秘而不出……"①

朝鲜方面得报异常紧张，由于征兵之令已然见诸通报，建州方面恐已知闻，光海君李珲深惧女真会施加报复，欲讳秘不宣，而政局回启则以为："征兵之令出于中朝，至于行诸咨檄，往来频繁，辽广之间，喧传已久，流入贼中，不无其理。"

为了探听建州动静，朝鲜方面对再次出现于鸭绿江边的女真使者采取了"厚赐使还"的态度，不出数月，朝鲜使臣即从北京急传回一卷通报，明廷吏部尚书赵焕等题奏中有"奴自攻陷开原以来，胁朝鲜，纠西虏，使之乘隙扰边"之语，指朝鲜有通虏助寇之嫌。朝鲜欲上本辩白，但中朝通报之禁甚严，不可据此为证。而且之前的明廷通报中更有"朝鲜忠顺，岂有事奴酋之理云"的一番边臣答书，朝鲜决定继续观望。十月千秋使李弘等在北京于馆舍得见刊有徐光启、张至发"严辽事，防朝鲜通虏"的奏本随即驰传回国。加之辽东局势此时剧变，万历四十八年（1620）正月，李珲上奏：

> 敌兵八月中攻破北关，金台吉自焚，白羊出降。铁岭之役，蒙古宰赛亦为所灭。闻其国谋议以朝鲜、北关、宰赛皆助兵南朝，今北关、宰赛皆灭，不可使朝鲜独存。又闻设兵牛毛寨、万遮岭，欲略宽奠、镇江等处。宽奠、镇江与昌城、义州诸堡隔水相望，孤危非常。敌若从叆阳境上鸦鹘关取路绕出凤凰城里，一日长驱，宽镇、昌城俱莫自保。内而

① 吴晗．朝鲜李朝实录中的中国史料，光海君日记［M］/卷1/甲寅六年/七月戊午，北京：中华书局，1980：2998.

辽左八站，外而东江一城，彼此隔断，声援阻绝，可为寒心。望速调大兵，共为犄角，以固边防。①

其时辽镇塘报称朝鲜与后金讲和，明朝朝议遂谓李珲阳衡阴顺，宜遣官宣谕，或命将监护，其说纷拿。李珲听到这种传言后自觉受到天大的冤枉，上疏辩解道："二百年忠诚事大，死生一节。"明朝于是要求朝鲜派兵协助攻打后金。但是朝鲜军队一战即溃，光海君不得不试图与后金议和。此时，辽阳失守，道路阻绝，明朝与朝鲜之间暂时处于隔绝状态。朝鲜方面遣差人从间取路以赴广宁各衙门，以示朝鲜保守边疆之意，同时与后金潜通使臣遣满浦佥使郑忠信出使建州。

天启元年（1621）七月，毛文龙据椴岛。朝鲜方面与建州的通使受到很大限制。朝鲜方面欲继续暗中与建州往来，受到朝中亲明派的反对，只好向毛文龙告之以欲送人入建州以侦探消息为名求得谅解。在毛文龙与建州之间进行危险的信息传播"走钢丝"的把戏。十二月，入建州使臣回报李永芳领万兵来攻毛文龙事，朝鲜即"急速告谕于毛将。此事甚急，当日内详议速处"。次月，又"详探广宁消息，及贼中事情以为应变"。光海君唯恐通虏事漏泄于明廷，每有汉人到王京，必严令治安官领官校围住，如对大敌。

仁祖反正之后，初期试图在传播政策上实行一边倒，特命备边司"今后凡系问答之事，一一告知毛将，切勿隐讳为当"，但是出使明廷的使臣带回来的各种新闻信息却不能让李倧感到安心，四月奏请使李庆全回报中原新闻：

皇上励精图治，鸣鼓听政，中久想望矣。中原亦有变故。征兵于黔中，黔中人作"勿向辽东浪死歌"，遂起兵作乱，众至十万……王军门

① 明实录·神宗显皇帝实录·卷32 万历四十八年 八月丁丑［M］. 台北："中央研究院"历史语言研究所，1962：1850.

为此贼所擒，朝廷将发四省兵击之云。……变异亦多，地震非常，太白昼现，荧惑入赠斗，天狗堕落云矣。闻中朝之人，举喜皇子之诞生云，似无怨上之心矣。西达之事甚盛云。①

尽管如此朝鲜还是忠于自己的外藩身份，朝鲜一为名分义理所限，一为毛文龙于朝鲜与后金之交通往来了解甚易，正处二者之间，若有交通势难回避。

朝鲜与毛文龙的关系并没有在李倧反正之后有什么根本性的改变。尽管毛文龙与朝鲜之间一直避免发生正面的冲突，但很快因为请封之事，两方关系出现裂痕。在朝鲜从明廷获得的各类报章塍本中朝鲜方面并没有如愿见到毛文龙为之进言，而是"伏见两差官所持谢帖塍本，无非矜夸已功，责报我国之意也。前日续见通报中毛帅奏揭，为我国请完封典之语，非一非再。今此大诰之颁，虽是圣天子洪恩，而毛帅之诿为己功者，亦不可谓无此理也"。

朝鲜方面迫切希望毛文龙能够移师陆上，以解扼喉之窘，此事不能禀于明廷又不能直诉于毛文龙，只好令入京使臣多方打探与此相关之报章，使臣传回"塍书题本三纸，则毛帅移镇之事，业奉圣旨。而诸臣议论尚多异同，不无中寝之虑。设或仍行前旨，论议定时，风高已迫，似无趁今年移去之理"。基于此，朝鲜不得不在毛文龙据守时间段内始终与后金没有建立正式的官方信息交流体制。但是当后金征服朝鲜后，整个东北亚地区陆路信息传播与交流体系到底无法支撑了。

天启七年（1627）正月，皇太极以朝鲜"助南朝兵马侵伐我国""窝藏毛文龙""招我逃民偷我地方""先汗归天……无一人吊贺"四项罪名，对朝鲜宣战。后金东征军的部三万余骑渡过鸭绿江，攻占义州、铁山。毛文龙退居皮岛。后金军队先后攻占安州、平壤，仁祖李倧向后金投书求和。

---

① 吴晗．朝鲜李朝实录中的中国史料·李朝仁祖实录·卷1·癸亥元年·四月甲辰［M］．北京：中华书局，1980：3222.

在后金向朝鲜提出的几项要求“人质纳贡、去明年号、结盟宣、约为兄弟之国、永绝明朝”中，与政治传播有关系的为“去明年号”一款，尊奉正朔一直以来是以儒家文化立国的政权表示其处于某一政治系统中的一个明确标志。

二月与后金交领谈判的朝鲜使臣姜因、李弘望回报就此一条与后金的争执：“二王子见国书谓曰：‘吾非天朝属国，何以用此天启二字。初既分付刘差以斥绝天朝，去其年号，然后受质子成约誓。今乃如此！……’臣等虽多般诘论，而以国书还给矣。……”

李倧想通过改变文书往来形式，依中国揭帖例不书年号来回避这一问题，被其时已对政治传播体制颇为了解的后金断然拒绝。双方经过一个多月的谈判，朝鲜迫于后金的军事压力，基本上答应了后金提出的各项要求，唯有永绝明朝一条不同意。三月朝鲜与后金在江华岛焚书盟誓。随后后金又逼迫朝鲜签订了平壤誓约，在“中江、会宁开市、索还后金逃人、追增贡物”。后金遂撤兵而回。史称其为“丁卯胡乱”或者“丁卯虏乱”。

北京方面在三月初九日即闻知了朝鲜被兵破国之事，毛文龙在塘报时不但详报了后金入攻朝鲜，还提到了“丽人恨辽民扰害，暗为导奴奸细，欲害本镇”。山海关塘报又提及：“奴酋之生也，丽人送米十二包，及其死也，一同送丧。”尽管明廷大体上还是信任朝鲜不会主动投向后金的，但是对朝鲜“畏奴观望”的顾虑就此产生。毛文龙对朝鲜态度的怀疑让明廷在信息传播上对朝鲜使臣格外戒备，“故凡干事情一皆秘讳。虏贼东抢之报亦不言及”，使臣等“于长安道上逢一童子，私语：‘朝鲜被抢，君臣上下移棲海岛云。行人若是晏然，何耶?’”使臣方知本国被兵之事。

后金撤退后，朝鲜马上向明朝“疏奏被兵情节”。明廷此时方向朝鲜在京冬至圣节使金尚宪通告了所获战况，并传谕：“毛帅在中朝牵制之着，其在王国亦唇齿之形也。并力合心，王亦勉之。”而朝野上下对朝鲜的警戒之心并没有就此放下。使臣于还国路上过登州，“金地粹所知士人范明镜出给秘密小纸，取而视之，非人臣所忍见，此皆毛将之构捏也”。很明显，毛文龙传回国内的信息比朝鲜方面的解说在明廷内外更为可信。朝鲜在尴尬中只得再派出奏闻使赴京解释。

十一月朝鲜接伴使南以恭传回一条重大的时政新闻：

十月二下九日，都督出示小纸于臣曰：八月一下三日天启皇帝崩逝，皇弟年十八，本月二十四日登极云。都督白衣行公，以待謄黄之来。又都司沈世魁闻新皇帝即位，首黜魏忠贤，遞改十三省内七布政，且罢貂珰之为监军者。天下想望太平云。①

明廷逢此变故，对朝鲜通虏一事就不再深索细究。

直到次年（天启八年，1628）正月，奏闻使方还自北京，带回崇祯帝答诏，对朝鲜被迫与后金媾和的行为表示谅解，同时表彰朝鲜“君臣大义，皎然日星”。这让朝鲜君臣均大感解脱。在向李倧汇报行程时，使臣解释道：“臣去时或见阻于毛将，或久留于义州，八月始到北京。则皇上已于八月二十二日崩逝云。新天子虽已即位，而初袭未即呈文。既过后乃呈文。三日而回下，即欲回程，而又有附顺其诏敕之教，故未即发程矣。”

对比之前，由此可见此时明廷对外藩的政治新闻传播已出现力不从心之势。李倧就其时朝鲜最为关注的明廷对朝鲜的舆论对使臣进行了亲自询问：

上曰：“中朝人以我国被兵为如何云耶?”对曰：“自关外一一驰报我国事情，故皆知酷被兵祸，而多有矜恻之意。”上曰：“不送诏使，除弊我国，真乃明见万里也。毛将中间多有构诬，我国之事恐难暴白，今闻少无疑色云。可喜。”对曰：“天子在潜邸时，已知我国事情。少无信谮之患云。”②

① 吴晗．朝鲜李朝实录中的中国史料·李朝仁祖实录·卷7·丁卯五年·十一月癸未［M］．北京：中华书局，1980：3370.

② 吴晗．朝鲜李朝实录中的中国史料·李朝仁祖实录·卷7·戊辰六年·正月己丑［M］．北京：中华书局，1980：3380.

但事实上明廷对朝鲜的传播政策此时已经处于戒备状态。同年七月，朝鲜派在辽东的通事传回明廷报章抄本，内有登莱巡抚孙国桢题本议改贡路，认为“朝鲜与倭交和，万一倭奴窃附贡使而来，国家之患，不在山东，而在登莱，不在奴酋而在贡使矣”。朝鲜方面明白明廷对其依旧持怀疑态度，但只能不断地派遣使臣“呈文痛辨，问虏情则据实言之似当”。在了解明廷不可能更改贡道一事后，朝鲜颇为沮丧，只能放弃。但对明廷朝野认为其“媾倭款奴”这一问题，仍“陈辨奏明，固不可已”。自更易贡路，不许朝鲜再由登莱海道入贡，而是挂号宁远，从山海关入京，则所经水路，风涛倍险，朝鲜使臣相继淹没，信息传播之途愈发艰难。

其间，后金使臣屡屡往来，“胡差”与明军在朝鲜边境上冲突不断。朝鲜依约与后金通贡通书又唯恐为毛文龙参与明廷，此时对毛文龙部的担心不亚于对后金。朝鲜方面明白其与后金交通乃出于不得已，而且毛文龙差人来往朝鲜亦多，以其通虏“无不知之，故曾将彼中事情无不咨揭，而到今每以不尽开报为另起吓我之言，殊极可骇”。朝鲜方面只能“然在我之道，犹当随事陈说，以示无隐而已”。在这种情况下，对中原时政新闻中与毛文龙部有关的内容格外关心。进香使洪滂、书状官姜善余回报明廷新闻时，因事及辽东与毛文龙事使极尽详细：

> 新皇帝庚戌生也。人皆言励精图治，且倚重袁崇焕，召见于便殿，慰谕备至。崇焕对曰：“皇上假臣便宜，则五年东夷可平，全辽可复。”皇上曰：“苟能五年灭虏，朕不惜封侯之赏。卿其努力，以解天下倒悬之苦。”对曰：“谨遵明旨，镌之肺腑。”皇上特赐蟒衣玉带银币云。且闻朝臣以毛帅冒饷，多有上本者。平台召见时，适毛将遣使献俘，皇上召兵部尚书问曰：“文龙献俘，或似非实。前者冒饷亦多，该部主详查以闻。”于是黄户部中色、王兵备廷式、孙军门国桢皆曰：“文龙有军两万六千。一年之饷，殆十数万，而不能收复辽阳一尺土，国家虚费至此，敕令兵部酌处”云。毛帅若不得如前冒受粮饷，则其势不得不责办

于我国，前头必有难处之患矣。①

毛文龙与新任抚臣关系紧张这一细节是朝鲜乐于所闻的。六月，朝鲜边将传回袁崇焕诱杀毛文龙事件：

> 毛都督文龙往会袁经略崇焕于宁远卫，还到双岛经略设包饯宴待之，忽出圣旨及令箭于袖中示之，命左右推出都督斩之。许监军者以经略差官到椴岛，安顿军兵。岛中将卒闻其死皆哭云。②

之后，袁崇焕移帖朝鲜政局，又移咨朝鲜执政，朝鲜方面以为“咨文者乃公家文书，揭帖则私简也”，颇觉为其所礼遇。加之，袁崇焕“大书榜示晓谕江东各岛”的内容为朝鲜获得后没有发现任何对朝鲜不利的内容，对袁崇焕大为感念。而袁崇焕对朝鲜在新闻传播上的政策也较毛文龙宽容得多。朝鲜使臣又得以从觉华岛转航入贡。袁崇焕被杀孙承宗出镇山海时，此一政策并没有改变。

进贺使兼谢恩使李忔出使路经宁远时，停留多日，获得了许多明廷与后金之间争战的军事新闻与情报，几乎日日可于都司衙门得见朝报草稿、塘报通告、招安板刻。“得正月通报及册立皇太子恩诏、赦文，誊书以为驰启之计”，“孙镇报草，内阁部早门封启本一道，差官黄正已赍去，限二十二日投呈”之类的记载于其出使日记《雪汀先生朝天录》中记载甚多。李忔本人具有相对较高的政治敏感，入京后也甚注意多渠道收集新闻信息，这从他发回的书状中可见一斑：

---

① 吴晗．朝鲜李朝实录中的中国史料·李朝仁祖实录·卷7·戊辰六年·九月丙戌［M］．北京：中华书局，1980：3400.

② 吴晗．朝鲜李朝实录中的中国史料·李朝仁祖实录·卷7·戊辰六年·六月癸未［M］．北京：中华书局，1980：3419.

> 臣和入宁远，值袁军门出巡锦州，留待踰日，始向前路。奴贼于十一月二十七日夜，自棚路潘家口毁长城而入，克汉儿庄，进围遵化县，京外震惊。袁军门领兵过关，臣令译官问安，仍探贼报……自今年正月，贼专力于东路。又闻袁军门被囚之由，或云与守城诸将争功诬陷之致。以孙阁部"城上放炮，城下厮杀"之言观之，则此言不虚也。举朝上本请释之，皆不从。近日则上怒稍解，闻其有疾，遣医视之，且赐衣衾。诸将等诣阁部衙门叩贺……臣使译官金后觉携状启五度发送于宁远衙。雇得船只，使之上京，陈达此间事情。①

这可以说是朝鲜方面最后一次得以从明廷获得大量的一手信息。

在与后金的交往中，朝鲜在种种苛刻条款的压迫下，不得不履约，但多为消极应付：边境开市，被朝鲜以边地残破、百姓乏食为由一再拖延；贡物则削减其数额；孔有德自山东叛逃后金，皇太极命朝鲜助以粮饷，朝鲜非但拒绝且还助明追杀；皇太极一度对明朝采取和平攻势，要朝鲜从中调停，朝鲜看出后金求和之意不诚，加以辞拒。在文化方面，后金有意向朝鲜方面学习一些经典，皇太极曾命使者向朝鲜方面索求金、元时期由汉语译为蒙文的《诗经》《书经》等典籍，朝鲜方面以"天朝则或有蒙书翻译之册，我国岂有以蒙书印此诗书之理乎"拒之。后金继而直接向朝鲜索要汉文典籍，开列有《春秋》《周易》《礼记》《通鉴》《史略》等书，朝鲜找不到拒绝的借口，只能以"下赐"自我安慰。使臣前往沈阳时发现自皇太极以下多求历书，朝鲜只得令观象监给送，但不出示明所赐日历只以己方自撰备用历书应付。凡有所事需要传布告示，特别是对与后金接壤处的各地传告时也把汉人明廷的感观优先照顾，即"檄文必将传播远近，措语之际，必使华人见而嘉悦，虏人闻之而不疑为当"。

后金对朝鲜的表现非常不满，尤其忌讳朝鲜会向明廷泄露其军事上的信

---

① 吴晗．朝鲜李朝实录中的中国史料·李朝仁祖实录·卷8·庚午八年·十二月朔乙巳［M］．北京：中华书局，1980：3445.

息，于嘉山以西，对朝鲜处处拦阻，使得朝鲜自己内部的大小边报，也不得顺利传达。朝鲜对明廷的新闻信息日渐隔膜，崇祯八年（1635）六月，冬至使回自北京言称："山西流贼率众二十余万，自称混天八大王，攻陷凤阳府，烧中都寝陵云。"朝鲜政局尽管认为"陕西流贼犯及寝陵"事关重大。而明廷未有报示，"虽不可以途听为信，臣子之道，岂得晏然"。随派冬至使崔惠吉等奉表赴北京以探听消息。此举充分显现出在传播中断的时间段内属国的无奈与紧张。

朝鲜与后金双方关系日益僵化，终于酿成了又一场战争。崇祯九年（1636），皇太极正式由汗改称皇帝，改国号大清，族名满洲。他事先将此事通报朝鲜，希望朝鲜参与劝进。朝鲜不接受其来书。四月，皇太极在沈阳称帝。该年十二月二日，皇太极统帅十万大军亲征朝鲜。清军十二天便抵达王京城下。朝鲜不得不上书请和：

> 朝鲜国王谨上言于大清宽温仁圣皇帝：小邦获戾大国，自速兵祸，栖身孤城，危迫朝夕……如念蒙丁卯誓天之约，恤小邦生灵之命，容令小邦改图自新，则小邦之洗心从事，自今始矣。必欲穷兵，小邦理穷势极，以死自期而已云云。

清军火炮攻城又攻占了江华岛，俘虏宗室。崇祯十年（1637）正月，朝鲜正式投降，去明年号，缴纳明朝所赐诰命敕印，奉清正朔，定时贡献，并送质子二人。清朝统治者要求在传播秩序上完全复制明廷对朝鲜的规范，即"其圣节、正明、冬至、中宫千秋、太子千秋及有庆吊等事……所进表笺程式，及朕降诏敕，或有遣使传谕……毋违明朝旧例"。清朝班师途中顺势攻陷皮岛，拔除了明朝在辽东沿海的最后一颗钉子。对朝鲜来说，"天朝之路今已绝矣"。至此，明帝国对东北亚地区陆路的传播体系宣告瓦解。

尾声

“在17世纪中叶以前，明代的新闻传播事业在世界范围内是处于领先地位的。无论是条件还是环境，东方是优于西方的。”① 这一论断在整个明代东北亚陆路地区的信息传播历史中可以得到充分的验证。继明而立的清王朝，其所能为整个东北亚地区信息传播提供的各方面条件较之明代是不存在任何落差的，单就物质条件而言，甚至是有过之而无不及的。

清代在组织政府结构与构架社会结构时，除了与民族问题和军事有关的方面，其他方面大多是承袭明代的各种规章建制，其传播事业更是基本承袭了明代的制度与格局，官方信息传播以各种名目的传播政治经济社会新闻的邸报、传播军事新闻的塘报为主，能够补足信息量的满足更广大人群信息需求的民间小报也大为兴盛。清代在传播渠道的建设上较之前朝是亦有了更大的进步的，邮传驿递进行了合并管理，让物质流通更为迅速，新闻的传播效率也得以提高，具体到官报的传报速度，已经从含混的规定一昼夜之类的传播时限提升到精确的划分成每日传递三百至六百里不等。② 边疆地区的信息传播网络同此获得了更大的拓展。清廷特设站、台、塘以为边疆与内地信息

① 尹韵公．中国明代新闻传播史［M］．重庆：重庆出版社，199：272.

② 《清会典》卷51记载，“定其迟速之限：公文限马上飞递者，日行三百里；其紧急公文则标明四百里、五百里、六百里，按限驰递”。

联通之机构："军报所设为站""西北所设为台""甘肃、嘉峪关口外所设为塘"① 两千多驿站、七万多驿夫、一万四千多个递铺与数百个塘站、四万多名辅兵组成的邮驿系统使得在边疆地区帝国的信息流动也是相当顺畅的。但是在这样一个传播格局中东北地区被人为地排除在外。

作为明代发达的东北亚陆路新闻信息传播最大受益者的清代统治者对信息传播所能起到的巨大作用了解得极为深刻。对明帝国传播效能颇有所感且所获实多的满族统治者，为了避免东北再次崛起一个"女真"，几乎断绝了中原与东北边疆的各种传播渠道。希望通过在传播上把东北地区排除在外以达到保持东北地区政治、文化上都与中原处于疏离态势，政治上去除可能的"汉化东北"隐患，文化上保留"满语骑射""武家旧俗"。清军入关后，东北作为"龙兴之地"，于1661年被封禁起来，官方新闻仍向东北流动，但是数量上已经大为压缩；文化传播的内容中只剩下流放士人带入这一点点，主动的信息互动在东北与中原之间已经全然消失不见，使沙俄有机可乘，掠夺了我国东北的大片领土。如果没有19世纪开始的规模堪称史上最大的移民运动"闯关东"，东北边疆地区与中原的关系将会出现断裂的可能。

而朝鲜1627年、1637年两次败于后金，但直到1644年明亡时仍心存幻想，对偶尔从海上或者陆上获得的中原信息格外重视，想方设法与明朝潜通往来。明朝灭亡后，朝鲜又企图与南明及台湾郑氏政权相通。朝鲜即便臣服清朝后，由于是通过战争的征服，加上两次战争期间对朝鲜的破坏，使得朝鲜内在文化心态上对清朝更增反感。清入关前双边关系这样建立的过程，对入关以后双边关系的发展大有影响，既奠定了清代中朝关系的基本格局，又使得清朝为了赢取朝鲜内在心态上的衷心臣服而大加施恩，极力推行德化政策。清廷因为自知在文化上对朝鲜并没有如同明帝国一样的强大向心力，在传播上清廷没有做过试图对朝鲜进行"软实力征服"的努力。而在朝鲜，自明亡之后，"华夷变态"意味着中国在文化与文明上的优越性已经明确让位

① 白寿彝．中国交通史［M］．北京：团结出版社，2007：187－188.

于朝鲜。以“小中华”自居的朝鲜认为，中原汉族在“戎狄入中国”之后。“君其君，俗其俗，婚嫁相媾，种类相化”，已然不屑与之交流了。在清初的朝鲜士人中具有代表性的观念是“……自坠地之初，只闻有大明天子耳……我国素以礼义闻天下，称之以小中华。而列圣相承，事大一心，恪其勤矣。今乃服事胡虏，偷安仅存，以延晷刻，其于祖宗何，其于天下何，其于后世何?”① 在这种环境下，自然不可能有恢复积极的、正常的信息交互的可能了。之后赴京的“燕行使”一如明时往来于北京与王京之间，但此时多为以批判的眼光看待中原时事而非从中汲取有价值的信息。有少数朝鲜使臣在中原通过与汉族高级知识分子交往，得出汉族士人中仍有“虽断发胡服，与满洲无别，实乃中华故家之裔也”的评价，这也仅仅限于在文学而非政治层面。朝鲜此时对清廷的传播政策颇有“尽学中华之遗法，先变我俗之椎鲁”，“然后谓中国无可观也”的倾向。当清王朝渐渐在文化上获得了中原绝大多数士人知识分子的拥戴并顺势成为汉字文化政治上的保护者之后，以上声音才微弱下去。朝鲜对清的敌意几乎持续到了李朝英祖时期，而此时民族主义已经在朝鲜国内抬头，直到近百年后发展成为反华之风。

总体来说清廷满足于同朝鲜保持在政治传播上能够保持宗藩国的“大体轮廓”即可。朝鲜也没有以高涨的热情对清统治下的中原进行新闻信息收集的尝试。中朝之间的新闻传播内容在清代远不及明代丰富。

在清帝国漫长的统治时期，曾经多姿多彩、波折起伏的东北亚地区陆路传播局面渐渐归于平淡，背后是不同地区在文化上向着不同的方向渐行渐远。经过数百年之后，曾被传播手段紧密联系作为一个整体存在的东北亚，出现了不同地区、不同民族之间文化上的偏见，在近代化的过程中开始了对历史与现实自我中心化的表述，这可以说是明代东北亚陆路传播体系崩溃的一个影响最为深远的后果。

---

① 吴晗．朝鲜李朝实录中的中国史料・李朝仁祖实录［M］/卷 11/丙子十四年/二月戊辰，北京：中华书局，1980：3613.

参考文献

[1]《明实录》，台北："中央研究院"历史语言研究所，1962 校印本.

[2] 金宗瑞. 高丽史节要 [M]. 首尔：朝鲜藏汉籍古书出版社，2009.

[3] 万历邸钞 [M]. 南京：江苏广陵古籍出版社，1991.

[4] 满州金石志 [M]. 郑州：中州古籍出版社，1990.

[5] 殊域周咨录 [M]. 桂林：广西师范大学出版社，1990.

[6] 使职文献通编 [M]. 郑州：中州古籍出版社，1998.

[7] 寰宇通志 [M]. 台北：国立中央图书馆出版，1984.

[8] 东江疏揭塘报节录 [M]. 杭州：浙江古籍出版社，1986.

[9] 满文老档 [M]. 沈阳：辽宁民族出版社，2010.

[10] 三云筹俎考 [M]. 上海：上海古籍出版社，1996.

[11] 李贤、彭时. 大明一统志 [M].. 影印版. 西安：三秦出版社，1990.

[12] 任洛等. 辽东志 [M]. 影印本. 上海：上海书店出版社，1994.

[13] 李辅. 全辽志 [M]. 影印本. 上海：上海书店出版社，1994.

[14] 谷应泰. 明史纪事本末 [M]. 北京：中华书局出版社，1977.

[15] 明史 [M]. 中华书局出版社，1978.

[16] 大明会典 [M]. 扬州：广陵书社，2007.

[17] 方汉奇. 中国新闻事业通史 [M]. 北京：中国人民大学出版社，1992.

[18] 尹韵公. 中国明代新闻传播史 [M]. 重庆：重庆出版社，1990.

[19] 赖光临．新闻史［M］．台北：允晨文化实业股份有限公司，1984.

[20] 李瞻．中国新闻史［M］．台北：学生书局，1979.

[21] 曾虚白．中国新闻史［M］．台北：三民书局股份有限公司，1984.

[22] 王洪祥．中国新闻史（古代部分）［M］．北京：中央民族学院出版社，1988.

[23] 程丽红．清代报人研究［M］．北京：社会科学文献出版社，2007.

[24] 李彬．唐代文明与新闻传播［M］．北京：新华出版社，1999.

[25] 朱传誉．宋代新闻史［M］．台北：商务印书馆，1967.

[26] 朱传誉．先秦唐宋明清传播事业论集［M］．台北：商务印书馆，1988.

[27] 戈公振．中国报学史（插图整理本）［M］．上海：古籍出版社，2003.

[28] 史媛媛．清代中前期新闻传播史［M］．北京：中国人民大学出版社，2003.

[29] 黄卓明．中国古代报纸探源［M］．北京：人民日报出版社，1983.

[30] 谷长岭．中华文化通志·新闻志［M］．上海：人民出版社，1998.

[31] 刘家林．中国新闻通史［M］．武汉：武汉大学出版社，1995.

[32] 吴廷俊．中国新闻传播史稿［M］．武汉：华中理工大学出版社，1999.

[33] 白润生．中国少数民族新闻传播史［M］．北京：民族出版社，2009.

[34] 甘险峰．中国对外新闻传播史［M］．福州：福建人民出版

社，2006.

［35］黑龙江日报社新闻志编辑室．东北新闻史［M］．哈尔滨：黑龙江省人民出版社，2001.

［36］吴晗．朝鲜李朝实录中的中国史料［M］．北京：中华书局，1980.

［37］吴晗．明史简述［M］．北京：中华书局，1980.

［38］中国史稿编写组．中国史稿（第六册）［M］．北京：人民出版社，1987.

［39］孙文良．明清人物［M］．上海：上海人民出版社，1991.

［40］楼祖诒．中国邮驿发达史［M］．北京：中华书局，1940.

［41］刘广生，赵梅庄．中国古代邮驿史［M］．北京：人民邮电出版社，1999.

［42］高锐．中国军事史略：中册［M］．北京：军事科学出版社，1992.

［43］傅衣凌．明史新编［M］．北京：人民出版社，1993.

［44］黄连枝．东亚的礼义世界——中国封建王朝与朝鲜半岛关系形态论［M］．北京：中国人民大学出版社，1994.

［45］全海宗．中韩关系史论集［M］．北京：中国社会科学出版社，1997.

［46］姜龙范，刘子敏．明代中朝关系史［M］．哈尔滨：黑龙江朝鲜民族出版社，1999.

［47］李光涛．朝鲜壬辰倭祸研究［M］//“中央研究院”历史语言研究所专刊之六十一［M］．北京：中国社会科学出版社，1972.

［48］白新良．中朝关系史：明清时期［M］．北京：世界知识出版社，2002.

［49］黄定天．东北亚国际关系史［M］．哈尔滨：黑龙江教育出版社，1999.